POPULATION GROWTH AND HUMAN PRODUCTIVITY

MANUEL J. CARVAJAL
EDITOR

CENTER FOR LATIN AMERICAN STUDIES
UNIVERSITY OF FLORIDA
GAINESVILLE, FLORIDA
1976

COPYRIGHT © 1976 BY THE BOARD OF REGENTS OF THE STATE OF FLORIDA

ALL RIGHTS RESERVED

SPONSORED BY THE CENTER FOR LATIN AMERICAN STUDIES

Cover Design by Margaret Tolbert

Library of Congress
Catalog Card No. 75-395-76
ISBN 0-8130-0553-1

PRINTED IN FLORIDA

PREFACE

This book reports on a symposium on population growth and human productivity held at the University of Florida from February 17 through February 20, 1974. The symposium was sponsored by the Center for Latin American Studies in cooperation with the Interdisciplinary Program on Population and Health, both of the University of Florida. It was made possible by financial support from the following organizations: ALCOA Corporation; Development Associates, Inc., whose sponsorship of travel and conference grants came from Title X of of the U. S. Foreign Assistance Act; ESSO Inter-America; IBM World Trade Corporation; and the U. S. Office of Education of the Department of Health, Education, and Welfare.

The editor wishes to express his sincere appreciation to P. Paul Burgess, Director of the Interdisciplinary Program on Population and Health, for his idea of bringing Latin American Cabinet Ministers to the University of Florida to present papers on allocation of scarce resources in their respective countries and other valuable suggestions. He also wishes to thank William E. Carter, Director of the Center for Latin American Studies, for his assistance and support in planning the symposium and editing the papers. Thanks also are extended to Raymond Toner, Assistant Director of the Center, for his expert handling of logistics and for his warm hospitality to our guests.

Recognition is due to the Center's secretarial staff (Vivian Nolan, Lydia González, Lee Baum, and Griselda Sheehy) for its diligence and efficiency throughout the sessions. Special thanks go to Lydia González for typing several drafts of the manuscript. Acknowledgement also is extended to Beatriz Alexander, Fred Díaz, Linda Grimbly, Linda Nicholls, Lisandro Pérez, María Piedra, Jorge Piñón, Ronald Will, Sam Wolfson, and other students and assistants who helped coordinate the symposium. Finally, the editor wishes to thank the authors of these papers for their original contributions and all those who gave us their time, advice, funding, and encouragement to make this a successful event.

SYMPOSIUM PARTICIPANTS

POPULATION GROWTH AND HUMAN PRODUCTIVITY

GLORIA ABATE, Asesora Regional de Bienestar Social
Organización Panamericana de la Salud/Organización Mundial de la Salud
Bogotá, Colombia

HECTOR ACUÑA, Director Asuntos Internacionales
Secretaría de Salud y Asistencia
México, D. F., México

HELIO AGUINAGA, Professor de Obstetrícia e Ginecologia
Universidade Federal do Rio de Janeiro
Rio de Janeiro, Brasil

J. OSCAR ALERS, Staff Assistant
The Population Council
New York, New York

JULIO BARATA, Ministro do Trabalho
Brasilia, Brasil

P. PAUL BURGESS, Director International Program on Population and Health
University of Florida
Gainesville, Florida

GUSTAVO CABRERA, Director Centro de Estudios Económicos y Demográficos
El Colegio de México
México, D. F., México

WILLIAM E. CARTER, Director Center for Latin American Studies
University of Florida
Gainesville, Florida

MANUEL J. CARVAJAL, Director Latin American Data Bank
University of Florida
Gainesville, Florida

MARIO M. DE LEMOS, Ministro da Saúde
Brasilia, Brasil

JORGE E. DOMINGUEZ, Director General de Programación
Secretaría del Trabajo y Previsión Social
México, D. F., México

WILLIAM H. DRAPER, Honorary Chairman
Population Crisis Committee
Washington, D. C.

MARIA L. GARCIA
Centro Latinoamericano de Demografía
Santiago, Chile

DAVID T. GEITHMAN, Professor of Economics
Russell Sage College
Troy, New York

H. ALBERT GREEN, Chief Socioeconomic Analysis Staff
U. S. Bureau of the Census
Washington, D. C.

HARLEY HINRICHS, Professor of Economics
U. S. Naval Academy
Annapolis, Maryland

ERICH HOFMANN, Project Director
Development Associates, Inc.
Washington, D. C.

GERMAN JIMENEZ
Ministerio de Salud Pública
Bogotá, Colombia

TAEK I. KIM, Population and Nutrition Projects Department
International Bank for Reconstruction and Development
Washington, D. C.

SOLON T. KIMBALL, Professor cf Anthropology
University of Florida
Gainesville, Florida

ALFREDO E. LATTES, Centro de Estudios Sociológicos
Instituto Torcuato di Tella
Buenos Aires, Argentina

HARVEY LEIBENSTEIN, Professor of Economics
Harvard University
Cambridge, Massachusetts

CELSO B. LEITE
Ministério da Educação e Cultura
Brasilia, Brasil

LILIAN LEON, Departamento de Investigaciones Educacionales
Ministerio de Educación
Caracas, Venezuela

VALDECIR F. LOPES, Director Asistente
Centro Latinoamericano de Demografía
Santiago, Chile

ALBERTO MARTINI, Ministro del Trabajo
Caracas, Venezuela

J. J. MAYZ LYON, Ministro de Sanidad y Asistencia Social
Caracas, Venezuela

WILLIAM P. McGREEVEY, Staff Social Scientist I.C.P.
The Smithsonian Institution
Washington, D. C.

JACOB MINCER, Professor of Economics
Columbia University and National Bureau of Economic Research
New York, New York

NELSON MORAIS
Ministério da Saúde
Brasilia, Brasil

AROLDO MOREIRA, Secretario Assistente
Ministério do Trabalho
Brasilia, Brasil

JUAN J. MUÑOZ, Ministro de Educación Nacional
Bogotá, Colombia

ALBERTO OCANDO, Director
Centro de Estudios Sociales
Caracas, Venezuela

JARBAS G. PASSARINHO, Ministro da Educação e Cultura
Brasilia, Brasil

HERNAN PEÑALOZA, Director
Escuela Superior de Administración Pública
Bogotá, Colombia

RAMON PIÑANGO, Jefe Departamento de Investigaciones Educacionales
Ministerio de Educación
Caracas, Venezuela

ANTONIO RAMIREZ, Director de Previsión Social
Ministerio del Trabajo
Caracas, Venezuela

CILEI C. RHODUS
Escola de Enfermagem Ana Neri
Rio de Janeiro, Brasil

DOMINGO RIVAROLA, Director
Centro Paraguayo de Estudios Sociológicos
Asunción, Paraguay

JOSE M. SALAZAR, Ministro de Salud Pública
Bogotá, Colombia

DOMINGO SANCHEZ, Profesor de Sociología
Universidad de Florida y Universidad de Chile
Gainesville, Florida y Santiago, Chile

JOHN V. D. SAUNDERS, Professor and Chairman of Sociology and
   Anthropology
Mississippi State University
Starkville, Mississippi

T. PAUL SCHULTZ, Professor of Economics
University of Minnesota
Minneapolis, Minnesota

SHELDON J. SEGAL, Vice-President
The Rockefeller University
New York, New York

M. C. SHELESNYAK, Director Interdisciplinary Communications Program
The Smithsonian Institution
Washington, D. C.

JORGE L. SOMOZA
Centro Latinoamericano de Demografía
Santiago, Chile

WILLIAM N. SPELLACY, Professor and Chairman of Obstetrics and Gyne-
   cology
University of Florida
Gainesville, Florida

JOSEPH J. SPENGLER, Professor of Economics
Duke University
Durham, North Carolina

WILLIAM F. SPENGLER, Population Matters
U. S. Department of State
Washington, D. C.

JORGE VILLARREAL, Jefe Programas de Docencia e Investigación en
   Población
Federación Panamericana de Asociaciones de Facultades de Medicina
Bogotá, Colombia

WILLIAM VISSER, Projects Officer
United Nations Fund for Population Activities
New York, New York

SUSAN VOGELER, Departamento de Investigaciones Educacionales
Ministerio de Educación
Caracas, Venezuela

POPULATION GROWTH AND HUMAN PRODUCTIVITY

TABLE OF CONTENTS

	Page
Preface	iii
Symposium Participants	v
Table of Contents	ix

CHAPTER

1. POPULATION GROWTH AND HUMAN PRODUCTIVITY: AN OVERVIEW

Manuel J. Carvajal	1

2. BRAZIL: LABOR, POPULATION, AND HUMAN PRODUCTIVITY

Julio Barata	7
ANALYSIS, Jacob Mincer	23
ANALYSIS, Joseph J. Spengler	31

3. MEXICO: TRABAJO, POBLACION Y PRODUCTIVIDAD HUMANA

Jorge E. Domínguez	43
ANALISIS, Gustavo Cabrera	53
ANALYSIS, David T. Geithman	57

4. VENEZUELA: TRABAJO, POBLACION Y PRODUCTIVIDAD HUMANA

         Alberto Martini 66

    ANALYSIS, William P. McGreevey 82

    ANALISIS, Alberto Ocando 93

5. BRAZIL: EDUCATION, POPULATION, AND HUMAN PRODUCTIVITY

         Jarbas G. Passarinho 110

    ANALISIS, Domingo Rivarola 122

    ANALISIS, Domingo Sánchez 127

6. COLOMBIA: EDUCACION, POBLACION Y PRODUCTIVIDAD HUMANA

         Juan J. Muñoz 129

    ANALISIS, Hernán Peñaloza 133

    ANALYSIS, T. Paul Schultz 151

7. VENEZUELA: EDUCACION, POBLACION Y PRODUCTIVIDAD HUMANA

         Lilian León, Ramón Piñango y Susan Vogeler . 158

    ANALYSIS, Harvey Leibenstein 195

    ANALYSIS, John V. D. Saunders 202

8. BRAZIL: HEALTH, POPULATION, AND HUMAN PRODUCTIVITY

         Mario Machado de Lemos 206

    ANALYSIS, Sheldon J. Segal 215

9. COLOMBIA: SALUD, POBLACION Y PRODUCTIVIDAD HUMANA

         José María Salazar 229

    ANALISIS, Jorge Villarreal 243

10. MEXICO: SALUD, POBLACION Y PRODUCTIVIDAD HUMANA

         Héctor Acuña 248

    ANALISIS, Jorge L. Somoza 262

11. VENEZUELA: SALUD, POBLACION Y PRODUCTIVIDAD HUMANA

   J. J. Mayz Lyon   274

   ANALISIS, Alfredo Lattes   291

I

POPULATION GROWTH AND HUMAN PRODUCTIVITY: AN OVERVIEW

Manuel J. Carvajal
University of Florida
Gainesville, Florida

Few members of our increasingly interdependent modern civilization would dispute either the existence of a world-wide population explosion or that it constitutes perhaps the ultimate crisis of our time. This unprecedented expansion of the number of people living on our planet is the result of a high rate of population growth, which itself refers to a gap between the number of births and deaths of a population over a period of time. Thus, population increases stem from an increase in fertility, a decrease in mortality, or a combination of both.

Historically, the death rate of mankind has been quite high. Life expectancy for Paleolithic man, for example, was less than 20 years. Based on a pooled sample of Neanderthal, Upper Paleolithic, and Mesolithic human fossil remains, it is estimated that probably not 3 out of 10 lived beyond 30 years of age.[2] Several milennia later, during the Middle Ages, the situation had changed little if at all. The life expectancy of the sons of English dukes born in the 14th and 15th centuries, one scholar believes, was 31 years, even when violent deaths are excluded.[3]

A short life expectancy, of course, hardly means that everybody died young in ancient times. Fetal, infant, and child deaths accounted for a large proportion of all deaths. But in general, the rate of adult mortality was considerably higher than today, for two main reasons: starvation and disease. Starvation was partly due to economically inefficient means of production, while disease was largely the consequence of ignorance in medicine and of an unsanitary environment. Hence devastatingly cruel phenomena such as the European famine of 1315-1317 and the Black Death epidemic of 1348 were not uncommon in the pre-industrial world.[4]

In the face of this prevailing high level of mortality, a high human fertility level was not only reasonable but probably essential to the survival of the race. It is not surprising, then, that ever since the earliest times fertility has been culturally glorified as insurance against the specter of a vanishing mankind. But the advent of the Industrial Revolution drastically changed circumstances. Mass production and new technologies arose that contained at least the potential to eliminate famine by increasing long-term availability of food along with greatly expanded production of other consumer goods such as soap, cheaper clothing, temperature and humidity control, and more sanitary dwellings, all of which contributed to a substantial improvement in human health conditions. Along with these changes came a marked increment in medical knowledge that began depressing death rates. Pasteur's germ theory displaced evil spirits as the alleged cause of all illness; immunology became accepted as a pertinent science; previously common diseases such as cholera, tetanus, typhus, diphtheria, and hydrophobia came under control; and antibiotics were discovered as highly efficient therapeutics.

The outgrowth of these developments during the last 200 years has been a dramatic drop in mortality and an increase in life expectancy. As a result, the previously high fertility rates are no longer necessary for the perpetuation of the human race. But fertility does not seem to respond smoothly and automatically to changes in mortality by dropping commensurately. On the contrary, some evidence suggests that an _increase_ in fertility occurs as economic development sets in, at least in the initial stages. Therefore, the gap between a constant or rising fertility rate and a declining mortality rate has been widening since the late 18th or early 19th century, and the population explosion has been gaining momentum.

Regardless of whether conditions associated with high fertility and low mortality rates are a net asset or liability to a country's economic development effort, they are likely to play a crucial role in development policy implementation. Two aspects of fertility are noteworthy. First, although fertility fundamentally is a biological process, it is not inevitable but rather depends on people's decisions to have or not to have children. In this respect fertility differs from mortality to the extent that mortality is inevitable and not subject to human volition. Second, these fertility decisions are of an individual and intimate nature. Fertility, unlike morbidity, cannot be increased or reduced through a mass production process of vaccination or application of recently discovered therapeutics. Instead, fertility decisions are arrived at individually by each couple and are likely to touch the most intimate aspects of human life.

Population processes such as fertility and mortality can be usefully analyzed within a "human-capital" framework.[5] "Human capital" refers to the stock of an individual's economic endowments and capabilities. Most of these capabilities are not given at birth but can be acquired by the individual through processes that have many characteristics of investment to the extent that they involve decision making on initial cost and a trade off between present and future benefits. Labor, education, and health are the three most important areas in which a population can invest in its human element as a response to its perception of changing needs and economic opportunities, thus augmenting the value of human endowments.

With population problems and considerations being important functions in those structural changes associated with the development process, policies could be designed to increase the flow of information about the benefits and costs involved in human-capital investment. The economic responses of individuals to market conditions cannot be "rational" without awareness of such conditions. At this point a critical issue arises: Does government have the responsibility to see that people are fully informed about the long-term benefits from investments in labor migration, in more education, and in better health? In other words, why should government (i.e., all members of society) pay for expenditures that will directly benefit only a segment of society (i.e., those who invest in themselves)? If all benefits of such investment accrued to the individuals undertaking such decisions, there would be little rationale for implementation of public policy in these areas. There exist, however, externalities in the process of human-capital investment. In fact, as valuable as investments in labor, education, and health may be to those individuals directly involved, social benefits are likely to exceed private benefits in many cases. Insufficient investment in human resources can create bottlenecks and underutilization of physical resources that seriously hinder development and growth.

Investments in human capital also have an important intergenerational value. Children of people who invest in on-the-job training, more education, and better health are likely to benefit from their parents' investment in the form of attaining higher productivity themselves. Furthermore, because of the increasing interdependence among economic sectors of employment in developing countries, each person's productivity is likely to influence the productivity of other members of society. Thus, it would be in the public interest that an efficient allocation of human resources be attained. This requires a mobile, educated, and healthy labor force that is both willing and able to adapt to emerging skill requirements.

To the extent that investments in labor, education, and health play fundamental roles in effective programs of development conducive to raising economic productivity and speeding social progress, it can be concluded that government has a positive responsibility to promote favorable conditions under which people can invest in themselves in these areas. Such responsibility becomes even more important in light of the inadequacy of private markets in financing human-capital investment. Public authorities could even directly encourage and assist a population to respond to existing opportunities by lending "venture" capital for investing in human resources. In addition to extending direct public credit to help compensate for imperfections in private capital markets, public subsidizing of investments in labor, education, and health can be undertaken through the tax structure. Tax laws almost universally provide much greater incentives for investment in non-human resources than for investment in human capital, even though human capital--like other forms of capital--depreciates and becomes obsolete. This legislative imbalance has occurred in part because not until recently has the concept of investing to increase productivity through developing human resources become an issue of central interest in socioeconomic analysis.

Finally, it must be remembered that any comprehensive and intellectually satisfying approach to the study of population and human problems within a human-capital investment framework must recognize and deal with numerous little understood relationships among economic, sociological, and political variables. Methodological advance must be deliberate and reflective, with constant reference to the full reality of a particular context as well as to the search for theoretical elegance and rigor. Unfortunately, the task is hampered by a severe shortage of reliable data of the kind required for empirical research on the subject.

Within a human-capital and resource-allocation framework, the theme of this book focuses on the relationship between population growth and three basic factors determining human productivity: labor, education, and health. In general, the attempt is to point out and reconcile differences among theories of diverse academic disciplines and their practical payoff. Specifically, it hopes to establish three multidisciplinary channels of communication. The first channel consists of a comparison between the approach to population problems taken by academicians, whose view of these problems often is distorted by unrealistic assumptions, and that taken by decision makers, who face everyday dilemmas of assigning resource-allocation priorities in the real world. A second channel pertains to the relatively homogeneous decision-making organizations of four countries facing similar problems. The expectation here is to compare and contrast policy implementation that deals with the issue of human productivity in the fields of labor, education, and health in light of present and projected population growth. Finally, a third channel of communication links U. S. and Latin American social scientists in their methodological perspectives of analyzing and attempting to answer similar questions.

Brazil, Colombia, Mexico, and Venezuela have been selected as models or case studies for two reasons: (1) they rank among the most rapidly developing countries in Latin America during the last 30 years, and (2) together they account for almost two-thirds of the area (61.9 percent) and of the population (in 1970, 64.0 percent) of the Latin American republics.

Each of the following chapters begins with a paper prepared by the Minister (or a delegate appointed by the Minister) of Labor, Education, or Health of one of the four countries. These papers are intended to present the Ministry's resource-allocation priorities in dealing with population growth. Following each Minister's paper, one or two comments are presented by analysts from various academic disciplines. The analysts' papers deal with theoretical points that surround the resource-allocation priorities presented by each Minister or Ministerial delegate.

Within a framework of resource-allocation for development and growth, as the importance of human-capital investment becomes more firmly established the question of where human-resource investment stands relative to alternative growth-inducing investment opportunities becomes an important issue, particularly in light of the less-developed countries' plight of mass poverty. To be sure, investments leading to a more efficient labor force and a more educated and healthier population alone do not constitute or create development. They can, however, alleviate population pressure on scarce non-human resources and enhance the supply of labor force skills relative to labor force needs so that these investments become a valuable complement to an effective capital-accumulation, full-employment, growth policy. Thus, the economic value of human-resource investment lies in its contribution to overall productive potential.

REFERENCES

1. W. Petersen, Population (London: The MacMillan Company, Ltd., 1969), p. 350.

2. Henri V. Vallois, "La Durée de la Vie Chez l'Homme Fossile," Anthropologie (Vol. 47, 1937), pp. 499-532.

3. T. H. Hollingsworth, "A Demographic Study of the British Ducal Families," Population Studies (Vol. 11, No. 1, July, 1957), pp. 4-26.

4. It is estimated that the Black Death epidemic of 1348 alone wiped out between one-third and two-thirds of the urban population of Europe at the time. See Robert L. Heilbroner, The Making of Economic Society (Englewood Cliffs: Prentice-Hall, Inc., 1972), p. 40.

5. Manuel J. Carvajal and David T. Geithman, Family Planning and Family Size Determination: The Evidence from Seven Latin American Cities (Gainesville: The University of Florida Press, 1975) and David T. Geithman and Manuel J. Carvajal, "Population and the Economist, The New Approach to Fertility," Social Science (Vol. 50, No. 4, Autumn, 1975), pp. 204-12.

II

BRAZIL: LABOR, POPULATION, AND HUMAN PRODUCTIVITY

Julio Barata
Minister of Labor and Social Welfare
Brasilia, Brazil

With a surface area of 8,500,000 square kilometers, Brazil occupies approximately 48 percent of South America. Its large geographic extension accounts for wide economic and social differentials. About 20 percent of the population is concentrated in the Rio de Janeiro-São Paulo axis, while vast areas in the Amazon remain unpopulated. In order to alleviate interregional disequilibria, the government is placing high priority on programs leading to the development of the Northeast, where 30 million people live and earn, on the average, the lowest income levels in the country. Policies leading to the consolidation and settlement of the Amazon also have been assigned high priority.

The government is attempting to replace current paternalistic processes of social welfare by an objective program designed to promote man socially and economically, thus making him a participant in the development process. Such a program is expected to promote a more equitable income distribution, humanization of the economy, and more opportunities for participation by all population strata through complementary employment policies. An annual average goal of 3.1 percent in new jobs has been set to alleviate unemployment.

Brazil's present population is approximately 100 million people. The annual rate of growth of the population increased consistently between 1900 and 1960, diminishing slightly since then (see Table 1). It is estimated that in 1980 the Brazilian population will reach 120 million people, 80 percent of whom will be concentrated in urban areas. It can be observed in Table 1 that although the birth rate has dropped steadily since 1890, the death rate has decreased more rapidly. The importance of international migration has been nil in the last 30 years. The growth rate of the urban population exceeds rural growth rates (see Table 2). While in 1940 69 percent of the population lived in rural areas, this percentage declined to 44 in 1970.

LABOR FORCE

Because of its rapidly growing population, the Brazilian labor force also is experiencing a high rate of growth. Between 1960 and 1970 the labor force increased by 6.9 million people. During this decade, agriculture supplied 900,000 new jobs, industry provided 2.9 million, and trade and services supplied 3.7 million. Eighty-seven percent of the new jobs were in urban areas.

In order to maintain a balance between labor supply and demand while maintaining present levels of economic growth, it will be necessary to give special attention to sectors that absorb large quantities of manpower, such as the construction sector. Whether or not the construction sector will be able to continue creating jobs depends on the availability of financing facilities for new houses. Broadening large-scale services and public works also will expand sources of new jobs.

Based on 1970 Population and Housing Census data, and assuming an average annual population growth rate of 2.7 percent, projections for 1978 indicate a rather moderate expansion of the labor force in the agricultural sector and an accelerated expansion in the service sector (see Table 3). The 40 million Brazilians employed in 1978 will probably earn real-wage levels almost twice as high as present levels, which will require implementation of an aggressive manpower training policy. The implementation of such a policy, essentially pragmatic, will constitute a challenge to professionals and technicians alike.

An analysis of Table 4 reveals that in the period 1940-1950 the labor force grew mostly in the manufacturing sector and very little in agriculture. This phenomenon can be attributed to rural-to-urban migration motivated by income differentials. Between 1950 and 1960, however, growth in the agricultural labor force remained approximately the same while declining considerably in manufacturing. Evidently, the remaining rural-to-urban migrants were absorbed by the service sector, where the growth rate increased by almost 50 percent relative to 1940-1950. Such behavior is indicative of the crisis that Brazil underwent in the 1950's, i.e., political and social instability, galoping inflation, and a high degree of uncertainty.

The 1960's present a totally different picture. Manufacturing industry, once it attained a solid operational base, experienced an annual average employment growth rate of 5.9 percent, while the service sector also continued growing. Agriculture absorbed only a small fraction of manpower in relation to the other sectors. This can be partially explained by the higher productivity of agricultural workers.

Brazil has a very young population. Approximately 43 percent are under 15 years of age and, consequently, economically inactive. The situation is especially acute in the poorer regions, as can be observed in Table 5. Understandably, the government is assigning to these regions high priority in public planning and programs. The Trans-Amazonian Highway perhaps is the best example of such policy.

POLICY GUIDELINES

The main characteristics of Brazilian national policy goals can be summarized as follows: (1) political and social stability as a condition for sustained economic growth; (2) geographic integration, sectoral diversification, and competition in international markets; and (3) more equitable income distribution and mobility of factors of production. Since 1964 Brazil has experienced a sharp increase in national income. In 1969 the annual growth rate of national income was 8.3 percent, and in 1973 annual per capita income exceeded US$500.

National Integration

Approximately 28 billion cruzeiros have been allocated to the implementation of integration programs. These programs attempt to transform subsistence agriculture in the Northeast through a change in its fundamentally agrarian structure; open certain portions of the Trans-Amazonian Highway, especially the Cuiabá-Santarém and the Northern Perimeter Highways; utilize fiscal incentives for the industrialization of the Northeast and agro-industrial development of the Amazon; and the consolidation of the Manaus duty-free area for developing trade, agriculture, and industry in the Western Amazon.

Special attention is being devoted to creating economic poles throughout the Trans-Amazonian Highway, attempting to develop truly productive activities rather than activities involving mere subsistence. Major crops in the area include soybeans, coffee, sugar, and rubber, and the first harvests have demonstrated their commercial potential. It is important, of course, to preserve the ecological balance of the region. Resources have been allocated to the Humid Tropics Research Program (Programa de Pesquisa do Tropico Umido) to control soil exploitation and to survey both soil and subsoil in an area of 3.5 million square kilometers.

Wage Policy

The first formal wage policies in Brazil were established in 1965 to maintain a balance between the cost of living and annual adjustments in wages and salaries. Wage policy also is designed to promote participation of wage earners in aggregate wealth growth, thus leading to a better income distribution. Inflation has been brought under control since 1963; in that year the inflation rate reached almost 70 percent. In 1972 the inflation rate decreased to 17 percent (see Figure 1). As can be observed in Figure 2, since 1968 wage and salary adjustment measures have permitted average wage increases to exceed increases in the cost of living.

High-Priority Programs

The National Development Plan is designed to coordinate available resources and to reform the country's social structure. High priority has been assigned to the following programs:

1. Social Integration Program (Programa de Integração Social - PIS). This program attempts to integrate the wage earner into the

development of his respective firm by means of participation in a fund, proportionate to the firm's size, set up jointly by the government and the private sector. This fund is more beneficial to the wage earner than is profit sharing.

2. Social Security Fund of Public Sector Employees (<u>Programa de Formação de Patrimonio do Servidor Publico</u> - PASEP). This program is designed to provide both civilian and military public servants with revenue sharing from public agencies, proportionate to their salary and length of time of employment.

3. National Integration Program (<u>Programa de Integração Nacional</u> - PIN). This program promotes construction of highways in isolated regions in an attempt to integrate the population of these regions into the national economy. Two of these highways are the Trans-Amazonian and the Cuiabá-Santarém. This program anticipates a system of colonization, irrigation, and manpower absorption.

4. Rural Labor Assistance Program (<u>Programa de Assistencia ao Trabalhador Rural</u> - PRORURAL). This program provides assistance and social welfare to the rural worker, and is administered throughout the country by the Ministry of Labor.

5. Land Redistribution and Promotion of Agro-Industry (<u>Programa de Redistribução de Terras e Estímulo a Agro-Indústria</u> - PROTERRA). This program attempts to eliminate distortions in regional development and to create jobs to decrease unemployment in both urban and rural areas. It provides loans to small- and medium-size rural landowners for purchasing modern means of production and for conducting research.

6. PRODOESTE and PROVALE. These projects are designed to develop the West of the country and the São Francisco Valley by means of modern road networks, silos, warehouses, cold storage plants, and factories which, it is hoped, will promote colonization and settlement in these fertile areas.

7. Compensation for Time of Service Fund (<u>Fundo de Garantia por Tempo de Serviço</u> - FGTS). This program consists of compulsory contributions by each firm (8 percent of the firm's payroll) to provide the worker with some income if he is dismissed arbitrarily or if he is retired. The fund also is used for house financing, with preferential treatment for lower-income workers. It subsidized the building of approximately 783,000 dwellings in 1973, and a total of 6 million are projected for 1980.

RESPONSIBILITIES OF THE MINISTRY OF LABOR AND SOCIAL WELFARE

The Ministry of Labor and Social Welfare is in charge of training the unemployed in order to increase their productivity, to promote a more efficient resource allocation, and to attain a balance for urban manpower market needs in light of rural-to-urban migration. The Ministry also is in charge of studying the labor market throughout the country, examining labor supply and demand, and opening new sources of employment to cope with problems of population growth, labor placement, professional training, and internal migration. Along these lines the Manpower Consultation Council (Conselho Consultivo de Mão-de-Obra), which is an interministerial agency, has been created to recommend employment policies and policies for professional training, to provide better training opportunities for all workers, and to coordinate the activities of all professional training agencies in Brazil.

The need for implementing policies which increase the quality of human resources has led to the creation of a technical agency specializing in labor market needs research, in the study of employment structure, and in research on means of increasing productivity through workers' integration into modern systems of production. This agency is the National Manpower Department (Departamento Nacional de Mão-de-Obra). In 1968, an intensive professional training program was established and, by 1972, 234,934 workers had been trained under this program; almost 43 percent were located in the Northeast, which is the least developed region in the country. The accomplishments of this plan can be analyzed in Figures 3 and 4.

In order to increase human-resource productivity, implementation of employment policy seeks not only to absorb new labor force entrants--considering population growth, increasing participation of women, and increasing individual and entrepreneurial activity--but also to reduce both unemployment and underemployment and to increase the population's rate of economic activity. It is estimated that to attain this goal new employment opportunities will have to grow from 850,000 in 1970 to 920,000 in 1974, at an average rate of 2.9 percent per annum.

As a basis for promoting manpower absorption and more equitable distribution of national income, priority has been assigned to the following general policies:

1. Accelerate economic growth so that new sources of employment are generated.

2. Develop fundamental sectors such as civil construction, transportation, manufacturing, and energy.

3. Make more efficient and intensive use of regions with abundant natural resources, especially the North and the Northeast.

4. Reorganize public services so as to increase productivity in the public sector through more coordination of all government agencies; better definition of priorities; and more adequate planning, budgeting, and financial and statistical programs.

MANPOWER POLICY

The major shortcomings encountered in implementing manpower policy in Brazil are found in its deficient public administration system. Several measures have been taken to correct this deficiency through more adequate salary and wage levels and the establishment of new plans for classification of duties and salaries. Structural shortcomings stemming from low personnel qualification, however, have hampered the development of an efficient decision-making system.

The following accomplishments by the Ministry of Labor and Social Welfare can be reported with regard to manpower policy:

1. Standardization of available statistics.

2. Comparative studies of manpower qualification by sector of employment, location, and time.

3. Analysis of female and child labor force characteristics.

4. Studies of productivity and wage-and-salary differentials.

5. Studies of income distribution.

National Program of Worker Valorization (Programa Nacional de Valorização do Trabalhador)

   The National Program of Worker Valorization was created for the professional advancement of adult Brazilians and for the incorporation of all workers into the labor force, thus qualifying individuals for better pay and social status by means of productivity increases. It is a program of priority goals for manpower qualification designed to reduce unemployment and underemployment. Its main purpose is to train workers intensively, especially unskilled and semi-skilled labor, with preferential treatment to less-developed regions. The National Program of Worker Valorization includes the following projects:

1. Intensive Training of Workers (Treinamento Intensivo de Trabalhadores - TIT). Provides intensive professional training to personnel with low qualifications.

2. Training of Draftees (Treinamento de Conscritos - CAXIAS). Trains draftees in military training centers and professional training groups to qualify them for skilled civilian occupations.

3. On-the-Job Training (Treinamento na Própia Empresa - EMPRESA). Trains workers in small- and medium-size firms.

4. Training in Civil Construction (Treinamento para a Construção Civil - CONSTRUÇÃO). Provides training in the construction industry.

5. Training in the Tourism Sector (Treinamento para o Setor de Turismo - PROJETUR). Qualifies personnel in the tourism industry, especially in hotel management.

6. Training in the Area Covered by the Trans-Amazonian Highway (Treinamento na Area da Transamazônica - PROJETRANS). Trains unskilled labor in occupations needed for the development of the Trans-Amazonian region.

7. Training in the Fishing Industry (Treinamento para Pesca - PISCES). Trains unskilled labor in occupations related to the fishing industry.

8. Training for Labor Union Members (<u>Aperfeiçoamento Profissional nos Sindicatos</u>). Attempts to improve skills of unionized labor.

9. Diagnosis of the Labor Market (<u>Diagnóstico de Mercado do Trabalho</u> - DMT). Studies labor supply and demand by economic sector throughout the country in order to maintain a balance between manpower availability and needs.

In general, the National Program of Worker Valorization attempts to coordinate the worker's growing integration into the development process by training labor so as to increase its productivity, to motivate the worker into seeking professional training; to prevent technical obsolesence; and to coordinate the efforts of labor unions, business, and government in providing professional training. International experience has been very useful in this respect. Technicians specializing abroad or working closely with foreign advisers have learned to adapt foreign models to Brazil's reality.

SUMMARY AND CONCLUSION

Brazil is currently facing serious problems stemming from its population explosion of almost 3 percent per year. A large population, however, is not viewed as a hampering factor to development but as a positive factor leading to progress. It is recognized that population growth requires coordination of efforts in order to maintain sustained economic development. Successful attempts have been made to maintain the rate of growth of GNP at above 9 percent per year; these efforts have placed Brazil among the world's top 10 countries in indices of economic development.

Labor policy in Brazil today is directed toward the social and economic improvement of each individual and his complete integration into the national system both as producer and consumer, eliminating the paternalistic tradition and introducing a dynamic redistribution of resources to increase productivity. Manpower policy decision makers are aware of the fact that increases in production often are accompanied by increases in unemployment. This is why programs are implemented in such a way that, without preventing the entry of modern technology, new employment opportunities may arise, thus compensating for a possible surplus in the labor market. New employment opportunities are most evident in the Brazilian frontier, an area that presents the complementary advantages of peripherical structures for both employment and consumption.

TABLE 1

VITAL STATISTICS IN BRAZIL, 1872-1970

Period	Annual Rate (Percentage)			
	Birth	Death	Immigration	Population Growth
1872-1890	4.65	3.02	0.38	2.01
1890-1900	4.60	2.78	0.70	2.52
1900-1920	4.50	2.64	0.22	2.08
1920-1940	4.40	2.53	0.18	2.05
1940-1950	4.35	2.01	0.04	2.38
1950-1960	4.33	1.34	0.00	2.99
1960-1970	3.77	0.94	0.00	2.83

Source: Instituto Brasileiro de Estatística, "I-VIII Recenseamento Geral, 1872-1970," (Rio de Janeiro).

TABLE 2

DIFFERENTIAL POPULATION GROWTH IN BRAZIL, 1940-1960

Region	Annual Rate					
	Urban		Rural		Cities with more than 10,000 Inhabitants	
	1940-1950	1950-1960	1940-1950	1950-1960	1940-1960	1950-1960
	(Percentage)					
North	3.7	5.3	1.8	2.5	3.9	6.6
Northeast	3.5	4.8	1.8	1.0	3.9	6.4
Southeast	4.1	5.1	0.5	1.0	4.9	6.0
South	3.9	6.7	2.8	4.0	4.6	7.7
Center-West	4.7	9.4	2.9	4.0	6.7	14.0
Brazil	3.7	5.4	1.6	1.6	4.8	6.4

Source: Instituto Brasileiro de Estatística, "V-VII Recenseamento Geral, 1940-1960," (Rio de Janeiro).

TABLE 3

PROJECTED LABOR FORCE IN BRAZIL, 1971-1978

Year	Economic Sector			
	Agriculture	Manufacturing	Commerce and Services	Total
1971	13,091,000	5,565,000	11,872,000	30,528,000
1972	13,183,000	5,483,000	12,584,000	31,250,000
1973	13,275,000	6,135,000	13,339,000	32,749,000
1974	13,378,000	6,442,000	14,140,000	33,960,000
1975	13,461,000	6,764,000	14,988,000	35,213,000
1976	13,556,000	7,103,000	15,887,000	36,546,000
1977	13,651,000	7,458,000	16,841,000	37,950,000
1978	13,746,000	7,831,000	17,852,000	39,429,000

Source: Ministério do Trabalho e Previdencia Social, unpublished data.

TABLE 4

GROWTH OF THE LABOR FORCE IN BRAZIL, 1940-1970

Economic Sector	Annual Rate		
	1940-1950	1950-1960	1960-1970
	(Percentage)		
Agriculture	1.4	1.7	0.7
Manufacturing	5.2	2.3	5.9
Commerce and services	2.2	3.2	4.1
Total	2.1	2.8	2.7

Source: Instituto Brasileiro de Estatística, "V-VIII Recenseamento Geral, 1940-1970," (Rio de Janeiro).

TABLE 5

COMPOSITION OF THE LABOR FORCE IN BRAZIL, 1940-1970

Region	1940		1950		1960		1970	
	Active	Not Active	Active	Not Active	Active	Not Active	Active	Not Active
				(Percentage)				
North	51.9	48.1	45.5	54.5	–	–	42.1	57.9
Northeast	51.0	49.0	45.2	54.8	–	–	43.8	56.2
Southeast	48.9	51.1	46.2	53.8	–	–	42.4	57.6
South	50.8	49.2	47.1	52.9	–	–	46.9	53.1
Center-West	49.4	50.6	44.0	56.0	–	–	44.9	55.1
Brazil	50.8	49.2	46.8	53.1	46.5	53.5	44.8	55.2

Source: Instituto Brasileiro de Estatística, "V-VIII Recenseamento Geral, 1940-1970," (Rio de Janeiro).

FIGURE 1

VARIATION IN THE INFLATION RATE OF BRAZIL, 1962-1972

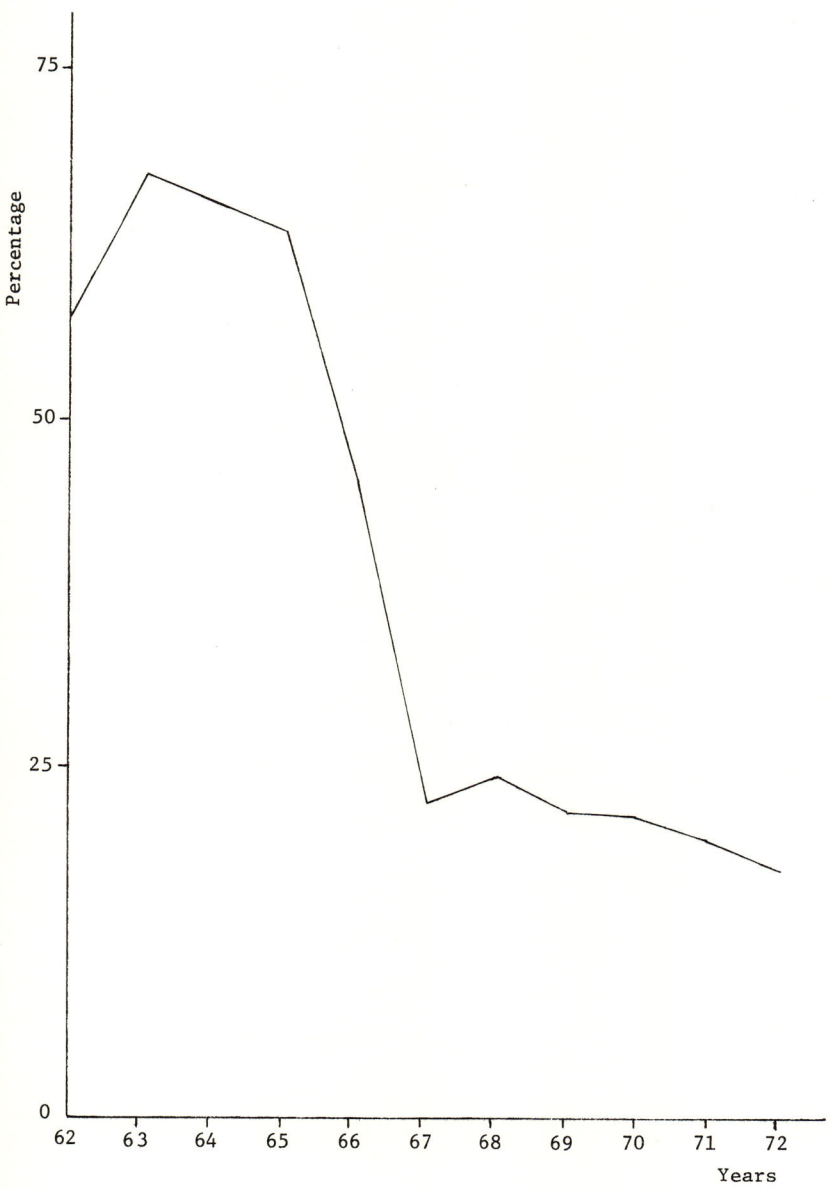

FIGURE 2

VARIATION IN THE PERCENTAGE RISE OF COST OF LIVING
AND SALARY RATES IN BRAZIL, 1966-1973

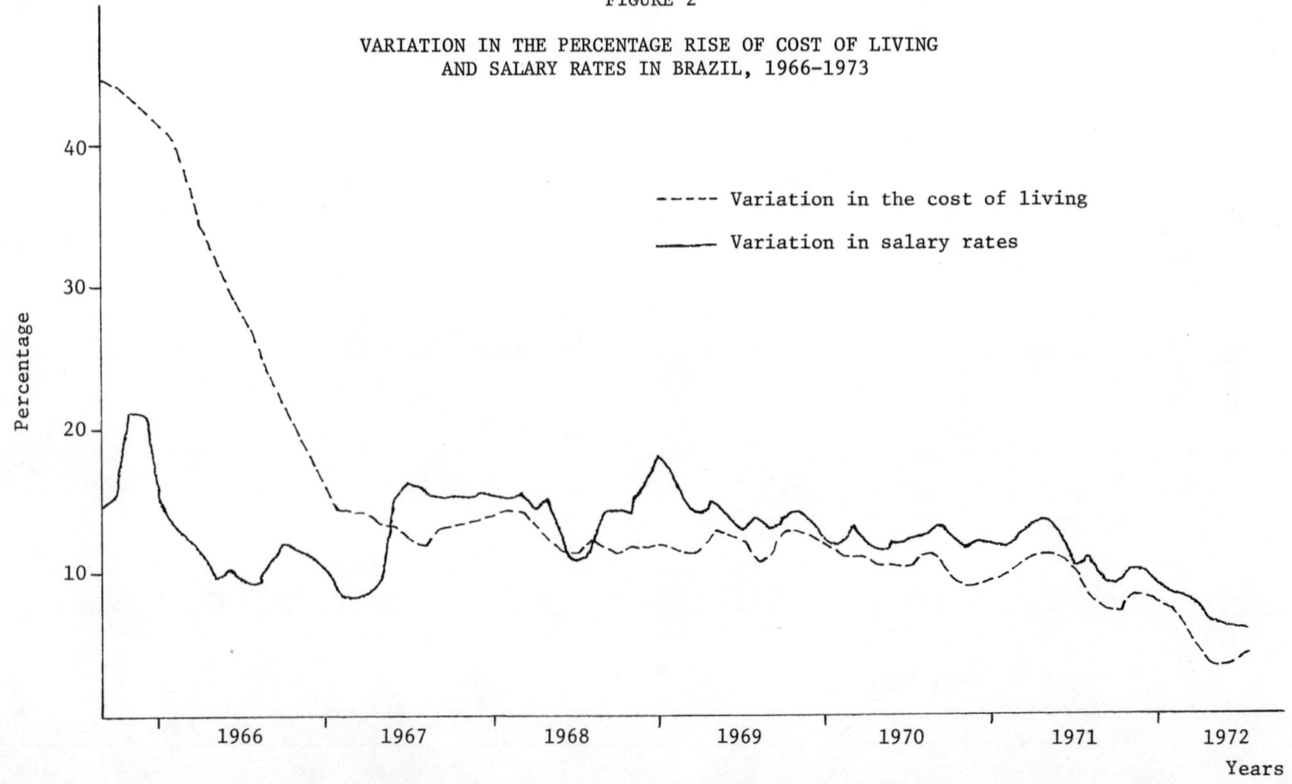

----- Variation in the cost of living
—— Variation in salary rates

FIGURE 3

ACCOMPLISHMENT OF WORKER TRAINING PROGRAMS IN BRAZIL, 1968-1972

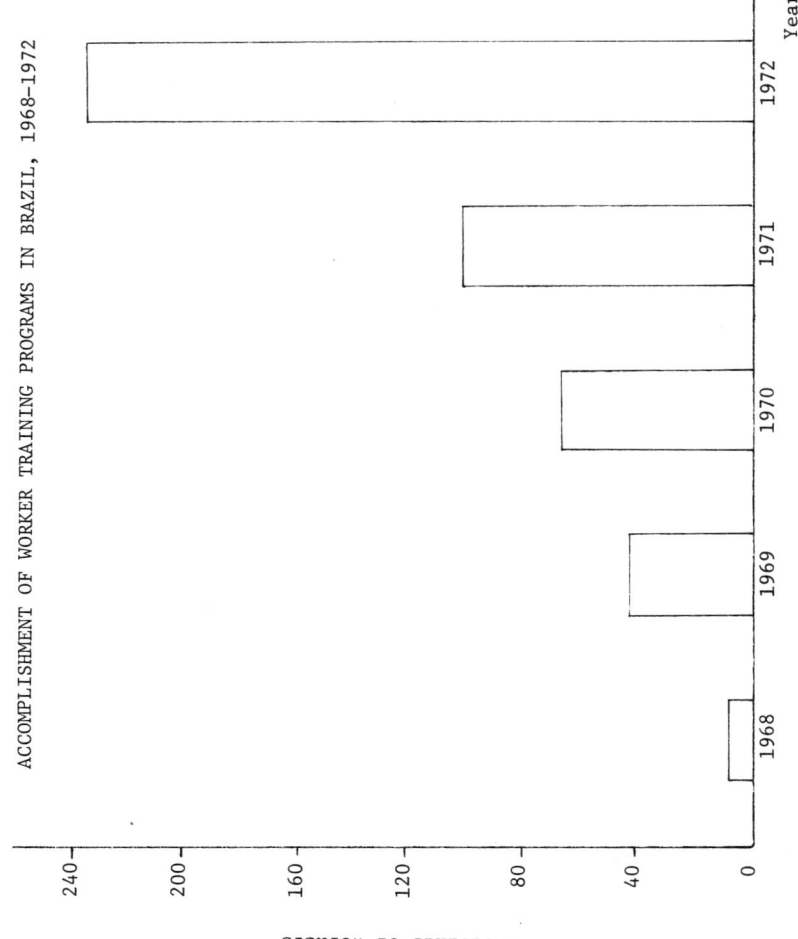

FIGURE 4

WORKERS IN TRAINING PROGRAMS BY GEOGRAPHIC REGION IN BRAZIL

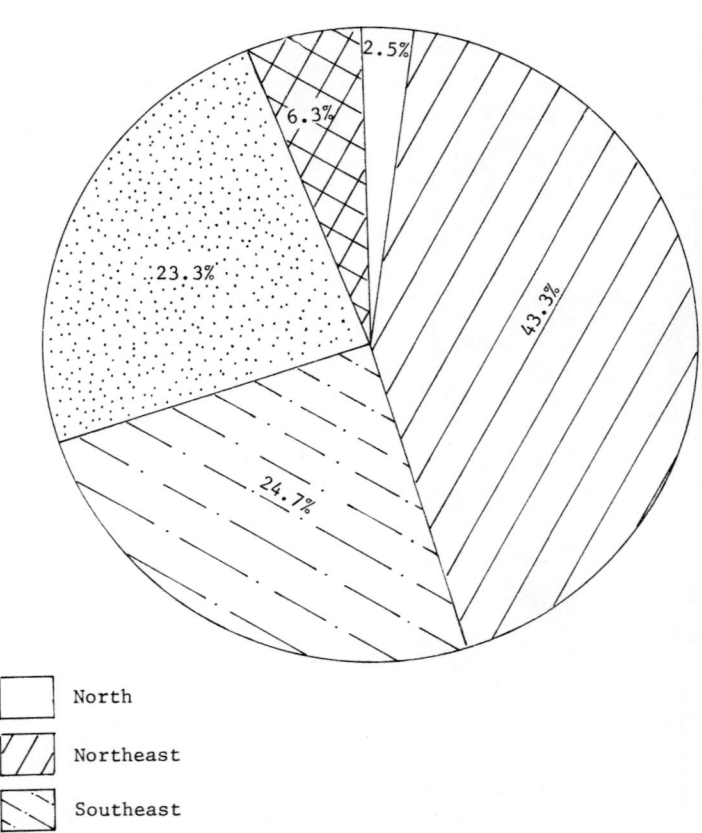

ANALYSIS

Jacob Mincer
Columbia University and National Bureau of Economic Research
New York, New York

INTRODUCTION

While poverty is still the basic debilitating condition of mankind and economic progress an as yet unattained hope of poor societies, economic growth, once started, creates massive problems ot its own, problems of dislocations and imbalances, or more optimistically, problems of transition and adjustment. The realization that the problems are a part of the promise is comforting, but does not make the need for dealing with them intelligently less urgent. Awareness of these problems and some of the strategy for dealing with them have been eloquently communicated in Professor Barata's statement of the developments, aspirations, and concerns for the changing conditions of labor in Brazil.

The current Brazilian take-off into rapid growth is particularly exciting. At least in one basic respect it differs from the models of German and Japanese growth with which it is beginning to be compared. Germany and Japan were urbanized, industrialized nations long before they embarked on rapid growth. Capital replacement and accumulation embodying the latest technologies in an economy with an already existing broad base of skilled industrial labor as the complementary factor is an important part of the sucess story in Germany and Japan, although not a sufficient explanation of it. In contrast, Brazil constitutes a much more interesting case for the poor countries of the world. Starting from a very low income level, with a preponderantly agricultural population and a small industrial base, Brazil has developed a spectacular economic growth rate despite its very modest availabilities of a modern, skilled, highly educated labor force. The conclusion that human capital is a precondition for expansion, which may be drawn from the other examples, does not seem to hold here. Indeed, the central problem of growth in Brazil, as in most other Latin American countries, is the transformation of large masses of marginally productive labor into a modern, productive labor force.

Theorists of economic growth are only beginning to pay attention to labor as a factor affecting, and being affected, by economic development. On the other hand, labor economists do not suffer from a myopic emphasis on physical capital accumulation, and they are certainly immune to the simplifying assumption of homogeneous labor. My analysis should, therefore, be free of these blinders, an advantage which may compensate somewhat for my otherwise rough understanding of development processes. I shall consider the implications of economic growth for the supply of labor in its quantitative and qualitative dimensions, for its sectoral mobility and allocation, and for the distribution of wage gains.

POPULATION GROWTH

The quantity of labor supplied to the economy is a function of the size and age distribution of the population, of the labor force participation rate, and of hours of work per unit of time. Health, education, and skill are measures of quality of the labor force, as they affect the productivity of a given quantity of labor measured in numbers or in man-hours. The effective supply of labor is, therefore, a function of both quantity and quality, and the two components are both interdependent and interactive. Clearly, the subject of health and educational conditions of the population, although discussed in other sections of this book, cannot be avoided in the analysis of labor.

Population is the ultimate determinant of labor supply. Its growth depends on the balance between birth rates and death rates. The high birth and death rates which characterize pre-industrial societies tend to decline as a consequence of economic growth: mortality declines as income and consumption rise. Even without much income growth, the spread of medical knowledge and public sanitation can reduce death rates substantially. If birth rates do not follow suit, the "demographic transition" acquires a Malthusian character.

If economic growth nevertheless gets started, there is a presumption in economic theory that a decline in birth rates will follow. This conclusion emerges from recent theoretical analyses of time allocation and from empirical studies of fertility behavior. The growth of market wages and education attracts people from non-market activities such as the household and subsistence sectors into the labor market. Rising wages represent a rising cost of time in raising children, so that the incentives of women to limit family size and enter the labor market grow simultaneously. More education appears to exert additional effects in the same direction as it influences attitudes and information about family planning. An additional factor in the expected decline of the birth rate is migration. Generally, economic growth intensifies migration processes, particularly rural-to-urban migration and migration from smaller to larger urban centers. Since child raising is more costly in the city than on the farm, incentives of migrants to limit family size are strong. Thus, with economic growth and urbanization, growth of the female labor force and declining birth rates are likely to occur jointly.

All these developments are observable in Brazil: an unprecedented urban shift from 45 to 56 percent of the population; a 20 percent growth in the labor force participation rate of adult women (ages 20-50); and a significant drop in the birth rate, from 4.33 percent to 3.77 percent, all in the span of a single decade. To the extent that mortality has declined steadily since 1940, overall population growth actually accelerated before 1960, but the rate is declining somewhat thereafter. In view of the low levels that mortality will be reaching, an extrapolation of birth and death rates from Professor Barata's paper implies a continued decline in the rate of population growth, though the rate itself will remain quite high for some time.

The significance of these demographic events for labor supply is two-fold: On the one hand, high birth rates imply an age distribution of the population heavily weighted toward youth. Approximately 40 percent of the Brazilian population is less than 15 years of age. This represents a substantial burden on the economy, since the consumption and educational needs of the young population are paramount, and their economic contribution small. Continuation of the observed decline in birth rates will slowly change the age distribution toward a more productive labor supply. In the meantime, information on family planning could be usefully combined with information on prenatal care, nutrition, and household management in general in some of the more successful adult literacy programs which Professor Barata has listed. On the other hand, and beyond improving the quality of the labor force via changes in age distribution, reductions in the size of large families apparently also affect educational progress. Families with fewer children can more readily afford educational expenditures. If the frequency of large family size is greater among the poor, the induced demographic changes may have positive effects on the distribution of income and social mobility.

LABOR FORCE RATES AND COMPOSITION

Total labor force grows with the size and varies with the age distribution of the population. Although the overall proportion of the economically active population need not be fixed, its variation over time is found to be rather small in most countries. This proportion is smaller in countries like Brazil, where the young dependent population predominates and where female labor force rates are relatively low. Apart from effects of changes in birth rates on the age distribution, the major impact of population growth does not lie on the overall labor force rate, but on its composition. As indicated above, the female labor force rate is likely to increase over time, which does not appear to affect the total rate much, because the male labor force rate tends to decline at the same time.

The link between the two movements is not that housewives get replaced by househusbands, but that the same forces of growing incomes on the one hand attract people from household to market activities, while on the other hand, they induce private and social investments in education of the young and provide the means for earlier retirement. As a result, labor force rates of the youngest and oldest population groups decline. These declines are visible in the male labor force, since they are offset by the growth of market activities in the female labor force.

The Brazilian data on labor force participation by age and sex indicate the same kinds of trends in recent years as are observed in U.S. data for the past half century or more. Since the compositional changes need not be precisely offsetting, and given the problems of measurement, it is doubtful that much meaning can be ascribed to the small drop (from 46.4 percent to 44.8 percent) in the Brazilian labor force rate observed over the past decade. It would be difficult to view this drop as a reflection of a decline in employment opportunities, given the strong evidence of consequences of booming demand, such as the educational explosion and the quickened pace of labor mobility.

THE GROWING DEMAND FOR SKILLS

The fast growth of the Brazilian economy is apparently based on modern, capital-and-skill-intensive technology despite its rather narrow base of educated labor with modern industrial skills. The resulting pressure of demand on the educational and job training systems must be enormous. In fact, the magnitude of response of the educational system is impressive: in the span of a decade, enrollment doubled at the primary level, increased over four times at the secondary level, and over seven times at the higher levels. In absolute numbers, enrollment in secondary and higher levels grew from 1.3 to 6.2 million students in this short time. It would be surprising if the quality of education did not suffer in such a hasty adjustment process. At any rate, the full effects on the skill composition of the labor force will become visible when the cohorts of students become experienced members of the labor force.

Langoni's study attests that the pressure of demand in the labor market is disproportionately concentrated at the upper-skill levels, and that the educational growth represents a direct response to market forces. It shows that between 1960 and 1970 the distribution of real income growth rates was directly related to the worker's educational attainment. Although inequalities in wage gains widened the overall income inequality, all income groups, classified by deciles in Langoni's study, received real income gains.[1] If economic theory and the experience of more developed countries are any guide, the twist in the distribution or relative gains will be reversed as increasing supplies of skill, produced in response to demand, become available over time. The response of the educational and training systems will tend to alleviate the skill bottlenecks, thereby increasing total output, while at the same time the increased supply of skilled personnel will tend to equalize the disparities in wage gains. Given rates of growth in demand for various skills in the labor market, the speed of these processes depends on the rates, distributions, and efficiencies of educational and training resource flows. The assessment of proper magnitudes and directions of such flows can be guided by calculations of levels of, and changes in, rates of return to the various educational and training investments.

It is, of course, important to distinguish between private and social rates of return, for they may differ, and both are relevant for the understanding of behavior and for the formulation of public policy. The difference between the two rates is due, for example, to the fact that schooling is partly financed by the public sector. Moreover, the degree of public financing differs among educational levels. In Brazil the largest public subsidies accrue to the lowest levels of schooling, while the smallest accrue to the secondary level. Consequently, the relatively high private student costs at the secondary level create a barrier to the flow of students beyond elementary levels, which only a relatively high family income can surmount. This barrier looms even larger when secondary-level curricula are geared mainly to university entrance rather than to market opportunities. Removal of this barrier--that is, a redistribution of resources toward the secondary level--ought to be a more efficient policy than increasing subsidies to the highest levels of education. At the same time, it would be helpful to change the emphasis in secondary education from a mere academic bridge to higher education to a more vocational or semi-professional preparation for the majority which is not likely to go on to university. This would save resources while speeding up the flow of middle-level qualified manpower to the labor market, thus further improving both the productivity of the economy and the social opportunities of the poorer classes.

Educational investments and reforms take a relatively long time to affect the supply of skilled and experienced workers in the labor market. Such investments and reforms do not help in adapting the bulk of the adult labor force to the pressures of demand for more skilled labor. The response to these immediate needs has been enumerated by Professor Barata in the form of a variety of job-training, post-school education, and adult literacy programs, both public and private. It is probably not too soon to get some insights into the adequacy and efficiency of these undertakings in terms of cost-benefit analyses. The nature and form of adult training that will survive and prosper is of great interest to labor everywhere.

LABOR MOBILITY AND UNEMPLOYMENT

Economic growth generates an intensified labor mobility and migration. Labor demands and wages grow at differential rates in different sectors and locations, setting in motion responses to the emerging or widened wage differentials. Theoretically, such responses would occur even if the relative growth of wages were the same in all markets, as long as costs of movement do not grow as rapidly as wages, that is, as much as the wage differentials. It can be shown that in equilibrium, after the migration flows cease when no further gains are to be obtained from them, the relative differentials in wages will have diminished, even though the absolute differences will have increased. These are equilibrium tendencies. Meantime, as the process goes on, the more rapid the growth rate, the more massive are the movements of labor, rural-urban, regional, and generally among markets and sectors.

While analysis and evidence contradict the notion that Brazil is experiencing an increasing excess supply of labor, this does not mean that frictional and structural problems are not real. There is a need for statistical diagnoses of such problems. The emergence of open unemployment is not necessarily a sign of deterioration in an aggregative sense. Indeed, people in traditional societies cannot afford the status of complete unemployment for even a short time, given their inability to finance a minimal amount of consumption. Growth and labor mobility may, in effect, be converting marginality or underemployment into some amount of open unemployment. However rapid the change, it is certainly true that marginality, low productivity, or underemployment remain the central problem, which is not a matter of deficient demand nor of transitional frictions in the labor market. Deficiencies in health, nutrition, and literacy are probably the major problems, and they are on the supply side.

Massive internal migration, particularly from the poor farm regions, leads to an increasingly visible poverty in the cities. But, however poor migrants may be, they are likely to have improved their material existence, not to mention future opportunities, by urbanization. This is not to say that public policy should favor channeling of investments to cities. Capital investments in, and modernization of, agriculture make as much economic sense as the movement of labor to cities in response to wage differentials. In agriculture, the need for modernization applies both to technology and to the farm labor force. Judging by studies of T. W. Schultz, F. Welch, and others, farm productivity will not increase unless both are improved.[2] According to Langoni, half of the Brazilian farm labor force was illiterate in 1970, while the proportion was nearer 10 percent in urban areas. His income data indicate no real income gain for the illiterate labor force between 1960 and 1970, confirming the view that the most pressing poverty problems are on the farm.[3]

Investments in agricultural technology and in the quality of the rural population are urgent. One should not expect, however, that these investments will stop migration. On the contrary, increasing agricultural productivity probably will free resources for further urban and industrial development. Deliberate attempts to restrict migration flows are both uneconomic and ineffective. What is needed, as recognized in Professor Barata's paper, is a network of employment and labor market services which could assist migrants with information about opportunities at destination and with some training or preparation for adjustment to city life.

TECHNOLOGY AND THE SECTORAL DISTRIBUTION OF EMPLOYMENT

Viewing the economy in terms of the agricultural or primary sector, the manufacturing or secondary sector, and the services or tertiary sector, the Brazilian economy exhibits the universal pattern of growth in output. The relative share of the primary sector has fallen, while the share of the secondary sector has grown most rapidly. Correspondingly, the relative share of employment fell in the primary sector and increased in the other two. The share of employment in the industrial sector actually grew very little prior to 1960, but has increased substantially with the acceleration of overall growth since that time. When the industrial sector is divided into above- and below-average capital-and-skill-intensive subsectors, the share of output and of employment has grown most rapidly in the more intensive subsector.

The Brazilian experience of the last decade contrasts with its own history and with that of other developing countries where economic growth is not nearly as pronounced. It appears that in the more recent years, the rate of labor absorption into the modernizing sector has increased. This suggests either that the levels of skill in the labor force have risen quite rapidly over this short period of time or that, despite the basically capital-and-skill-intensive bias of the largely imported technology, production coefficients are not fixed and employers are not entirely helpless in adjusting their production processes to relative factor prices.

Langoni's study shows that the proportion of the labor force with post-primary education rose from 10 percent in 1960 to 16 percent in 1970.[4] The educational improvement affects, in the short run, the young and relatively inexperienced labor force. Hence, the full impact of the continued educational improvements on the overall labor force is still in the future. In the meantime, the partial adjustment of technology, known as job redesign, toward factor proportions more consonant with available relative factor endowments is an important and complementary alternative to skill training efforts. It is certainly as much of a challenge to the ingenuity of Brazilian entrepreneurs and engineers as are the adult training enterprises.

For reasons that make sense in the technology exporting countries, the imported modern technology is capital and skill intensive rather than labor intensive. The often expressed apprehension that the growth process is not sufficiently labor absorbing is probably due to this perception. It is not clear that such apprehension is justified, since both the adjustment of labor to technology by means of human capital investments, and to some extent the converse by means of job redesign, are feasible. These adjustments are difficult and costly, particularly on such a large scale. But is the invention, from scratch, of a full-blown native technology less difficult? If this is the choice, modernization via a perversely biased technology is probably rational. Late-industrializing countries have the benefit of an already available technology, which took a long time and great costs for industrial nations to develop. The disadvantages of factor bias must be weighed against the advantages of being able to skip several generations of technology in a short time. While initial effects on the creation of highly productive employment are slight, the subsequent adaptation of human capital and modifications of technology can lead to progressively wider diffusions of modernization throughout the economy. This is the hope that the Brazilian model may hold out.

REFERENCES

1. Carlos G. Langoni, Distribução da Renda e Desenvolvimento Economico do Brasil (Rio de Janeiro: Editora Expressão e Cultura, 1973), Chapter 3.

2. For analysis and references, see T. W. Schultz, Economic Growth and Agriculture (New York: McGraw-Hill, 1968) and T. W. Schultz, Investment in Human Capital (New York: The Free Press, 1971), especially Chapter 12.

3. Carlos G. Langoni (op. cit.), Chapters 3-4.

4. Carlos G. Langoni (op. cit.), Chapters 4-5.

ANALYSIS

Joseph J. Spengler
Duke University
Durham, North Carolina

Professor Barata's main concern is resource allocation in the field of labor and productivity of human resources given the present growth rates of the Brazilian population. It is to this concern, therefore, that I direct my remarks. In doing so I shall deal with the factors that, it seems to me, are most conducive to the socio-economic welfare of the Brazilian people.

Three coordinate principles underlie my comments: (1) It is essential to make as great as possible, compatibly with ruling time preference and political stability, the flow of physical and human capital complementary to Brazil's resource structure and rapidly growing labor force. (2) It is essential to make as economical use as possible of this flow. (3) Given policy objectives in addition to those originating in the private sector, guidance to the transformation of inputs into such objectives needs to be compatible with a price structure that reflects relevant current and prospective comparative input scarcities. Execution of these principles is much easier in a very large country like Brazil than in a small country.[1]

POPULATION GROWTH

In recent years Brazil's population has been growing at the rate of 2.8 percent per year, which is enough to quadruple its population in half a century and increase its number to approximately 400 million people, or around 120 persons per square mile. Even if Brazil managed to reduce its net reproduction rate to 1.0 percent 30 years from now, its population would not become stationary until 2060 at about 292 million people, or about 90 persons per square mile. These figures pose two questions: Can Brazil comfortably and safely support a population of 300 or more million people? And is it desirable that its population grow close to 3 percent per year rather than, say, 1.0 percent per year? I shall consider the latter question first.

A high rate of population increase generates two types of costs. First, it gives rise to an age structure composed of a relatively small number of persons of working age. For example, only 52 percent of Brazil's male population falls in the productive age group 15-64, compared with about 58 percent in the United States. A comparison of two hypothetical, stable male populations will illustrate my point. Each is characterized by a life expectancy of 58 years, but one is increasing at 2.8 percent per year while the other is increasing at only 1.0 percent per year. While 55 percent of the former is aged 15-64 years, 62 percent of the latter falls within this age bracket; hence, potential productivity per head in the latter population will be 12 percent higher than in the former. If we define the population aged 20-64 as of working age, the potential productivity of the population growing at 1.0 percent per year would be about 17 percent higher. Of course, the males of working age in the population growing at 1.0 percent per year would need to be employed for this 17-percent advantage to be realized. It is well to keep in mind that growth of gross national product no longer depends so largely on population growth as in Adam Smith's days, when mortality was high, job requirements were simple, children could go to work at a very early age, and a widow with six young children was an economically fine catch for a wife-seeking bachelor with a farm.

Turning now to the second disadvantage of a high rate of population increase, a rapidly growing population absorbs more capital, both physical and human, than a slowly growing one. For example, other things being equal, if a population grows at the rate of one percent per year, approximately 5 to 7 percent of the national income is needed to finance such rate of growth. The amount required, given a 2.8 percent rate of population growth, would, on the same basis, be at least 16 percent, or more than twice as much, which is enough to decrease the rate of income growth per capita by one percentage point. If we divide capital into capital which is population-sensitive and capital which is not, since the former keeps pace with population growth whereas aggregate savings tend to lag, the growth of capital not sensitive to population growth tends to lag. As a result, insofar as capital-widening tends to be less productive per unit of capital and per capita than is capital-deepening, the direct and indirect contribution of capital formation to growth of average income is less than it would be if population growth were lower and hence relatively less if invested in capital widening.[2]

It should be noted that several purported advantages are associated with a high rate of population growth. Wages tend to be held down by a high rate of growth of the labor force, it is said, and this accounts for higher profit rates and greater capacity to save. Overlooked is the fact, however, that savings per capita will probably remain lower if profit per capita remains lower, in part because unemployment tends to be higher. It is also said that a high and/or accelerating rate of growth of the population and labor force is comparable to a high and accelerating growth of capital stock, and thus a larger fraction of each incorporates the latest progress in technology. In other words, relatively more knowledge of recent vintage would be embodied in a rapidly growing population. This argument overlooks the fact that when a population is growing rapidly, the resources available for the education and training of those entering the labor force will be less than when it is growing slowly, and also that there are relatively more resources available for keeping the entire labor force abreast of the requirements of technical change and for augmenting per capita capital-deepening.

Income data suggest that Brazil's younger-age structure has contributed to the country's relatively low average income. In 1970, according to the World Bank, of the 122 countries whose GNP per head was listed, Brazil's ranked fifty-second, and 66 of those countries experienced a higher per capita growth rate in 1960-70 than did Brazil. While it is true that capital formation, education, diet, and political stability affect growth of average income, all of these are sensitive to the rate of population growth. One may infer, therefore, that Brazil could progress much more rapidly were its rate of population growth lower, say around one instead of near three percent. Then, in the area of economic development as well as in the area of defense, it would mobilize the non-demographic forces which have played the major role in economic development and military power in recent decades.

POPULATION DISTRIBUTION

The population of Brazil, as Professor Barata suggests, is unevenly distributed in space. Population density in the West is only one-fifteenth of that in the Northeast, partly because of physical limits to settlement in the West. Density is about 22 times as high in the three most populated regions as in the remaining two, where in 1960 about one-twelfth of the country's population occupied about two-thirds of its territory. Even so Brazil was fortunate in having about 45 percent of its population urban already in 1960, with 29 percent living in cities of 20,000 or more.[3] Population concentration serves, within limits, to make easier the assimilation, adaptation, exploitation, and economic utilization of modern technology. It allows greater scope to economies of scale, space, and agglomeration; to exploitation of complementarities; and to minimization of distance and of many, though not all, inputs of time. While this concentration is associated with industrialization and the improvement of transport and communication means, it also facilitates the transformation of an economy dependent mainly on primary activities into one dependent on secondary and tertiary activities. While the degree of urbanization may not have been so important prior to World War I, when external trade was stimulating some local development but not yet a general transformation of the economy, it did become helpful after World War II. Export stagnation having led to a pattern of autarkic development that lost its dynamism by 1962, the Brazilian economy eventually surged forward after 1967 under the impact of heavy investment in the government and consumer-durable sectors.[4]

The uneven distribution of Brazil's population reflects in part the magnitude and the structure of the country, its poor transfer relations and dearth of transport, the heterogeneity of its physical terrain and environment, and the resulting regional unevenness and capacity to support economic activities, and hence population, which tends to settle where employment opportunities are available. Settlement of Brazil thus reflects lack of access to the sea in the West and failure up to now to surmount the barriers associated with space and distance.

Effective use of Brazil's manpower in the future turns on improvement of its spatial distribution. Four lines of action are indicated. First, since extension of settlement is financed by already settled but still capital-short regions, continuity in extension usually is more economical than leapfrogging, which also increases the cost of overcoming distances and accentuates the transportation burden.[5] Second, the quality of local environment and terrain needs to be taken into account, since otherwise costly overcrowding of local environments may result. Third, the establishment of new growth centers in less settled areas may be indicated, even though they may temporarily be at the expense of large, well established cities in settled regions. Fourth, the fraction which the present agricultural population and labor force forms out of the national population and labor force eventually needs to be reduced from its 1970 level of about 44 percent to a lower level, say 20 percent.

A reduction of the agricultural fraction of Brazil's population and labor force, however, presupposes little if any outmigration from the agricultural sector. For if we postulate an agriculturalist-land ratio of one agriculturalist to 100 acres, and the existence of roughly one billion arable acres, 10 million agriculturalists would be required compared with the 12.6 million reported as economically active in agriculture. Accordingly, should outmigration approximate the equivalent of natural increase in the rural population and should the rate of natural increase not fall markedly, a rural population of current size would amount to about one-fifth of the nation's population in the first half of the next century. The agricultural prospect is good for increasing yields and extending the area under active cultivation. Given Brazil's growing foreign exchange requirements, a growing world demand for agricultural produce, and the fact that only one-half of the land supposedly usable is in use, outmigration will be slowed by a rising demand for rural labor. Furthermore, since output per agriculturalist and yield per hectare are low, great improvement in cultivation methods is a prerequisite to the continuing release of workers from the rural sector.[6] Yet, such improvement is likely to be slowed by the heavy dependence of modern agriculture upon fossil fuel, destined to remain in short supply and subject to rising cost.[7] In short, the pull factors in agricultural areas are likely to keep pace with those in urban sectors, thus limiting rural outmigration to numbers absorbable in non-rural sectors.[8]

HUMAN CAPITAL

Capital formation in general can be defined as any use of inputs today for the purpose of enlarging output tomorrow. Capital, while homogeneous in the abstract, is heterogeneous in the concrete, differing *inter alia* in period of gestation, in specificity of application and in susceptibility to under- or over-use. Increase in human capital is identified largely with increase in formal education, even though the correlation between the two is not always high.[9] Economic development also is associated with increase in education; it is often assumed that significant growth cannot be achieved until 8 or 10 percent of a population is enrolled in elementary education, after which increase of secondary education to 2 or 3 percent of the population is indicated, and eventually an increase in university enrollment.[10] However, while economic development depends on increase in the educated fraction of the population, development can proceed more rapidly if investment of inputs in education is neither excessive, inadequate, nor uneconomically distributed among types of education.

Data on investment in education in Brazil indicate that far too little investment has been made in human capital. Over two-fifths of the population lack schooling completely and many of those who have had some schooling have not been able to profit from it.[11] Investment in education has been carried out in ways that waste a great deal of the resources devoted to it, through either under- or over-investment. In 1958 the number of students who remained in school until the fourth grade amounted to only 2.5 percent of the number enrolled in the first grade. Twelve years later this ratio still was very low, as was the fraction continuing into secondary school.[12] Evidently, much of this investment in arrested schooling produces little more than functional illiteracy. Much of the investment in secondary and higher education is wasted because curricula do not contain enough material to be useful or productive; many of those admitted to institutions of higher education are unqualified to carry on productive education at higher levels.[13] It is not surprising, therefore, that in less-developed countries investment in physical capital often is found more productive than investment in education.[14]

Additional waste results from over-investment in education, even when the quality of education is good, due to rapidly diminishing returns, given the purpose education is intended to serve. Waste results from a strong tendency to overeducate individuals for various types of employment. Such a tendency varies with the level of a country's income, with the level of education under consideration, and with the nature of the profession for which a person is being trained. The practice of training a man to do a boy's job is well exemplified in the training of doctors and their auxiliaries, lawyers, and upper-class students in elitist-dominated societies. Sharpson, writing of the training of medical personnel in underdeveloped countries, observes that there is "a relentless pressure for standards, salaries, and costs comparable to those of Western medicine, even if it means that much of the rural population receives no health care al all." He also points to "the process of creep whereby auxiliaries get longer and longer training till they are almost as elegantly trained as professionals."[15] These practices also are common in the United States, where about 90 percent of medical-school graduates are trained as specialists, even though general practitioners can handle 85 to 90 percent of all complaints for which people go to doctors.

It follows that Brazil needs to increase its overall investment in education and reallocate it carefully so that all who are competent can acquire enough education to fulfill their allotted functions but not much more than is needed. A system of refresher or continuing education may serve to bring individuals abreast of technical or other changes in job or professional requirements; it can thus facilitate the acquisition of a skill mix compatible with increases in the developing country's international-trade potential.[16]

ECONOMIC OVERLOAD

An economy, or any one of its sectors, has a maximum capacity under given conditions to produce a stipulated product mix. This capacity may be subject to increase through recourse to superior methods and increase in infrastructure, but it has upper limits and is subject to variation over time. Accordingly, if population and/or average demand continues to increase and press upon GNP, an economy will eventually become overloaded. Indeed, some sectors, being less elastic in terms of supply, will become overloaded before others and serve as a drag on the further expansion of overall capacity, much as did an inelastic agriculture in many countries in the past or as a too slowly growing supply of energy is doing today. Every economy has its sectors whose limitations it can surmount only through importation.

Every economy is subject to becoming overloaded, with the result that it loses flexibility. The dangers inherent in economic overloading have been temporarily hidden in many countries by such ideological, mass-oriented targets as full employment and economic growth. Let me first illustrate how the advent of economic overload threatens continuity of activity on the part of a business firm. Continuity of its activity is contingent upon its operating at less than full capacity and thus remaining in possession of a margin of safety to cushion a temporary surge of demand above normal, or emergence of a supposedly temporary shrinkage in critical inputs. Assume a community has a hospital of 1,000 beds, enough to meet normal or average requirements. It will nonetheless be undersupplied with capacity if demand for beds fluctuates, say between 950 and 1,050; a hospital of 1,050 beds is needed to provide a safety margin of 50 beds above normal. If a complex of 10 such hospitals with 10,000 beds could be set up, subject to the principle of mass reserves, the margin of safety might be reduced from 5 percent to around 1.5 percent, or 150 beds.

Interdependence of many dissimilar firms accentuates the cost of economic overload. Indeed, vulnerability of continuity in an economy increases with its degree of interdependence. If 20 activities or 20 firms are interlinked, continuity depends on the presence of an adequate margin of safety at each point of contact or activity, for otherwise the absence of a margin of safety at any one point can limit activity at the other 19 points. Vulnerability may be said to increase also with the multiplication of computer jockeys who believe they can reduce the size of safety margins by assuming that a shortage at any one point can be met by drawing on unexhausted margins supposedly existing elsewhere. There is a limit in practice to the combination of safety and aggregate reserve minima.

Acting on the assumption that abnormally low margins of safety will suffice permits economy in the use of resources in the short run, but at the expense of reduced use of the economic structure and the labor force over the longer run. Moreover, as safety margins shrink, as when the gap between actual and potential growth rates is overestimated, prices and costs begin to rise, impetus is given to inflationary monetary policies, and misuse or non-use of economic resources increases. Evidence of the inadequacy of U.S. safety margins, now accentuated by energy shortages, can be found in the emerging shortage of primary processing capacity.[17]

Brazilian agriculture could in time become a victim of economic overload because of the manner in which settlement and exploitation of agricultural resources with seemingly long-run potential are carried out. It is true, of course, that about 47 percent of Brazil's 2.1 billion acres are considered arable, about one-tenth of them irrigable, and that its major river basins are currently endowed with an annual 2.7 billion acre-feet of water run-off, more than that of India and Pakistan combined.[18] It is also true that only half the arable land is under cultivation and that changes of increasing yield per acre are good.[19] At the same time, however, much of Brazil's soil is very poor, relatively infertile, and subject to fertility exhaustion.[20] Given agricultural practices unsuited to soil conservation and to transfer of resources from the agricultural sector to other sectors, Brazil's agricultural economy could easily become overloaded.[21] Agricultural technology must be adapted to the ecology of a country or a region, and such adaptation requires inputs from the non-agricultural sector as well as biological and engineering research suited to overcome complexities of new varieties.[22] Overloading tropical agroecosystems eventually reduces their sustained yield.[23] Recourse to initially highly productive grains (e.g., the green revolution) results in the development and selective spread of strains which, despite their high-yield capacity, are likely to prove much more vulnerable to plant disease and pests and much less adaptable to adverse weather conditions and water shortages. It could therefore give rise to a replication of the Irish famine.[24]

Turning to economic overloading in industry, there is too much capital loaded upon labor, but without adjustments in the labor-capital ratio, or the product mix suited to minimize unemployment, particularly with the population of working age growing rapidly and absorbing resources that might otherwise be used to generate employment.[25] While there is some adjustment of the product mix to the comparative availability of inputs, such adjustment contributes little if overcapitalization of some sectors is deliberately offset by undercapitalization of others. Much more conducive to effective use of resources is the product mix in agriculture described by Nicholls and Paiva.[26] Indeed, economic structures are much more flexible than is usually assumed, particularly if entrepreneurs are free to take advantage of disparities between current and prospective marginal products of factors and the current and prospective prices of these factors,[27] especially labor, whose growth continues to depress its marginal productivity.[28]

CONCLUSION

The development plans currently under way have been described by Professor Barata in terms of Brazil's shortage of physical and human capital, an excessive and rapidly growing labor force, an underdeveloped agricultural sector, an excessive dependence on the state, and an insufficiently outward looking economy not subject to the discipline of competition, access to learning effects, and exchange-earning power. Let us turn now to some of the plans for accelerating development. Population growth rate, probably the major barrier, is being dealt with only indirectly insofar as fertility decline will be facilitated by urbanization, increase in education, entry of women into the labor force, and provision of security for old age.

While emphasis upon medium-level and technical education is excellent, especially if industry can play an important role, emphasis upon higher education can be excessive unless it is properly oriented to industrial and agricultural needs and restricted to individuals with real potential. Brazil's capital-need/savings ratio is too high to permit waste in the educational structure. Training in business administration is essential to carrying out industrial programs.

The planned rate of geo-economic concentration seems too high and hence too costly, especially since the capital-output ratio in such undertakings is very high. This is particularly so, given the depresion of the overall capital-labor ratio by rapid population growth and lack of sufficient attention to adverse ecological effects rising from the Trans-Amazonian Highway, if not carefully executed and with due attention to long-term environmental impact. The civil construction program seems to absorb capital that might be put to much more productive use in industry and agriculture, particularly if construction is largely carried out by government agencies. Employment in services also seems to be unduly increased relative to agriculture and industry.

There does not appear to be adequate incentive and feedback built into the National Development Program, nor sufficient attention to the costs that will be imposed on the economy. Land redistribution does not function well unless its beneficiaries know how to farm and have sufficient incentive to do so. Rights similar to pension rights lose much of their value through inflation. Training the unemployed may not assure jobs to those receiving the training unless employers can afford to hire them at wages commensurate with their performance. Employers need to play a major role in employment programs, since productive use of job-seekers turns largely on what job-makers can do; attempts by the state to play a major role generally result in unproductive use of labor. Employers should have a better notion of the prospective demand elasticities of various products.

Inasmuch as labor and land are in superabundant supply and jobmakers or entrepreneurs in short supply, it appears that the major focus of plans for increasing employment must lie with the entrepreneurial class. Entrepreneurs, if free of constrictive governmental controls, can modify capital-labor ratios in ways that economize on capital and hence increase the number of jobs. An appropriate example is the use of shifts suited to keep productive facilities in use most of the 168 hours contained in a week. Illustrative of the degree to which the operative capital-labor ratio can be reduced is the recent experience of Taiwan and Korea, or even the earlier experience of Japan.

Entrepreneurs can contribute greatly to the development of human skills by developing new demands for products and hence for labor, which can be trained on the job so it can produce these products. One must not overestimate, however, as do many who emphasize the importance of human capital, the degree to which causation runs from the presence of skills. Finally, stress should be placed on marketing needs in order to increase demand for labor indirectly through improvement of transportation and market enlargement.

REFERENCES

1. Donald B. Keesing, "Small Population as a Political Handicap to National Development," Political Science Quarterly (Vol. 84, No. 1, March, 1969), pp. 50-60; H. B. Chenery and Lance Taylor, "Development Patterns: Among Countries and Over Time," Review of Economics and Statistics (Vol. 50, No. 4, November, 1968), pp. 391-416; and H. B. Chenery, "Growth and Structural Change," Finance and Development (Vol. 8, No. 3, September, 1971), pp. 16-27.

2. Simon Kuznets, Capital in the American Economy (Princeton: Princeton University Press, 1961), Chapter 7, especially pp. 327-41.

3. United Nations, Growth of the World's Urban and Rural Population, 1920-2000 (New York: 1969), pp. 99, 101, and 105.

4. N. H. Leff, "Tropical Trade and Development in the Nineteenth Century: The Brazilian Experience," Journal of Political Economy (Vol. 81, No. 3, May-June, 1973), pp. 678-96; Celso Furtado, Obstacles to Development in Latin America (Garden City, New Jersey: Doubleday and Company, Inc., 1970); N. H. Leff, "Export Stagnation and Autarkic Development in Brazil, 1947-1962," Quarterly Journal of Economics (Vol. 81, No. 2, May, 1967), pp. 286-301; A. O. Hirschman, "The Political Economy of Import-Substituting Industrialization in Latin America," Quarterly Journal of Economics (Vol. 82, No. 1, February, 1968), pp. 1-32; and Werner Baer, "The Brazilian Boom 1968-72: An Explanation and Interpretation," World Development (Vol. 1, No. 8, August, 1973), pp. 1-16. Gross Domestic Product per capita rose 4 percent per year in 1956-1962, 1.3 percent in 1962-1967, and 6.5 percent in 1968-1972.

5. Allan Abouchar, "Inflation and Transportation Policy in Brazil," Economic Development and Cultural Change (Vol. 18, No. 1, Part 1, October, 1969), pp. 92-109.

6. Howard S. Ellis (ed.), The Economy of Brazil (Berkeley: University of California Press, 1969), Chapter 4; Peter T. Knight, Brazilian Agricultural Technology and Trade (New York: Praeger Publishers, 1971); George E. Schuh, The Agricultural Development of Brazil (New York: Praeger Publishers, 1970); Werner Baer, Industrialization and Economic Development in Brazil (Homewood, Illinois:

Irwin, 1965), Chapter 7; and W. H. Nicholls and R. M. Paiva, *Ninety-Nine Fazendas: The Structure and Productivity of Brazilian Agriculture, 1963* (Nashville: Vanderbilt University Press, forthcoming).

7. David Pimental et al., "Food Production and the Energy Crisis," *Science* (No. 182, November 2, 1973), pp. 443-9.

8. R. J. Ward, "Absorbing More Labor in LDC Agriculture," *Economic Development and Cultural Change* (Vol. 17, No. 2, January, 1969), pp. 178-88.

9. Alphonse A. Gintzburger, "Psychoanalysis of a Case of Stagnation," *Economic Development and Cultural Change* (Vol. 21, No. 2, January, 1973), pp. 227-46.

10. A. L. Peaslee, "Education's Role in Development," *Economic Development and Cultural Change* (Vol. 17, No. 3, April, 1969), pp. 293-318.

11. H. S. Ellis, "How Culture Shapes Economic Growth," *Arizona Review* (Vol. 20, No. 1, January, 1971), pp. 1-9; Werner Baer, *Industrialization* (op. cit.), pp. 187-90; E. G. Schuh (op. cit.), Chapters 5-6; H. S. Ellis (ed.), *The Economy* (op. cit.), pp. 33-4, 39-40, and 215-6; UNESCO, *Statistical Yearbook 1971* (Paris: 1972); and United Nations, *Demographic Yearbook 1971* (New York: 1972).

12. H. S. Ellis, "How Culture," (op. cit.).

13. H. S. Ellis, "How Culture," (op. cit.).

14. A. C. Harbarger, "Investment in Men versus Investment in Machines: The Case of India," in C. A. Anderson and M. J. Bowman (eds.), *Education and Economic Development* (Chicago: Aldine Publications Company, 1965), Chapter 2; E. E. Hagen and Oli Hawrylshyn, "Analysis of World Income and Growth, 1955-1965," *Economic Development and Cultural Change* (Vol. 18, No. 1, Part 2, October, 1969), pp. 1-96; and Sherman Robinson, "Sources of Growth in Less Developed Countries: A Cross-Section Study," *Quarterly Journal of Economics* (Vol. 85, No. 3, August, 1971), pp. 391-408.

15. H. J. Sharpston, "Health and Development," *Journal of Development Studies* (Vol. 9, No. 3, April, 1973), pp. 458-9.

16. D. B. Keesing, "Different Countries' Labor Skill Coefficients and the Skill Intensity of International Trade Flows," *Journal of International Economics* (Vol. 1, No. 4, 1971), pp. 443-52).

17. Saul Nelson, "The Looming Shortage of Primary Processing Capacity," *Challenge* (Vol. 16, No. 6, January-February, 1974), pp. 45-8.

18. President's Science Advisory Committee, *The World Food Problem* (Washington, D.C.: Vol. 2, 1967), p. 447.

19. P. T. Knight (op. cit.), Chapters 4-6 and E. G. Schuh (op. cit.), Chapters 4-5.

20. E. G. Schuh (op. cit.), pp. 124-9; Werner Baer, Industrialization (op. cit.), pp. 150-72; H. S. Ellis (ed.), The Economy (op. cit.), pp. 104-29; and P. T. Knight (op. cit.), Chapter 5.

21. J. W. Mellor, "Accelerated Growth in Agricultural Production and the Intersectoral Transfer of Resources," Economic Development and Cultural Change (Vol. 22, No. 1, October, 1973), pp. 1-16 and W. H. Nicholls and R. M. Paiva (op. cit.).

22. G. S. Tolley, "Mellor on Agricultural Development," Economic Development and Cultural Change (Vol. 17, No. 2, January, 1969), pp. 254-61 and Y. Hayami and V. W. Ruttan, Agricultural Development: An International Perspective (Baltimore: Johns Hopkins Press, 1971).

23. Daniel H. Janzen, "Tropical Agroecosystems," Science (No. 182, December 21, 1973), pp. 1218-9; C. W. Clark, "The Economics of Overexploitation," Science (No. 181, August 17, 1973), pp. 630-4; A. Gómez-Pompa et al., "The Tropical Rain Forest: A Nonrenewable Resource," Science (No. 177, September 1, 1962), pp. 762-5; and E. P. Odum, "The Strategy of Economic Development," Science (No. 164, April 18, 1964), pp. 262-70.

24. Tom Alexander, "Ominous Changes in the World's Weather," Fortune (No. 2, February, 1974), pp. 90 ff. and L. A. Mayer, "We Can't Take Food for Granted Anymore," Fortune (No. 2, February, 1974), pp. 85 ff.

25. Celso Furtado (op. cit.), p. 135.

26. W. H. Nicholls and R. M. Paiva (op. cit.).

27. Gustav Ranis (ed.), Government and Economic Development (New Haven: Yale University Press, 1971).

28. G. C. Zaidan, "Population Growth and Economic Development," Finance and Development (Vol. 6, No. 1, March, 1969), pp. 2-9.

III

MEXICO: TRABAJO, POBLACION Y PRODUCTIVIDAD HUMANA

Jorge E. Domínguez
Secretaría del Trabajo y Previsión Social
México, D.F., México

El objetivo de esta ponencia consiste en formular planteamientos que coadyuven al análisis de la transformación que actualmente experimentan en diversos países en vías de desarrollo los Ministerios del Trabajo o sus organismos homólogos. En particular, habrá de examinarse las características del cambio, bajo el enfoque de los requerimientos de adaptación que les plantea a estos organismos su participación en la instrumentación de una nueva estrategia de desarrollo, cuya preocupación fundamental y mayor desafío consiste en elevar la política de empleo a la categoría de primera prioridad nacional.

Dada la naturaleza del tema, muchas de las formulaciones subsiguientes adoptan, necesariamente, el carácter de juicios de valor con un alto contenido político, siendo por lo tanto susceptibles de un tratamiento polémico. Fundamentalmente, estos juicios configuran el esquema de la nueva política y estrategia de desarrollo, reflejando la opción por un determinado modelo en el que, a "contrario sensu" de los preexistentes, el factor trabajo y los recursos humanos constituyen los elementos más relevantes de su estructura y mecánica operativa.

La reorientación del proceso de desarrollo no constituye, sin embargo, una decisión exclusivamente política. En gran medida se deriva de imperativos económicos y, sobre todo, de la emergencia de presiones sociales en nuestros países, cuya gravedad requiere atención inmediata. Los factores demográficos se encuentran fuertemente asociados a la adopción de la nueva estrategia. Dentro de este marco de referencia, la política de empleo deviene en una política omnicomprensiva que se convierte en el eje de la política nacional de desarrollo. El crecimiento económico alcanzado en los últimos lustros por muchos países del Tercer Mundo se caracteriza por su desequilibrio. El modelo de expansión adoptado a partir de la postguerra, si bien generó un activo proceso de industrialización y de modernización en las zonas urbanas, acumuló rezagos sociales, principalmente en materia de vivienda, educación y empleo. Por otra parte, la política de sustitución de importaciones significó la aceptación de nuevas formas de dependencia por la vía de patrones imitativos de consumo y de absorción tecnológica. El crecimiento industrial se logró en detrimento de inversiones en el sector primario, dirigiéndose más hacia el incremento del ahorro y de la capitalización física que hacia el mejoramiento de la productividad y la absorción de mano de obra. Ello provocó acusados desequilibrios estructurales entre la ciudad y el campo, polarizándose los grupos sociales por la desigual distribución del ingreso entre sectores económicos y entre regiones geográficas.

El crecimiento económico producido en los últimos años constituye evidencia irrefutable. No obstante, el factor humano aún se mantiene en condiciones de una grave marginalidad social. La población económicamente activa ha disminuido en términos relativos y la velocidad de su incremento muestra un dramático y peligroso rezago ante el crecimiento demográfico. En México sólo una cuarta parte de la población mantiene a más de 50 millones de habitantes. Hace 20 años, cuando el país contaba con poco más de 20 millones de habitantes, 32 de cada 100 mexicanos se encontraban incorporados a la vida económicamente activa. Hoy, con una población superior al doble de hace dos décadas, existe evidencias estadísticas de que, a pesar de la innegable expansión económica experimentada, sólo 27 de cada 100 se constituyen en mexicanos económicamente activos. Es previsible que, de no corregirse estas tendencias, hacia fin de siglo el desarrollo nacional gravitará sobre menos de la quinta parte de la población.

El hecho más alarmante es que la economía mexicana está perdiendo su capacidad de absorción de fuerza de trabajo. El desempleo se ha convertido, pues, en el problema prioritario del desarrollo nacional. Si de manera excesivamente sintética y esquemática pretendiera proyectarse una imagen de los déficits sociales en México, habría que mencionar que se requiere crear más de 600,000 empleos cada año; que el fenómeno del desempleo y del subempleo afectan, conjuntamente, a más de 40 por ciento de la fuerza de trabajo; que el índice de analfabetismo es aún superior al 20 por ciento; que la población al margen de los beneficios de la medicina institucional es aún mayor que 40 por ciento del total; que se estima existe un déficit en el orden de 3 millones y medio de viviendas; que la participación de los trabajadores en el consumo nacional equivale apenas a 35 por ciento del total y que a pesar de los esfuerzos del gobierno y los factores productivos, más de 40 por ciento de la población asalariada no se encuentra protegida por el salario mínimo.

¿Cuáles son, en suma, los factores que han determinado en los últimos 30 años el crecimiento económico de México? Los estudios desarrollados por la Comisión Nacional Tripartita revelan que el aumento del producto nacional durante los últimos 15 años se logró parcialmente debido al desarrollo de actividades de más alta productividad. Dicha productividad se obtuvo especialmente en sectores económicos y con técnicas productivas que ahorran empleo. La Comisión ha concluido que el crecimiento de la economía nacional durante los últimos 30 años puede atribuirse, en términos aproximados a 46 por ciento, al incremento del volumen del capital, en 32 por ciento a la absorción del trabajo y sólo en 22 por ciento al incremento de la productividad. Tal situación contrasta radicalmente con la de países más desarrollados, que durante ese mismo lapso fueron deudores de su crecimiento entre 50 y 70 por ciento al incremento general de la productividad.

Se enfrenta el país, pues, a una disyuntiva fundamental: ¿Será el camino a seguir en la promoción del desarrollo exclusiva o primordialmente la capitalización física, que conducirá, quizás irreversiblemente, a un esquema de desarrollo "por concentración del ingreso", o nuestro modelo de desenvolvimiento consistirá en destinar la mayor parte de la riqueza social a la retribución del factor trabajo, al bienestar y al fomento de los recursos humanos?

Todos los rezagos por insuficiencia de desarrollo social se conectan y se refieren al fenómeno más alarmante de todos, es decir, el déficit de empleo. Por consiguiente, en México se ha establecido consenso de que en el campo laboral convergen los problemas fundamentales y las posibilidades más importantes del desarrollo, ya que la capacidad de generación de ocupación productiva y adecuadamente remunerada refleja el nivel y la madurez reales del crecimiento y del bienestar social.

El criterio adecuado para las condiciones de México tiene que ser, definitivamente, el de un desarrollo tecnológico que propicie al máximo el aprovechamiento de la energía y el talento humanos, los cuales constituyen los más preciados y vastos recursos disponibles. En principio, los procesos tecnológicos que ha diseñado la inteligencia del hombre pueden operar a voluntad, trabajando de hecho en función de dos alternativas u objetivos suficientemente claros. Uno de ellos consiste en la maximización de las utilidades del capital físico; el otro lo constituye un mayor y más adecuado aprovechamiento de los recursos disponibles, especialmente de los recursos más abundantes. La primera opción, aun cuando técnicamente alcance altos niveles de sofisticación y de perfección técnica, nunca dejará de ser, en última instancia, un modelo tecnológico propio de economías de desperdicio. La segunda alternativa constituye un criterio para el desarrollo tecnológico que resulta de circunstancias y de objetivos sociales claramente definidos.

Dentro del marco general de la nueva estrategia de desarrollo en México se asienta una profunda revaloración de los recursos humanos. En el nuevo esquema se reconoce explícitamente la importancia del factor humano y del trabajo como agentes del desarrollo, realizándose una múltiple reconsideración de su significado en términos económicos, tecnológicos, políticos y sociales. La connotación de "recurso" presupone la necesidad y la posibilidad de mejorarse, desarrollarse y transformarse que posee el factor humano. Económicamente, también pone en evidencia el enorme valor potencial de la población de un país como agente fundamental para su desarrollo.

Socialmente, el término recursos humanos, dentro de la teoría y la nueva estrategia de desarrollo, significa la aceptación de reivindicaciones largamente diferidas. Constituye una forma de expresar la concepción del desarrollo en que confluyen las más fundamentales aspiraciones del derecho social con los objetivos de la producción. Implica la necesidad y el imperativo de asegurar a cada individuo los elementos materiales, sociales y culturales indispensables para su subsistencia y pleno desenvolvimiento como miembro de la comunidad. Expresa, en fin, el reconocimiento de que el hombre, el factor humano, es el objeto último y el primer agente del progreso.

Políticamente, dicho concepto presupone una mayor capacidad por parte del individuo para participar activamente en las decisiones que afectan su organización bajo un estado de derecho como hombres, ciudadanos, productores y consumidores. Implica la necesidad de habilitar a la población para tal participación, desde el ámbito de la información hasta el de la acción política. Presupone un esfuerzo sistemático por hacer de la ciudadanía no un simple accidente geográfico, sino un acto reflejo de conciencia consecuente con una forma de vida socialmente superior.

Tecnológicamente, la noción recursos humanos se refiere al factor productivo que, al mismo tiempo que funge como insumo bajo la forma de energía de transformación, dirige, organiza y controla todo el proceso. Constituye, entonces, un reconocimiento explícito del carácter esencial del factor trabajo para la producción y reconoce su existencia y heterogeneidad, por lo menos bajo cuatro formas múltiples: el trabajo de ejecutación directa, el de organización, el de dirección y conducción y el trabajo de invención o innovación, reivindicando así el papel del factor humano como agente creador, en última instancia, de toda la riqueza generada y revalorizando también el carácter eminentemente social del trabajo.

Constituye, en suma, el término recursos humanos una confluencia de los diversos aportes de la economía, la sociología, la política, el derecho y la tecnología a la concepción moderna del desarrollo, abriendo nuevas vías hacia su consecución. Revela y justifica la razón de la nueva orientación del proceso y la estrategia del desarrollo en México, configurando las bases de una nueva política económica: la del desarrollo compartido y la del bienestar social. Aunque los intentos de definición son siempre riesgosos, a veces contraproducentes y en ocasiones inútiles, en general son más negativas las consecuencias de la carencia de esquemas convencionales de referencia sobre estos conceptos a los que según las circunstancias se les pueda argüir contenidos diferentes.

En México, así como en otros países latinoamericanos, la política de empleo no sólo está avocada a la promoción del máximo nivel de empleo factible, sino que, trascendiendo un enfoque excesivamente simplista y elementalmente cuantitativo, pretende, además del pleno empleo, la obtención de niveles de ocupación realmente productivos y adecuadamente remunerados. Asimismo, la política de empleo procura establecer la distribución apropiada en términos geográficos y sectoriales de más oportunidades de trabajo, la correcta satisfacción en términos de modalidades y niveles de calificación de los requerimientos de empleo para la expansión económica y el desarrollo social, el mejoramiento de la calidad del trabajo y de las condiciones en que éste se desarrolla y el establecimiento de un equilibrio económico, social y tecnológico adecuado entre la oferta y la demanda de ocupación.

Se responsabiliza, además, de la adaptación de la fuerza de trabajo y del acervo intelectual a los cambios tecnológicos e institucionales que conlleva el modelo de desarrollo que se ha elegido; se preocupa de la seguridad y de la integridad física y síquica de los trabajadores y sus familias; determina los parámetros en que, conforme a las normas constitucionales y legales, debe establecerse en términos

operativos el equilibrio de los factores productivos y de la justicia
social, cuyo origen se encuentra en las relaciones laborales; tutela
y protege los derechos individuales y sociales de los trabajadores,
en tanto y cuanto éstos son agentes de producción, sujetos de un derecho social, protegiendo así la remuneración al factor trabajo trasladada al ámbito del consumo familiar; incluye dentro de sus más altas
prioridades la elevación de la productividad y su compatibilización
con los niveles de empleo y, finalmente, incorpora a sus preocupaciones
el fortalecimiento del desarrollo de los cuadros y recursos de los organismos a los que compete la aplicación de esta política, particularmente a los propios Ministerios del Trabajo.

Así entendida la política de empleo, quizás esbozada en un esquema
excesivamente ambicioso, constituye el marco fundamental de referencia
congruente con la gran relevancia que, dentro de la nueva estrategia de
desarrollo, debe atribuirse al fenómeno laboral. Bajo tales circunstancias, la política de empleo constituye la base de sustento para
realizar una auténtica planificación del desarrollo de los recursos
humanos.

La instrumentación de una política de empleo en las condiciones en
que vive actualmente el país como consecuencia de su dinámica interna
y de la coyuntura internacional, especialmente en cuanto se refiere a
la crisis inflacionaria de las economías occidentales, plantea un verdadero reto a los conductores del gobierno. El problema de una considerable dependencia tecnológica del exterior reduce sensiblemente las
posibilidades de usos opcionales de recursos productivos. Los dilemas
a que se enfrenta el desarrollo consisten en encontrar los mecanismos
para compatibilizar, en fórmulas operativas de conjunto, la promoción
del empleo, el control de la inversión, la elevación de la productividad, el incremento de la competitividad en mercados exteriores, la
utilización de tecnologías generadoras de nuevas fuentes de trabajo,
el mantenimiento y la aceleración de los procesos de modernización
productiva y la ampliación rápida del mercado interno. Es por todo
ello que, con toda certidumbre, las autoridades mexicanas consideran
que enfrentar el problema del desempleo equivale a encarar, de hecho,
el reto global del desarrollo.

Debe enfatizarse que una política de empleo exige el establecimiento de políticas demográfica, de tecnología, de distribución del
ingreso y del sistema educativo. La promoción del empleo no depende
de una relación simplista con los niveles de inversión. Antes bien,
las posibilidades de ocupación dependen, además, de otras condicionantes y variables tales como la magnitud y velocidad del incremento
de la población, la dotación y capacidad de absorción de capital, el
volumen y características de los recursos humanos productivos, la
amplitud y estructura del mercado interno y los parámetros del desarrollo tecnológico.

Frente a la situación en que se ha desenvuelto el proceso del desarrollo, ¿cuáles han sido las características más relevantes de los
Ministerios del Trabajo en América Latina? Una interesante investigación de la Organización Internacional del Trabajo, que actualmente
realiza un conciso diagnóstico de los Ministerios del Trabajo en
Latinoamérica, pone en evidencia sus problemas principales: "No cabe

duda de que las administraciones del trabajo de América Latina difieren considerablemente entre sí. Sin embargo, es posible afirmar que, en general, el tipo de tareas tradicionales que realizan los Ministerios del Trabajo de la región ha impedido que éstos ocupen, en la organización gubernamental, el puesto que les corresponde en la promoción de la política social. Estos, a causa de la situación socioeconómica general y de la deficiencia de los sistemas nacionales de relaciones de trabajo, así como de los defectos que resultan de una estructura y un funcionamiento interno inadecuado, se han debido dedicar de manera absorbente a un solo aspecto de la realidad social: la solución de los conflictos".

Se ha descuidado en muchos casos tareas importantes como la formulación de una política nacional de relaciones laborales capaz de prevenir el surgimiento de tales conflictos; el desarrollo de su capacidad técnica para contribuir a la formulación de la política económica y social con base a un estudio sistemático de los problemas laborales, a la adecuación de la legislación laboral, a los requerimientos de la situación socioeconómica general, a la promoción de la negociación colectiva y a la institución de servicios de promoción, de educación y de asesoramiento para las organizaciones profesionales; la formulación de una política nacional de salarios y el fortalecimiento de la formulación profesional y la coordinación eficaz con los servicios técnicos de otros ministerios u organizaciones gubernamentales que juegan un papel importante en la implementación de política laboral.

Otra misión de estudio de la Organización Internacional del Trabajo ha estimado que el personal existente en las administraciones del trabajo latinoamericanas se distribuye de la siguiente forma: la alta administración, 3.3 por ciento; los servicios de mercado de empleo, de 3 a 4 por ciento; los servicios de seguridad e higiene, de 6 a 7 por ciento y la administración del trabajo en general, especialmente en lo que concierne a la solución de conflictos laborales, de 65 a 75 por ciento. La gran proporción de funcionarios asignados a esta última tarea comprende tanto a los que prestan sus servicios en la inspección del trabajo como a aquéllos cuya labor específica consiste en intervenir en los conflictos laborales.

La proporción de profesionales con grado universitario frente al personal que ha ingresado con enseñanza secundaria o un nivel de educación inferior fue estimada en cerca de 50 por ciento para los puestos a niveles superior y medio, siendo los abogados el grupo mayoritario. Le sigue en importancia numérica el grupo de administradores con atribuciones generales, cuyos antecedentes educativos resultan difíciles de apreciar. Una categoría profesional bien definida, aunque constituye solamente 5 por ciento de los puestos a niveles superior y medio, son los médicos, seguidos por unos pocos ingenieros, estadígrafos y economistas, que recién comienzan a ser captados por los Ministerios del Trabajo. Las especialidades requeridas para el estudio del mercado de empleo, la orientación profesional y otros aspectos técnicos de la inspección del trabajo rara vez se hallan representados.

En nuestros países, los Ministerios del Trabajo han concentrado su atención en la búsqueda del equilibrio de los factores productivos. Disponen generalmente de un área de funciones tradicionales que se

refiere principalmente al encauzamiento de las relaciones obrero-
patronales y a la vigilancia del cumplimiento de las normas de trabajo, de higiene y de seguridad. El circunscribir su actividad al
ejercicio de estas funciones tradicionales ha obligado a dichos ministerios a comportarse como meras instancias supervisoras, por lo que
sus actividades han sido restringidas a la sanción de la legislación
laboral y a la vigilancia de su observancia por las partes respectivas.
Aceptada una norma laboral, su intervención no se produce sino hasta
que lo requiere la infracción de las normas del trabajo.

La gran mayoría de los recursos con que cuentan los Ministerios
del Trabajo se encuentran comprometidos en la inspección laboral y en
las tareas de conciliación y contratación colectiva, no siendo siempre
suficientes para atender estas dos funciones. Los presupuestos de los
Ministerios del Trabajo de los países latinoamericanos son extremada-
mente reducidos. En 1970, colectivamente, no representaban ni el uno
por ciento del presupuesto total de los gobiernos.

Por otra parte, a pesar de la escasez de recursos financieros con
que cuentan los Ministerios del Trabajo en Latinoamérica, la Tercera
Reunión de la Comisión Consultiva Interamericana de la Organización
Internacional del Trabajo, celebrada en San José de Costa Rica en
octubre de 1972, recomendaba a estas instituciones promover una amplia
conciencia acerca de la importancia del progreso y desarrollo sociales
como finalidad necesaria y suficiente del desarrollo económico; lograr
que se admita la importancia de la política social en la planificación del desarrollo; conseguir que los Ministerios del Trabajo cuenten
con los servicios de información, documentación y estudios técnicos
que les permitan participar en el proceso de planificación; cumplir
con la obligación constante que tienen los Ministerios del Trabajo de
elevar el grado de conciencia social en las demás ramas de la admins-
tración; crear, capacitar y perfeccionar servicios sectoriales de planificación, de estadísticas laborales, de recursos humanos y de servicio de empleo y fortalecer los cuerpos de asesoramiento técnico, utilizando en su seno las modernas técnicas de elaboración de políticas,
de administración de personal y de control de gestión. La Comisión
también estimó necesario intensificar los programas prácticos de capacitación y reforzar la asistencia técnica a las estructuras ministe-
riales responsables de la ejecución y coordinación de las políticas
de empleo, de la promoción de recursos humanos, de la formación profesional, de los servicios de información del mercado de empleo, de los
servicios de fijación y análisis de remuneraciones y de los servicios
encargados de estudios y encuestas sobre niveles y condiciones de vida
de los trabajadores.

El sentido de modernización que de estas recomendaciones se deriva consiste en dotar a los Ministerios del Trabajo de suficientes recursos humanos, financieros y materiales; actualizar su organización
y procedimientos; fortalecer sus funciones y particularmente capaci-
tarlos para tratar los problemas del mundo laboral con un enfoque plu-
ridisciplinario, compatible con la complejidad de los problemas que
son objeto de su preocupación.

Un punto de especial interés en la reunión de Costa Rica fue la
participación activa de las organizaciones de empleadores y

trabajadores en la formulación e implementación de la política laboral y social. La Comisión expresó unánimemente su fe en el tripartismo como medio para identificar y definir mejor los objetivos del desarrollo económico y social. Resulta imprescindible, pues, intensificar la participación y las formas de consulta entre trabajadores, empleadores, organismos gubernamentales y demás instituciones. De ello se desprende también que el fortalecimiento de las asociaciones de trabajadores y empleadores debe ir acompañado por una vigorización paralela de las funciones y atribuciones de los Ministerios del Trabajo en el sector social.

Siguiendo los lineamientos de la estrategia ya descrita, la Secretaría del Trabajo y Previsión Social de México ha condensado las prioridades de la política laboral en la formulación de un programa de trabajo que contiene los siguientes rubros:

1. Cumplimiento de las normas tutelares del trabajo.

2. Mejoramiento y desarrollo de la contratación colectiva y de los convenios obligatorios.

3. Atención a los problemas de las asociaciones profesionales.

4. Coordinación con las autoridades laborales locales y descentralización de las funciones de la Secretaría.

5. Coordinación de los programas nacionales de bienestar social.

6. Coordinación de la política de empleo y fortalecimiento de las bolsas de trabajo.

7. Capacitación de los recursos humanos productivos e incremento de la productividad.

8. Mejoría de los sistemas nacionales de fijación de salarios y reparto de utilidades.

9. Protección de las condiciones de vida y consumo de los trabajadores.

10. Protección a la salud de los trabajadores y mejoramiento del medio laboral.

11. Promoción de actividades culturales, sociales, deportivas y de integración familiar de los trabajadores.

12. Programa de desconcentración de funciones.

13. Fortalecimiento técnico y reforma administrativa de la Secretaría.

14. Fortalecimiento del proceso de consultas con los factores de la producción a través de la Comisión Nacional Tripartita.

15. Ampliación de la cooperación y las relaciones internacionales.

16. Ampliación de los sistemas de difusión e información.

La nueva estrategia de desarrollo, la política laboral y el programa de trabajo que de ella se deriva implican, evidentemente, la necesidad de realizar cambios significativos. El primer cambio que se ha manifestado consiste en la forma de conducción de los asuntos públicos del gobierno mexicano. El presente régimen inauguró, desde el inicio de su administración, una nueva política de diálogo, participación y corresponsabilidad. El propósito de dicha política consiste en instaurar paulatinamente el cambio por consenso, cambio cuya realización no altere la paz social y garantice un acuerdo básico en torno a los objetivos por alcanzar. Esta política tiene quizás su expresión más importante en el establecimiento de la Comisión Nacional Tripartita, creada con el fin de estudiar diversas posibilidades de solución a los problemas nacionales por parte de los representantes de los factores productivos y del gobierno.

La Comisión, compuesta por 10 representantes de los trabajadores, 10 de los empresarios y 5 del gobierno, funge como un cuerpo consultivo de la Presidencia en la orientación de la política de desarrollo económico y social. Su agenda básica contempla el tratamiento de importantes problemas nacionales, tales como inversiones para el empleo de mano de obra, productividad, descentralización de la industria, desempleo, capacitación de recursos humanos, exportaciones, carestía de la vida, vivienda popular y contaminación ambiental.

CONCLUSION

Las modificaciones que sufren actualmente en su estructura los Ministerios del Trabajo de los países del Tercer Mundo difieren básicamente de la posición de estas entidades en países más industrializados. En los países en vías de desarrollo se ha manifestado recientemente la necesidad de que los Ministerios del Trabajo promuevan no sólo las políticas laborales tradicionales, sino además alienten la creación y el fortalecimiento de las infraestructuras institucionales y técnicas que hagan posible la instrumentación de dichas políticas.

En los países industrializados el desarrollo de muchas de esas instituciones ha ocurrido paralelamente al de su expansión económica, de tal suerte que, al emerger en sus respectivos ámbitos, los Ministerios del Trabajo vigilaron desde su comienzo el adecuado funcionamiento y la mejor adaptación de la infraestructura laboral preexistente. El fenómeno de ampliación del empleo también parece haber sido correlativo a la acelerada expansión industrial en estos países. Los problemas del desempleo abierto han constituido coyunturas que, si en ocasiones han sido graves, su aparición no parece periódica ni sistemática. En cambio, el problema del desempleo friccional sí ha constituido una importante preocupación en estas economías, especialmente por las manifestaciones políticas que tal fenómeno conlleva, manifestaciones que son fácilmente comprensibles si se toma en cuenta que proceden de estratos de la población económicamente activa que, en condiciones normales, se encuentra sistemáticamente ocupada y que, por efecto de la coyuntura, caen rápida aunque transitoriamente en la situación de cesantía.

La ausencia, o bien el raquitismo, de las instituciones económicas, sociales, jurídicas, técnicas, administrativas y aun políticas que son propias de sistemas laborales avanzados explica la fragilidad de nuestras políticas de empleo y el escaso desarrollo de nuestros recursos humanos. De ahí la gran importancia que las autoridades de las regiones periféricas y los centros industriales comienzan a conceder al fortalecimiento y a la reestructuración de los Ministerios del Trabajo, en tanto y cuanto resulta de su competencia la promoción del empleo, del desarrollo de los recursos humanos y del bienestar social.

En síntesis, la función fundamental de los Ministerios del Trabajo en países menos desarrollados reside en fungir como instancias o agentes de cambio, de promoción y de fortalecimiento de las instituciones, las políticas, las estrategias y los programas que hagan factible la aceleración del desarrollo social a través del fenómeno laboral y del empleo, para acceder, como sociedad unitaria, al estado del bienestar. Si intentara resumirse en una sola conclusión la problemática examinada, la más evidente sería que el peso del desarrollo de la nación gravita sobre una cuarta parte de su población. Conducir al país en tales circunstancias hacia un estado superior de desenvolvimiento es, sin duda, el mayor reto que enfrenta el pueblo mexicano. Por lo tanto, es imprescindible realizar cambios que revolucionen la eficacia y que al mismo tiempo garanticen la paz social.

ANALISIS

Gustavo Cabrera
El Colegio de México
México, D.F., México

Una de las limitaciones importantes en los enfoques teóricos de las relaciones entre la dinámica demográfica y factores de índole socioeconómica y política estriba en el grado de generalidad con que dichos enfoques se han desarrollado. A pesar del incremento notable de múltiples investigaciones en esta área, no ha sido posible determinar las bases de una teoría sólida o evidencias empíricas significativas que conduzcan a una total interpretación de las relaciones entre población y desarrollo.

Las hipótesis de los planteamientos teóricos son parciales. Además, dichas hipótesis han sido formuladas para países más desarrollados, cuya dinámica demográfica se produjo bajo distintos momentos históricos y diferentes condiciones económicas y sociales. Estos enfoques no consideran la enorme variación de situaciones especiales, en cuanto a cultura, educación, recursos y muy especialmente en cuanto a modalidades de desarrollo, de modo que el tratamiento metodológico descansa en relaciones a un nivel de generalidad que no toma en cuenta las especificidades de tiempo y lugar. El crecimiento demográfico tiene connotaciones diferentes cuando es referido a la población mundial o regional, a los recursos mundiales o regionales o cuando se refiere a la población y los recursos de una sociedad específica.

Muchos de los actuales sistemas económicos y sociales han demostrado ser incapaces de integrar la totalidad de la población en su doble condición de productores y consumidores. Esta situación surge en sociedades con volúmenes de población y con tasas de crecimiento diferentes. Sin embargo, como regla general, parece difícil que exista una capacidad razonable de incorporación de la población al sistema cuando su tasa de crecimiento poblacional sobrepasa el 3 por ciento anual. El costo económico y social de la dependencia de la población joven se transforma entonces en una pesada carga que sólo una extraordinaria tasa de crecimiento económico podría compensar, ya que no sólo se trata de solucionar este peso adicional, sino simultáneamente mejorar las condiciones de vida de la población marginada.

De estas observaciones no se desprende que la solución consiste en estabilizar el volumen y limitar el crecimiento de la población, sino además considerar que bajo otras formas sociales y económicas se puede lograr una acelerada tasa de desarrollo y de incorporación de la población al sistema productivo. Es por ello que la relación entre el incremento demográfico y las condiciones de desocupación y subempleo deben analizarse a través de un enfoque de integración del análisis poblacional con el estudio de las estructuras socioeconómicas y los estilos de desarrollo.

El enfoque del desarrollo económico de México en pasados decenios se centró principalmente en acentuar los procesos de inversión pública y privada destinados a incrementar las tasas de producción de bienes y servicios, sin que variables demográficas fueran consideradas en su interacción con variables económicas, sino como elementos exógenos al mismo proceso. La política de desarrollo se consideraba adecuada si la tasa de incremento del producto bruto excedía a la tasa de aumento de la población, sin tomar en cuenta los factores que influían en ésta última, ni factores esenciales tales como la distribución del ingreso, el empleo o las migraciones internas. Durante los últimos años, en vista de las manifestaciones actuales del crecimiento demográfico en diversos aspectos de la economía del país y el bienestar social, la dinámica demográfica se ha incorporado como parte del proceso de desarrollo socioeconómico. La importancia del factor demográfico reside en las transformaciones que hay que efectuar, en forma integrada, en las variables demográficas y socioeconómicas con el objeto de incrementar notablemente el bienestar de toda la población.

Los cambios demográficos experimentados en México, especialmente a través de los últimos 30 años, han sido producto de las modalidades del proceso de desarrollo seguido en el país, tanto a nivel nacional como regional. Factores de orden cultural, económico, social y tecnológico determinaron el comportamiento de la mortalidad, la fecundidad y los movimientos migratorios, de los cuales se desprenden las transformaciones en el volumen de la población, su ritmo de crecimiento, la composición por edad y la distribución geográfica de los habitantes.

Sin embargo, diversos estudios muestran que a pesar de las altas tasas de crecimiento económico de México, subsisten aún condiciones que sitúan al país en una etapa intermedia en su evolución económica y social. Una de las características principales del desarrollo mexicano consiste en la persistencia de grandes disparidades socioeconómicas y culturales entre diversos sectores de la población. Los bajos niveles de ingreso, de alimentación, de vivienda, de salud, de educación y de muchos otros indicadores de bienestar reflejan las precarias condiciones en que vive gran parte de la población del país y la desigual forma en que ha ocurrido el desarrollo regional.

El efecto del desarrollo económico en México se ha manifestado en variables demográficas tales como disminución acelerada de la mortalidad, principalmente en las áreas urbanas, insignificantes descensos de la fecundidad e incremento en la movilidad geográfica de los habitantes, especialmente de áreas rurales a urbanas. A su vez, dichas variables han producido ciertos efectos en el proceso demográfico, tales como incrementos notables en el volumen y la tasa de crecimiento de la población total, una concentración cada vez mayor de la población de edades jóvenes e incrementos notables en el volumen y la tasa de crecimiento de la población urbana del país.

Los cambios operados en la dinámica demográfica están presionando cada vez más al mismo proceso económico y social que dió lugar a dichos cambios. El volumen de la población, su ritmo de crecimiento, la estructura por edades y su distribución espacial inciden significativamente en diversos aspectos económicos y sociales en los que se destacan la educación y el empleo. La insuficiencia de los sistemas educativos ha contribuido a caracterizar el desempleo y el subempleo. La demanda de mano de obra se refleja en todos los grados de calificación, desde especialidades profesionales de alto nivel hasta el trabajo no calificado. La situación de rápido cambio en diversos sectores económicos, algunos con tasas de crecimiento relativamente elevadas, ha producido desajustes notables entre la oferta y la demanda de trabajo.

La base educativa de México es aún muy débil. En 1970 el promedio nacional fue de 2.9 años de escolaridad, aunque gran parte del país sólo alcanzó alrededor de 1.6 años. Resulta, pues, que existe una superabundancia de participantes en la fuerza de trabajo que carecen de la educación mínima necesaria para incorporarse a los sectores industriales y de servicios modernos. La presión demográfica en el medio rural y la tenencia de la tierra agrícola han producido un flujo de población desempleada o subempleada hacia las ciudades donde, por incapacidad de las actividades urbanas para absorber el flujo de población en edad de trabajar, generalmente de mínimo nivel educativo y mínima calificación, se integran a las grandes masas urbanas de desocupados.

El nivel educativo de la fuerza de trabajo guarda una relación importante con el nivel de empleo. En 1970 más de la cuarta parte de la población económicamente activa carecía de instrucción formal y sólo la tercera parte había cursado 3 años de enseñanza primaria o más. Por lo tanto, cerca del 60 por ciento de la fuerza de trabajo carecía de educación funcional. Considerando los sectores económicos, la situación varía apreciablemente; en el sector agropecuario esta tasa se elevaba al 80 por ciento, mientras que en el resto de los sectores la tasa fluctuaba entre 35 y 38 por ciento. Esta situación se relaciona, indudablemente, con los bajos niveles de remuneración y la desigual distribución del ingreso que imperan en el país.

En lo relacionado al grado de empleo de la fuerza de trabajo, se puede apreciar su nivel a través de los meses trabajados durante el año 1969. Sólo 80 por ciento de la población económicamente activa, la cual ascendía a 13 millones de habitantes, declaró trabajar de 10 a 12 meses, mientras que 4.5 por ciento declaró trabajar menos de 3 meses en el año. Una estimación conservadora del desempleo, tomando en cuenta el número de meses trabajados y los que buscan trabajo por primera vez, arroja una cifra de 2 millones, lo cual representa 15 por ciento de la fuerza laboral del país. Existe otras estimaciones en que se determina aproximadamente el desempleo equivalente en el orden de 23 por ciento de la población económicamente activa, lo cual significa que a la economía en general no le es necesario 3 millones de personas para continuar sus ritmos actuales.

Tales niveles de desempleo ocurrieron principalmente cuando la población crecía a una tasa de 3.4 por ciento anual y la economía a más de 6.5 por ciento anual. Durante este período, el sector industrial alcanzó una tasa de crecimiento de 9 por ciento anual. En otras palabras, México experimentó una combinación simultánea de altas tasas de crecimiento demográfico y económico. Podría concluirse, en forma simplista, que el problema recae en el fuerte crecimiento demográfico. Sin embargo, aun cuando el ritmo al que ha venido creciendo la población presiona en forma importante al mercado de trabajo y a la educación, desde el punto de vista económico resulta evidente que el tipo de desarrollo que se adoptó en el país ha fracasado, al menos en lo que respecta al empleo masivo de la población, especialmente en el sector agropecuario.

Los problemas que confronta México indican que su análisis debe tener una perspectiva de cambio demográfico, económico y social: cambio demográfico en cuanto a reducir las altas tasas de su crecimiento y modificar, entre otras situaciones, la carga de dependencia, la relación recursos-población y las condiciones de alimentación y salud; cambio económico y social en cuanto a las estructuras de producción, consumo y distribución.

ANALYSIS

David T. Geithman
Russell Sage College
Troy, New York

>...Do not let us overestimate the importance of the
>economic problem, or sacrifice to its supposed necessities
>other matters of greater and more permanent significance.
>It should be a matter for specialists--like dentistry. If
>economists could manage to get themselves thought of as
>humble, competent people, on a level with dentists, that
>would be splendid.
>
>J. M. Keynes
>"Economic Possibilities for Our
>Grandchildren" (1930)

On another occasion, and in the same spirit of entrusting to economists the direction of only those matters that are properly the concern of economics, Keynes observed that, in the evolutionary course of long-run change, societies face the problem of combining three factors: the expansion of individual freedom, the improvement of social justice, and the enhancement of economic efficiency and productivity.[1] If indeed the problem of development is multi-faceted and not simply a puzzle in technical economics, then it cannot be enough merely to accelerate growth in the sense of raising the real per capita product without also referring to questions of equity and freedom. But if the latter two concerns are effectively to count, then one must ask a searching question about the recent real economic growth that has been occurring in less-developed countries: Who is benefiting from economic development?

An impressive amount of recent empirical evidence points to the regrettable conclusion that economic development usually occurs at the expense of the poor, and Mexico seems to be no exception to this generalization. An extensive study by I. Adelman and C. T. Morris[2] constructs measures of various aspects of income distribution from data on 43 non-communist, less-developed countries ranging from subsistence economies to others rapidly approaching the status of a developed economy. In their study we see that during the period 1957-1968 only five countries managed to achieve economic growth without a growing inequality in size distribution of income. In summarizing their ex _post_ theoretical interpretation of the results of their overtly empirical methodology, Adelman and Morris argue that the income classes benefiting from economic development depend upon the beginning level of development of the particular country. Starting with the severely underdeveloped subsistence agricultural economies, the expansion of a narrow modern sector leads to a slow rate of GNP increase which is depressed essentially by the absence of an internal market for growth. The little growth that does occur is relatively capital intensive; it relies less upon availability of labor (and less upon developing labor skills) and relatively more upon advanced, imported technologies and machinery which are applied in the small modern sector. In the process, the income share of the poorest 60 percent of the population declines significantly, while the share of the top 5 percent rises dramatically.

Adelman and Morris next identify the group of countries that emerge (or have emerged) from the stage of sharply dualistic growth. In these economies the modern sector is less isolated from the traditional agricultural sector. An enlarged base for economic growth exists in the domestic market, and consequently the rate of output growth quickens. Usually a rate of 5.5 percent or more is evident. The process primarily benefits the middle 20 percent of income receivers, while in both relative and absolute terms the position of the poorest 40 percent typically worsens. The evident problem in this stage is that growth is still usually capital intensive, leading to a deterioration in the incomes of the poor.

A model adequate to analyze the problem of a growing gap between the earnings of a society's highest 60 percent and lowest 40 percent of income receivers (and, as we shall see, between its labor force endowment and its labor force utilization) requires a careful sectoring of the economy. The usual approach in development models formally recognizes the existence of only two sectors, the agricultural or traditional and the industrial or modern. Rather than adhere to this customary but oversimplified duality, it seems necessary to distinguish the existence of at least four separate, although related, economic sub-sectors. The first two are the peasant agricultural sub-sector and the urban trade-service-craft or small-scale industrial sub-sector, both of which fall into the traditional sector. It is important to note that traditional peasant farms and urban trade-service-craft firms occupy both workers employed as cash-wage labor and others employed by family-operated farms and firms who do not work for market-determined wages.

The other two sub-sectors are the large-scale industrial sub-sector, which includes modern manufacturing, transport, public utilities, and mining, and the large-scale, mechanized agricultural sub-sector. These two sub-sectors comprise the modern sector. Economic units engaged in mechanized agriculture, sometimes called plantation agriculture, employ relatively large amounts of capital and are characterized by a high average and marginal product per worker, as are their counterpart firms in the modern industrial sub-sector. Despite some obvious differences, the large-scale agricultural units share much more in common with firms operating in the modern industrial sub-sector than with the peasant farms characteristic of traditional agriculture.

Firms operating in the traditional trade-service-craft sub-sector, like their counterpart farming units in peasant agriculture, typically combine labor with significantly less modern equipment, capital, and technology to create far less value-added per worker than firms operating in the modern sector. Moreover, the trade-service-craft subsector, which is typically urban, also serves as the natural entry point to the urban economy for rural emigrants. The sub-sector's relative openness, compared to urban modern-sector firms, leads to an over-manning of its occupations.[3] Such over-manning, in conjunction with the characteristically small amounts of capital and low level of technology involved, results in an observed low average product per employed worker.

In the present context the term capital must be understood to refer not only to traditional physical plant, equipment, and machinery but also to human capital. Skilled labor and managerial talent as factors of production should be recognized and treated as varieties of capital (human capital, to be sure). Thus, the term "labor" per se should be restricted to unskilled, or semi-skilled labor at best, a relatively homogeneous factor of production in which little or no human capital has been invested.

Although it is difficult to measure productivity levels in less-developed countries directly due to absence of data, they can sometimes be estimated indirectly through a comparison of wage levels. Presumably wages correlate positively with productivity to a high degree wherever wages are market determined. Wage rates in large firms in a given industry often are three times or more than wages in small firms. In general, only firms employing relatively many workers consistently pay higher than the industry average wage, while firms employing relatively few workers consistently pay below the industry average.

A direct relationship not only exists between size of firm and value-added per employee in absolute terms, but a positive association also arises when comparing U.S. productivity levels with those of like-sized enterprises in less-developed economies. Generally, the larger the firm, the greater will be its value-added per worker and the closer the firm in the less-developed country will come to approximating U.S. value-added levels. Another way of expressing the difference between modern and traditional sector economic units in less-developed economies is that the modern sector firms and farms are often roughly similar to typical units in the same industry in more-developed countries. Modern sector units in Mexico and other less-developed countries may be somewhat smaller than units in the same industry in more-developed countries, with somewhat lower value-added per employee, less capital per worker, and lower labor quality, but frequently they are using roughly the same kind of technology.

At the level of development characteristic of most countries that have progressed beyond the early phase of severe underdevelopment and extreme duality, further economic growth usually is dominated by expansion of the capital-intensive modern sector. Adelman and Morris associate this second stage of development with a deteriorating income position for the poorest 40 percent of the population. Real agricultural output may be expanding at a very respectable rate, in large part through the spread of modern and mechanized production methods, but such capital-intensive economic expansion fails to generate sufficient employment opportunities to absorb elsewhere the labor force released by mechanization and related structural reorganization in agriculture. Real output also may be expanding at an impressive rate in urban industry, but again the capital-intensive nature of modern industry--both in adding new lines of production and in replacing labor-using equipment in existing plants--sharply limits industry's contribution toward creating employment opportunities. Moreover, growth in capital-intensive modern industry can displace artisans and cottage workers presently employed elsewhere in the economy by squeezing out of existence small-scale, labor-intensive craft firms which attempt to compete with modern enterprises.

In short, the modern sector in Mexico and other developing countries often expands at the expense of the traditional sector. Capital-intensive growth leads to either declining employment opportunities in both the cities and countryside or, if the absolute volume of employment is growing, as it usually does, the expansion of employment is less than proportionate to the growth of output. These employment limitations lead directly to a declining share of income received by the poorest 40 percent of the population, as Adelman and Morris observe for countries at this stage of development.

The crucial importance of expanding employment opportunities in less-developed countries for improving equality in the income distribution and bettering the conditions of human life is sometimes surprisingly overlooked by professionals in the area of development. For example, a recent article by one of the leading authorities in the field discusses poverty in light of educational reform, corruption, land reform, population policy, and other variables, devoting a single paragraph to the explicit question of creation of jobs for the growing labor force.[4]

One disturbing but nevertheless frequently observed characteristic of labor markets for unskilled and semi-skilled workers in the modern sector--including both industry and large-scale mechanized agriculture--is a downward rigidity of wages, especially wages in the traditional sector. This downward wage rigidity is evidenced by the failure of wages for unskilled and semi-skilled labor employed in the modern sector to reach an equilibrium level, i.e., the wage rate where the quantity of labor demanded by firms and the quantity supplied by workers are equalized. Looking at modern sector labor markets in less-developed countries, there is considerable reason to believe that they can be best described as characterized by excess labor supply. The going market wage is not low enough to bring labor supply and demand into balance. In Figure 1, curves DD' and SS' represent aggregate labor demand and supply functions, respectively, for unskilled and semi-skilled labor in the modern sector. Under competitive conditions in this factor market, the wage rate would settle at OW_e and the volume of labor employed would be OL_e.

In contrast to competitive circumstances, however, suppose that various forms of institutional intervention exist in the modern sector that artificially elevate the wage rate above its supply price to, say, OW*. Institutional intervention in modern sector labor markets may stem from the existence of strong labor union organizations and negotiated wage contracts, minimum wage legislation, termination agreements, civil service classifications, formal non-union contract agreements, employers' *a priori* notions (based on past experience) of what they must pay laborers to attract them to the job, and employers' desire to achieve economies in internal accounting procedures. For all these reasons, wages may remain above the competitive equilibrium wage rate. If wages were artificially elevated to OW*, the effective labor supply curve would be W*AS'. At the artificial wage, the quantity of labor services that workers are willing to supply, OL_s, is greater than the quantity firms are willing to employ, OL_d. A condition of excess labor supply exists, and it can be said that the wage rate fails to reflect existing factor endowments. Those relatively few workers who are employed enjoy an artificially high wage, while the remaining workers are unemployed, at least in the modern sector. This is obviously a potentially powerful factor tending to exaggerate an income differential between those employed in the modern sector and the unemployed or those employed in the less-productive traditional sector.

The persistence over time of a disequilibrium wage rate in the modern sector is a clear indication that the labor market departs from the competitive norm. The importance of such a non-competitive wage is that a gap exists between the wage rate actually received by labor employed in the modern sector and labor's opportunity or social cost. This divergence between what labor costs the firm which employs it and labor's social cost is part of the meaning of the concept of economic dualism. Economic dualism generally exists in factor markets when, through one or another form of artificial restriction, factor prices are distorted away from their market-determined levels; consequently, a condition of either excess supply or excess demand for a factor arises and persists.

These factor market distortions or imperfections result in a higher labor-capital price ratio than would otherwise exist. In turn, this price ratio would force profit-maximizing firms in the modern sector to shift their production processes away from relatively labor-using techniques and toward more capital-using techniques. Such shift results in a slower rate of labor absorption into the modern sector than is called for by existing resource endowments. In extreme cases the labor-capital price ratio might be set and artificially maintained above the labor-capital ratio in technical transformation (the slope of the production isoquants). This means that it always would be most profitable for the firm to use as little labor and as much capital as technology allows to produce any given level of output. Such an unfortunate distortion of the factor mix would occur despite the fact that capital is the relatively scarce factor in less-developed economies. In effect, the availability of capital would become the crucial constraint on labor absorption into the modern sector.[5]

The difficulties of employment generation and labor absorption in the modern sector can be greatly aggravated if the community's tastes and preferences indicate a market basket demand biased in favor of goods and services produced in the modern sector. For example, suppose community tastes and preferences indicate a dominant demand for modern-sector products, whose production is capital intensive, and a relatively weak demand for traditional-sector goods, whose production is relatively labor intensive. As the economy adapts its production structure to satisfy this demand profile, the marginal product of labor would decline due to growing capital scarcity. The economy's pre-existing condition of relative capital scarcity would be heightened by the fact that predominantly capital-intensive final goods are in strong demand. In the limiting case, the marginal product of labor would fall to zero, which defines a condition of labor redundancy.

It is reasonable to expect on a priori grounds that consumption tastes and preferences of lower-income groups are more disposed toward demand for traditional-sector goods and services relative to consumption tastes and preferences of higher-income groups, whose demand may be biased in favor of modern-sector, capital-intensive goods. Therefore, the deteriorating income situation for the poorest 40 percent of income receivers, which Adelman and Morris correctly depict as stemming from capital-intensive development, aggravates the very problems of capital scarcity and slack labor demand. The process is, to a degree, circular and self-reinforcing: capital scarcity worsens the distribution of income, and growing inequality of income distribution feeds back and intensifies capital scarcity through its effects on a society's demand profile. Thus, limited technical substitutability of factors of production, the condition of relative capital scarcity typical of industrializing economies, institutional interference with the setting of relative factor prices in the modern sector, and the structure of demand for final output all can combine to reduce the labor absorption capacity of the modern sector.

Failing to secure employment in the modern sector, an abnormally large amount of labor is forced to search for employment opportunities in the traditional sector. Labor can be absorbed there in two ways, either as cash-wage labor or in family-operated units. In the first case, labor can find employment as long as the value of its marginal product exceeds the money wage it receives. In the second case, however, much of the labor typically absorbed is disguisedly unemployed. This type of labor absorption occurs in connection with family-operated peasant farms and family-operated trade, service, and small-craft firms in urban areas. The presumption here is that an institutional wage exists in parts of the traditional sector, notably with regard to family-operated farms and firms. The institutional wage is set above the market money-wage level and is sustained by the weight of non-market institutional forces.[6] A market-determined money-wage rate, of course, tends to equal the value of the worker's marginal product, whereas an institutionally determined wage tends to equal the laborer's average product. Workers not employable in a competitive labor market because of low, zero, or negative marginal productivity nevertheless can be employed in family-operated economic units provided that their average product is still positive.

Labor characterized by zero or negative marginal productivity is customarily termed redundant labor. It follows, therefore, that some (but not all) of a society's disguisedly unemployed workers also represent redundant labor. Two additional important points also can be mentioned. First, annual money wages earned in traditional-sector labor markets may or may not exceed labor's annual real income from family-operated firms and farms. Whether or not labor's annual market-based income is greater than, less than, or equal to labor's annual real income from family-operated economic units cannot be ascertained on a priori theoretical grounds, but ultimately will depend upon the income-leisure preferences of labor. The only exception to this generalization occurs when the worker represents redundant labor employed within a family-operated farm or firm; in such event, real income must exceed market-based income, for the market wage paid to redundant labor will not exceed zero.

Second, while all employed redundant labor is necessarily disguisedly unemployed, it is unreasonable to expect that all redundant labor succeeds in finding some form of disguised unemployment as a means of earning even a low income. Undoubtedly some quantity of redundant labor fails to secure even disguised unemployment, and these workers swell the ranks of the openly unemployed.

It has perhaps become customary to accept a government's ability to promote development and usage of more labor-using, less capital-using production technologies as given and beyond its control, but to regard its limited successes in eliminating factor price distortions and reducing great income inequalities that create a bias against labor employment as merely evidence of bad policy. There seems, however, to be no useful basis for making such distinctions. In any case, the limits to government action are set by its own diagnosis of the problem, the likely response of the economy to innovations, and especially the political acceptability of the results.

If the less-developed economies could, for some period of time, move in the direction of achieving maximum output growth and employment expansion simultaneously, the task of economic and social structural transformation would be eased immensely; the goals of economic efficiency and social justice would be mutually reinforcing. At this point in time, however, and in the presence of possible trade-offs between output and employment objectives, employment creation and a more equitable distribution of income perhaps should become the dominant goals in the policy mix, in the short run overriding efficiency considerations, but in the long run possibly maximizing growth.

In many countries of the less-developed world the realistic political issue is not whether over-all output growth would be enhanced by very high labor productivity in a few capital-intensive areas accompanied simultaneously by large numbers of other workers completely idle, or by relatively low labor productivity resulting from spreading available capital more thinly among large numbers of workers. In these countries, a maximum politically tolerable rate of labor unemployment apparently is now a primary constraint of the government's freedom to address itself simply to economic efficiency and economic growth considerations.

FIGURE 1

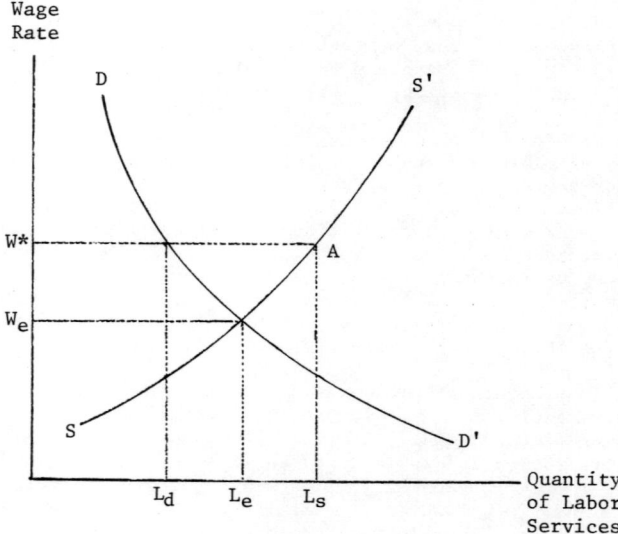

REFERENCES

1. John M. Keynes, "Liberalism and Labour," in John M. Keynes (ed.), Essays in Persuasion (New York: W. W. Norton, 1963), pp. 339-45.

2. Irma Adelman and C. T. Morris, Economic Growth and Social Equity in Developing Countries (Stanford: Stanford University Press, 1973), especially Chapter 4. See also Irma Adelman, "Strategies for Equitable Growth," Challenge (Vol. 17, No. 2, May-June, 1974), pp. 37-44.

3. Lloyd G. Reynolds, "Economic Development with Surplus Labour: Some Complications," Oxford Economic Papers (Vol. 21, No. 1, March, 1969), pp. 89-103, especially p. 91.

4. Gunner Myrdal, "The World Poverty Problem," in Britannica Book of the Year 1972 (Chicago: Encyclopaedia Britanica, Inc., 1972), pp. 22-34.

5. David T. Geithman and Clifford E. Landers, "Obstacles to Labor Absorption in a Developing Economy: Colombia, a Case in Point," Journal of International Studies and World Affairs (Vol. 15, No. 3, August, 1973), pp. 309-33, especially p. 320.

6. Gustav Ranis and J. C. H. Fei, "A Theory of Economic Development," The American Economic Review (Vol. 51, No. 4, September, 1961), pp. 533-65, especially p. 536.

IV

VENEZUELA: TRABAJO, POBLACION Y PRODUCTIVIDAD HUMANA

Alberto Martini
Ministro del Trabajo
Caracas, Venezuela

INTRODUCCION

Habrá de analizarse en esta ponencia los diferentes aspectos que definen la estructura poblacional en Venezuela y las metas fijadas por su gobierno en el campo laboral, con miras a una adecuada distribución de recursos. La presentación se enfoca desde tres puntos de vista: (1) aspectos demográficos, los cuales analizan el crecimiento de la población, su estructura y su distribución geográfica; (2) fuerza de trabajo, donde se analiza la estructura ocupacional determinada por las modalidades de desarrollo alcanzado por la economía venezolana en los últimos 20 años y (3) metas de ocupación, según han sido señaladas en el Plan de la Nación.

Hasta hace poco el factor trabajo había sido tratado en los diversos planes de desarrollo como un insumo productivo más. Este enfoque ha evolucionado a medida que se ha desarrollado y aplicado nuevas técnicas de análisis donde el factor trabajo, al considerársele como un recurso humano, no sólo cumple la función de insumo productivo, sino también las funciones de un elemento que piensa y toma decisiones, produciendo y consumiendo simultáneamente los bienes y servicios que necesita.

Desgraciadamente, el enfoque que recientemente se ha dado al estudio de mano de obra en particular, y al análisis de los recursos humanos en general, carece de metodología, lo cual, unido a la carestía de especialistas en este campo, ha determinado que el avance en los estudios de recursos humanos haya sido lento hasta el presente. Sin embargo, el desenvolvimiento de la investigación en este campo ha permitido comprobar que la mano de obra es un componente de gran valor para la planificación económica, debido a la naturaleza única de dicho recurso, lo cual exige se le trate en forma diferente a los demás recursos, así como al hecho que constituye una de las principales limitaciones del crecimiento económico.

La naturaleza de la mano de obra puede modificarse radicalmente mediante la educación y el adiestramiento, de modo que el hombre puede cambiar de una pericia profesional a otra, desarrollar nuevas capacidades o alcanzar más altos niveles de idoneidad cuando sea necesario, facultad de que carecen otros recursos. Por otra parte, la mano de obra presenta dos restricciones fundamentales en el proceso de desarrollo económico: la primera se refiere a su magnitud cuantitativa, limitada por el tamaño de la población potencialmente activa, mientras que la otra limitación es de carácter cualitativo, referente a clases de mano de obra disponible en términos de capacitación y ocupación. Dichas limitaciones de mano de obra, tanto cuantitativas como cualitativas, exigen que la planificación global tome en cuenta tales peculiaridades para evitar los estrangulamientos que pueden ocurrir cuando se fije metas de desarrollo.

Especial importancia tiene para Venezuela la planificación de mano de obra, ya que la carestía de recursos humanos constituye un obstáculo en el establecimiento de un acelerado y sostenido desarrollo económico. Dicha carestía de recursos humanos se manifiesta fundamentalmente a través de una alta tasa de desempleo u ocupación disfrazada en aquellos sectores que tradicionalmente ocupan un mayor número de personas; por ende, surge la necesidad de crear nuevas fuentes de trabajo que permitan absorber la mano de obra que anualmente se incorpora al mercado laboral.

ASPECTOS DEMOGRAFICOS

Evolución de la Población

Venezuela figura entre los países que presentan un acelerado crecimiento demográfico. Su tasa de crecimiento interanual ha superado tradicionalmente la cifra de 3 por ciento. En 1961 Venezuela contaba con 7.5 millones de habitantes, lo que corresponde a un aumento de 49.4 por ciento con relación a 1950. Según el último censo de población, en 1971 la población alcanzó la cifra de 10.7 millones de habitantes, proyectándose para 1980 una población de 15 millones de habitantes. Esto implica que durante el período 1950-1980 la población del país habrá de triplicarse.

Composición de la Población

El análisis de la composición poblacional es imprescindible en el estudio del recurso humano (factor trabajo) con que cuenta el país, ya que sirve de base a toda política o plan de desarrollo económico. Venezuela posee una población joven. En efecto, 47 por ciento de la misma tiene una edad inferior a 15 años. La distribución de la población por grupos de edad puede analizarse en el Cuadro 1. Es evidente en este cuadro que el país dispone de una gran reserva humana para su desarrollo, tanto desde el punto de vista del mercado potencial como desde la perspectiva de suministro del equipo humano.

Uno de los fenómenos más notables en las últimas décadas es el proceso de urbanización o concentración de la población en áreas urbanas. Dicho proceso resulta como consecuencia de mejores y más remunerativas oportunidades de trabajo en áreas urbanas que en áreas rurales, así como más altos niveles de educación y atención médica y sanitaria.

La imposibilidad de los sectores industrial y de servicios de absorber a corto plazo la mano de obra procedente de las áreas rurales hace que las corrientes migratorias pasen a engrosar especialmente al sector servicios en forma de desempleo abierto o disfrazado. En los últimos 20 años se ha registrado en Venezuela una notable concentración poblacional en las ciudades. Como puede observarse en el Cuadro 2, el crecimiento demográfico urbano supera al crecimiento demográfico rural.[1] En efecto, estimaciones para 1975 muestran un descenso absoluto de la población rural con respecto a 1950. Caracas, representando escasamente uno por ciento de la superficie territorial del país, comprende 20 por ciento de la población total. En general, 44 por ciento de la población venezolana se concentra en centros urbanos con más de 100,000 habitantes. Dicha distribución puede analizarse en el Cuadro 3.

FUERZA DE TRABAJO EN VENEZUELA

Desde el punto de vista cuantitativo, el crecimiento y la estructura demográficos son factores determinantes de la disponibilidad de mano de obra. En Venezuela, a consecuencia de la explosión demográfica experimentada en el transcurso de las últimas dos décadas y de la composición de su población que lo define como país joven, cada año entra al mercado de trabajo un número considerable de personas que requieren la generación de nuevos empleos. Según muestra el Cuadro 4, la fuerza de trabajo en el período 1961-1971 aumentó 28.02 por ciento, mientras que la población total se incrementó en 42.5 por ciento. La tasa de actividad efectiva, o la proporción entre la población económicamente activa y la población total, disminuyó, lo cual refleja en términos relativos que un menor número de personas trabajan para el sostenimiento de una mayor población. No obstante, la tasa de desempleo decreció considerablemente en este período.

Ramas de Actividad

Se observa una evolución dinámica en todas las ramas de la economía, habiendo adquirido las actividades de los sectores secundario y terciario mayor importancia, tanto absoluta como relativa. El sector secundario incluye industrias manufactureras, construcción y electricidad, gas, agua y servicios sanitarios, mientras que el sector terciario está integrado por transporte, almacenaje y comunicaciones, comercio e instituciones financieras y servicios públicos y privados. El Cuadro 5 ilustra la evolución de la ocupación por rama de actividad económica en cifras absolutas e índices de referencia.

Fuerza de Trabajo por Edad

La distribución o estructura por edades de la población del país tiene una marcada influencia en la situación de la fuerza de trabajo. En noviembre de 1971 la fuerza de trabajo estaba compuesta por 3.015 millones de habitantes, de los cuales 30.5 por ciento se concentraba entre los 15 y 24 años de edad, mientras que 25 por ciento se encontraba entre los 25 y 34 años. En estos mismos grupos se agrupan más de cuatro quintas partes de los desocupados, lo cual implica que la generación de nuevos empleos no ha sido suficiente para satisfacer la demanda que por el crecimiento de esa población joven han tenido los mismos. Una distribución más detallada puede observarse en el Cuadro 6.

Desempleo

La tasa de desocupación, o la relación entre el número de desempleados y la población económicamente activa, no ha bajado en el curso de los últimos 20 años de 6 por ciento, lo cual hace pensar que, además de los factores coyunturales que determinan las fluctuaciones por encima de este porcentaje, factores estructurales han impedido reducir el nivel de desempleo a menos de 6 por ciento.

La crisis económica de los años 1960 y 1961 determinó un notable incremento en la tasa de desocupación, llegando a alcanzar ésta 13.1 por ciento. A partir de 1961, el nivel de desempleo ha decrecido paulatinamente a 8.20 por ciento en 1967, 8.05 por ciento en 1969 y 6.16 por ciento en 1971. La disminución progresiva que viene señalando esta tasa en los últimos años puede interpretarse como indicación que se ha venido cumpliendo positivamente las metas propuestas en el último Plan de la Nación. Los últimos Planes de la Nación (1963-1968, 1965-1968 y 1970-1974) han seguido a grandes rasgos la misma línea de planteamientos en cuanto a objetivos y necesidad de desarrollo de los diversos sectores se refiere. El último Plan de la Nación establece cifras en forma más concreta, constituyendo metas propiamente dichas, a fin de dar solución a los problemas del desempleo y subempleo a corto y mediano plazo. Es interesante observar que en el V Plan de la Nación se plantea una política específica sobre recursos humanos, aspecto éste que nunca había sido enfocado en forma definida debido a la carencia de metodología de estudio en dicho campo.

Actualmente la Oficina de Coordinación y Planificación de la Presidencia de la República (CORDIPLAN) tiene bajo su responsabilidad la implementación de políticas específicas sobre recursos humanos. Recientemente CORDIPLAN ha concluido un proyecto de investigación sobre los recursos humanos que el país debe capacitar a fin de alcanzar las metas de desarrollo económico establecidas para el período 1971-1985, siendo el propósito principal de dicho proyecto suministrar orientación gubernmental en dos áreas de vital interés para la política social: el funcionamiento adecuado del mercado de trabajo y el tamaño óptimo de los distintos niveles y ramas del sistema educativo, en función de las previsiones sobre el tamaño y la estructura de la economía venezolana en el futuro.

Lamentablemente, no es posible en esta oportunidad suministrar una información detallada sobre los logros teóricos del análisis realizado o de las recomendaciones que de él se desprenden. Sin embargo, cabe señalar brevemente que, previéndose un alto crecimiento en la oferta de trabajadores hasta 1985, una situación de cuasi plena ocupación en 1985 requiere la creación de aproximadamente 1,650,000 nuevos empleos, garantizándose así un ritmo de expansión de la actividad económica no inferior a 6.8 por ciento anual a lo largo del período señalado. Por otro lado, dada la tendencia expansiva en las tasas de rendimiento educativo, el proyecto plantea reorientar la matrícula en algunas especialidades, sobre todo a nivel superior, y encarar el problema de la deserción escolar.

Política de Empleo[2]

La incorporación sistemática de todas las personas potencialmente activas al proceso de producción constituye el instrumento más importante y decisivo de la política social. En Venezuela este propósito debe constituir, simultáneamente, el punto de partida y uno de los objetivos fundamentales del proceso de desarrollo.

La generación sistemática y adecuadamente distribuida de nuevas fuentes de trabajo es también un objetivo y un medio en la diversificación de la producción en el enfrentamiento de la urbanización acelerada y de los contrastes regionales adversos. Ello es así en cuanto propicia un desarrollo más armónico de la economía, asegura la estabilidad de la población en sus lugares de origen y limita el éxodo de los miembros más dinámicos de la comunidad local. Por estos y otros razonamientos, podría decirse que tal objetivo actúa simultáneamente sobre los planes económicos y sociales, tanto individuales como colectivos, acentuándose así la naturaleza socioeconómica del proceso de desarrollo.

En este sentido, se concibe la política de empleo como la búsqueda del pleno empleo de la mano de obra, incorporándola al trabajo productivo y libremente escogido, o al menos en promover la expansión de las ocupaciones a un ritmo considerado satisfactoriamente y que permita en un futuro cercano el logro del pleno empleo. Tal objetivo implica poner énfasis en los programas multisectoriales de generación de empleo, a fin de facilitar la realización de una actividad productiva por las personas que lo deseen, permitiéndoles así la obtención de un ingreso que, al traducirse en capacidad adquisitiva de bienes y servicios, contribuya al fortalecimiento de la economía.

Para ser efectiva, la política de empleo tiene que incidir sobre las determinantes fundamentales de la demanda y la oferta de mano de obra y contemplar, a su vez, los períodos o plazos en los cuales las medidas adoptadas pueden desenvolver su efectividad. En este sentido, la política ocupacional a largo plazo se concibe condicionada por la necesidad de homogeneizar la estructura global de producción según el nivel tecnológico estimado más satisfactorio, lo que presupone un doble esfuerzo de reducción de los actuales desniveles sectoriales en la productividad del trabajo y el logro de una efectiva elevación del nivel educativo y técnico de la fuerza de trabajo. Por su parte, la política de empleo formulada para el corto y mediano plazo ofrece un enfoque diferente. Su intención fundamental es atender a los desequilibrios temporales críticos observables en el mercado de trabajo; de ahí que gran parte de dichas medidas posean un carácter transitorio. Bajo este ángulo debe verse muchos de los esfuerzos de generación de empleos en sectores tales como construcción, comercio, transporte y servicios.

La política de empleo a corto y mediano plazo se fundamenta en los siguientes principios:

Promover una Elevación del Nivel de Inversiones, Procurando su Distribución en Beneficio de Aquellos Sectores que Favorecen la Creación de Empleos Permanentes

Comúnmente se acepta que el monto global de la inversión condiciona en gran parte el nivel agregado de la ocupación. Esto implica la necesidad de movilizar cuantiosas sumas de capital para alcanzar los objetivos de empleo, sin comprometer los necesarios aumentos de productividad de la mano de obra. La elevación del nivel de inversión no es, sin embargo, una condición suficiente que garantice el aumento sostenido de la ocupación. Un incremento sustancial en la inversión puede no conducir a una solución de los problemas de empleo. Esto es cierto en los sectores no directamente reproductivos, incapaces de generar empleo permanente, y en aquéllos donde la gran concentración de los beneficios del progreso técnico acentúa las deformaciones existentes en la demanda global de empleo. De ahí que, procurando no entrabar el progreso tecnológico, la política de inversiones debe tomar en cuenta no sólo el nivel absoluto y la distribución sectorial de las mismas, sino también la estructura de los capitales invertidos, es decir, la relación empleo-inversión.

El conjunto de factores productivos, su dotación relativa y la estructura de precios que le es inherente juegan un papel decisivo en el surgimiento y la consolidación de los problemas de desempleo y subempleo. De ahí que se procure garantizar la necesaria fluidez en el proceso de transferencia de tecnologías hacia el país, con miras a evitar un agravamiento en la desproporcionalidad existente y comprobada en los factores de producción.

En este sentido, el último Plan establece modificaciones en la pauta de inversiones manufactureras, las cuales, a la vez que profundizan el proceso sustitutivo de importaciones, elevan el nivel de la ocupación fabril. La elevación de la cuantía de inversiones fijas en las actividades de construcción, energía y manufacturas se traducirá en un considerable incremento de la capacidad generadora de empleo del sector secundario de la economía venezolana. En efecto, entre 1970 y 1974 aproximadamente 40 por ciento del incremento neto ocupacional programado se originará en actividades secundarias.

Intensificar el Esfuerzo Educacional y de Formación Profesional de la Fuerza de Trabajo que Propenda a su Mejor Capacitación Técnica y Cultural

En virtud del crítico nivel educativo prevaleciente en la fuerza de trabajo, se estima inaplazable la necesidad de intensificar la acción educacional que conduzca a una sensible mejoría en el perfil educativo de los trabajadores y, en general, a una elevación del nivel promedio de educación de la población venezolana.

Procurar que Toda la Incorporación de Fuerza de Trabajo del Exterior se Realice en el Marco de una Política de Migración Selectiva y no Afecte las Posibilidades de Trabajo de la Población Venezolana

Por los agudos problemas que entraña, un aspecto que merece especial tratamiento en la política de empleo es la inmigración fronteriza. Bajo las condiciones socioeconómicas prevalecientes hoy en el país, cualquier aumento indiscriminado e incontrolado de mano de obra, en especial de trabajadores no calificados inherentes a este tipo de inmigración, dificulta, si no hace nulo, todo intento de solucionar el problema ocupacional existente. El aumento de este tipo de inmigración se traduce corrientemente en un desplazamiento de la mano de obra nacional ocupada y suele dar lugar a un importante deterioro en el nivel de salarios reales, lo que en difinitiva acentúa los problemas de desempleo y subempleo. Por tal razón, trabajadores provenientes del exterior podrán incorporarse al mercado de trabajo del país sólo para cubrir--vía inmigración selectiva--las necesidades de personal que no pueden satisfacerse con recursos humanos nacionales.

Someter a un Proceso de Planificación, Integrado a la Programación General del Desarrollo, la Formación y Utilización de la Fuerza de Trabajo

El proceso de planificación de la mano de obra debe integrarse a la programación económica general y a la programación educativa, pues sólo de este modo es posible lograr la necesaria compatibilidad entre metas y recursos. Limitaciones de variada naturaleza, pero básicamente de índole metodológica, y en especial las que se refieren a la carencia de información confiable sobre magnitud y características de la demanda de trabajo actual y previsible en distintas actividades económicas, han obstaculizado tradicionalmente la concresión del objeto de programación del empleo. Con la participación de diversas instituciones públicas y bajo la directa promoción de la Oficina Central de Coordinación y Planificación, se realiza en la actualidad un amplio programa de investigación en materia de recursos humanos.

Reorganizar Institucionalmente el Mercado de Empleo, con Enfasis en la Reforma de los Servicios Administrativos del Trabajo

Una nueva organización del mercado de empleo, así como la superación de ciertas limitaciones de naturaleza institucional, deben permitir a los trabajadores un mejor conocimiento de las posibilidades ocupacionales y a los empresarios una visión más realista de las destrezas y capacidades disponibles. De este modo se contribuirá a alcanzar una movilidad interprofesional e interregional mucho más cónsona con los requerimientos reales de trabajo. En este punto es importante la reforma de las normas laborales y de los reglamentos de trabajo relativos a la actividad sindical y a la negociación colectiva, así como el logro de una mayor protección de los asalariados, especialmente mujeres y menores. La reforma de los servicios administrativos debe garantizar un mayor control sobre las normas laborales y un funcionamiento más adecuado de los servicios de conciliación en los conflictos obrero-patronales.

METAS DE OCUPACION

De acuerdo con las metas ocupacionales delineadas en el IV Plan de la Nación, no se vislumbra cambios de significación en el comportamiento ni en las características de la población venezolana. Suponiendo que la tasa de participación de la población económicamente activa se mantenga constante alrededor de 30 por ciento, es lógico esperar un incremento considerable en la magnitud absoluta de la fuerza de trabajo durante la vigencia de dicho Plan. Se ha supuesto que la oferta de trabajadores habrá de crecer casi al mismo ritmo de la población total, lo cual implica un incremento promedio anual de 116,000 trabajadores. En cifras globales, el Plan prevé la generación de 597,000 nuevos empleos, cifra ligeramente superior al aumento proyectado de la fuerza de trabajo (578,000 personas). Como consecuencia, se espera un leve descenso en el volumen absoluto de desocupación.

Se espera asimismo que la generación de empleos descanse básicamente en los sectores industriales y de servicios, correspondiendo a los sectores agropecuario y de hidrocarburos y minería un papel de menor importancia. De acuerdo con el Plan, el sector agropecuario se mantendría como la rama económica, individualmente considerada, que mayor número de trabajadores ocupa. Sin embargo, en términos relativos, mostraría una disminución significativa derivada de la crónica desaceleración en la tasa de incorporación de nuevos trabajadores a este sector, ya que en los cinco años del Plan sólo se incorporarán al sector agropecuario 40,000 nuevos trabajadores. Tal disminución en la capacidad de absorción ocupacional agropecuaria resulta de un mayor rendimiento productivo de la mano de obra ocupada, a su vez consecuencia de la mecanización de sus operaciones y gran avance en la organización de los procesos de producción y distribución agrícolas.

El sector de hidrocarburos y minas dará empleo a 3,000 nuevos trabajadores durante el período 1970-1974. Tal incremento resulta insuficiente para contrarrestar el descenso experimentado entre los años 1961 y 1969, producto de la reducción en las actividades exploratorias de la industria petrolera.

Corresponde a la industria manufacturera la creación de la mitad de los 221,000 nuevos empleos en el sector industrial. Las actividades de construcción también se proyectan con una alta tasa de absorción ocupacional, en el orden de 90,000 personas, como resultado de la creación de nueva infraestructura física y de la intensificación de los programas de vivienda. La generación de empleo en las actividades de energía será relativamente baja, en el orden de 22,000 trabajadores, aunque su incorporación se llevará a cabo bajo condiciones de elevada productividad.

Se espera que gran parte de las nuevas oportunidades ocupacionales será generada en el sector de servicios, especialmente en actividades de distribución y comercialización de la producción intermedia y final. Por último, el aumento del esfuerzo sociocultural del estado, a través de programas de educación, sanidad y administración pública, incide en la creación de fuentes de trabajo.

CONCLUSION

A manera de resumen informativo que podría calificarse como evaluación a groso modo de los resultados de la política ocupacional, cabe destacarse los siguientes logros: Entre 1969 y 1973 han sido creados 421,000 empleos, lo cual ha permitido cubrir el equivalente a las nuevas necesidades y disminuir el número de desempleados existente en 1968. Los resultados del Censo de Población de 1971 revelan que en ese año el número de personas ocupadas era de 2,824,361, mientras que la fuerza de trabajo ascendía a 3,010,148, es decir, existía una tasa de desempleo de 6.2 por ciento que supera la meta de 6.5 por ciento propuesta para 1974 por el IV Plan de la Nación. En la actualidad la tasa de desempleo se estima en aproximadamente 5 por ciento. Por lo tanto, cabe concluir que la disminución del desempleo ocurrida en los últimos años habrá de permitir, con razonable optimismo, niveles de pleno empleo en el próximo período constitucional.

CUADRO 1

POBLACION POR GRUPO DE EDADES EN VENEZUELA, 1971

Grupo de Edades	Habitantes		
	(Miles)	(Porcentaje)	(Porcentaje Cumulativo)
0 - 14	4,832	45.1	45.1
15 - 34	3,464	32.3	77.4
35 - 64	2,107	19.6	97.0
65 y más	317	3.0	100.0
Total	10,720	100.0	

Fuente: Dirección General de Estadísticas y Censos Nacionales, "X Censo General de Población, 1971", (Caracas: 1973).

CUADRO 2

DISTRIBUCION URBANA Y RURAL DE LA POBLACION DE VENEZUELA, 1950-1975

Población	Habitantes						
	1950	1961	1971	1975	1950	1961	1971	1975
	(Miles)				(Porcentaje)			
Total	5,035	7,524	10,721	12,434	100.0	100.0	100.0	100.0
Urbana	2,412	4,704	8,089	9,867	47.9	62.5	75.5	79.4
Rural	2,623	2,820	2,631	2,567	52.1	37.5	24.5	20.6

Fuentes: Dirección General de Estadística y Censos Nacionales, "VIII Censo General de Población, 1950", (Caracas: 1957); "IX Censo General de Población, 1961", (Caracas: 1967) y "X Censo General de Población, 1971", (Caracas: 1973).

CUADRO 3

POBLACION EN CIUDADES DE 100,000 Y MAS HABITANTES EN VENEZUELA, 1971

Ciudades	Habitantes		
	(Miles)	(Porcentaje)	(Porcentaje Cumulativo)
Area Metropolitana de Caracas	2,183.9	20.36	20.36
Maracaibo	650.0	6.06	26.42
Valencia	366.1	3.41	29.83
Barquisimeto	334.3	3.21	33.04
Maracay	255.1	2.37	35.41
San Cristóbal	152.2	1.41	36.82
Ciudad Guayana	143.2	1.33	38.15
La Guayra - Maiquetía Macuto - El Litoral	141.7	1.32	39.47
Barcelona - Pto. La Cruz	139.6	1.30	40.77
Cumaná	119.7	1.11	41.88
Cabimas	118.0	1.10	42.98
Ciudad Bolívar	103.7	0.96	43.94

Fuente: Dirección General de Estadística y Censos Nacionales, "X Censo General de Población, 1971", (Caracas: 1973).

CUADRO 4

SITUACION DE LA FUERZA DE TRABAJO EN VENEZUELA, 1961-1971

Indicadores	1961	1971	Variación Porcentual
Población total (miles de habitantes)	7,523	10,721	42.51
Fuerza de trabajo (miles de habitantes)	2,352	3,009	27.93
Tasa de actividad (porcentaje)	31.26	28.07	-10.20
Ocupados (miles de habitantes)	2,043	2,823	38.18
Desocupados (miles de habitantes)	309	186	-39.81
Tasa de desocupación (porcentaje)	13.14	6.18	-48.17

Fuentes: Dirección General de Estadística y Censos Nacionales, "IX Censo General de Población, 1961", (Caracas: 1967) y "X Censo General de Población, 1971", (Caracas: 1973).

CUADRO 5

EVOLUCION DEL EMPLEO Y DESEMPLEO POR RAMA DE ACTIVIDAD
ECONOMICA EN VENEZUELA, 1950-1971

Rama de Actividad	Habitantes				
	1950	1961	1971	1961	1971
		(Miles)		(Indice: 1950 = 100.0)	
Agricultura, ganadería, silvicultura, caza y pesca	704.7	721.2	605.0	102.3	85.9
Hidrocarburos y explotación de minas y canteras	44.5	45.6	36.4	102.5	81.8
Industrias manufactureras	172.5	246.9	385.5	143.1	223.5
Construcción	91.1	81.6	146.1	89.6	160.4
Electricidad, agua, gas y servicios sanitarios	5.2	21.2	32.0	407.7	615.4
Comercio e instituciones financieras	149.7	266.2	365.5	177.8	244.2
Transporte, almacenaje y comunicaciones	52.3	96.5	119.6	184.5	228.7
Servicios públicos y privados	341.1	505.4	755.3	148.2	221.4
Actividades no bien especificadas	37.2	58.0	377.9	155.9	1,015.9
Total de la población ocupada	1,598.3	2,042.6	2,823.3	127.8	176.6
Población desocupada	106.9	308.7	185.7	288.8	173.7
Total de la fuerza de trabajo	1,705.2	2,351.3	3,009.0	137.9	176.5

Fuentes: Dirección General de Estadística y Censos Nacionales, "VIII Censo General de Población, 1950," (Caracas: 1957); "IX Censo General de Población, 1961," (Caracas: 1967) y "X Censo General de Población, 1971," (Caracas: 1973).

CUADRO 6

POBLACION DE 15 AÑOS Y MAS POR SITUACION EN LA FUERZA DE TRABAJO
Y GRUPO DE EDADES EN VENEZUELA, 1971

Grupo de Edades	Total	Fuerza de Trabajo	Ocupados	Desocupados	Tasa de Desempleo
15 - 19	1,225,262	429,980	395,916	34,064	7.92
20 - 24	957,611	524,586	490,888	33,698	6.42
25 - 29	696,161	421,728	391,839	29,889	7.09
30 - 34	590,381	361,455	339,347	22,108	6.12
35 - 39	539,808	328,766	311,946	16,820	5.12
40 - 44	468,711	284,595	270,014	14,581	5.12
45 - 49	371,433	218,383	206,444	11,939	5.47
50 - 54	303,719	167,298	157,364	9,934	5.94
55 - 59	232,219	116,363	108,715	7,648	6.57
60 - 64	193,914	79,710	76,293	3,417	4.29
65 y más	318,016	81,810	79,930	1,880	2.30
Total	5,897,235	3,014,674	2,828,696	185,978	6.17

Fuentes: Dirección General Estadística y Censos Nacionales, "X Censo General de Población, 1971," (Caracas: 1973).

REFERENCIAS

1. Población urbana se considera a la que habita en centros poblados por 2,500 habitantes y más.

2. Enunciado textual del IV Plan de la Nación.

ANALYSIS

William P. McGreevey
The Smithsonian Institution
Washington, D.C.

The Minister's paper and Dr. Ocando's analysis exhibit concern with integrating the marginal worker into the benefits of the economic growth which Venezuela has achieved over the past decades. Rapid internal migration into the Greater Caracas area has produced many strains on the urban labor market and has exacerbated the problems of providing adequate housing and public services. In an effort to develop a conceptual framework to analyze broadly similar problems which beset policymakers in Perú, Professor Richard Webb has developed a model of labor force change which may be usefully introduced (with modifications) in an analysis of Venezuelan labor force problems and policies.[1]

The critical feature of the model lies in its division of the economy and hence the labor force into three components: (1) The modern sector (MS), characterized by large firms in manufacturing mining, services, and frequently agriculture; (2) an urban traditional sector (UTS), consisting of service workers, the self-employed, artisans, and other occupations requiring few skills and education, and consequently yielding low income; and (3) the rural traditional sector (RTS), composed of peasant minifundistas, seasonal workers, and sharecroppers, who possess the lowest levels of education and income of the three groups.

In Figure 1 the members of each of these sectors of the labor force are arrayed within sectors. Within each sector, income earners at the left have a higher level of income than income earners at the right. The specific shapes of the curves depend on wage differentials, the functional distribution of income between profits and wages, the degree of inequality between and within sectors, and the empirical decisions made by the analyst to define membership in each of the three sectors.

In Professor Webb's analysis of Peruvian data between 1950 and 1971, all wage earners in establishments with five or more employees are included in the modern sector; other non-agricultural workers are included in the urban traditional sector. Unfortunately, none of the data presented in Dr. Martini's paper are disaggregated so as to lead to labor force classification into MS, UTS, and RTS, nor does Dr. Ocando's discussion of marginality permit an empirical identification of the quantitative dimension of the problem.

The three-sector model has the advantage of providing an analytical base from which to begin calculating the dimensions of worker poverty. It also provides a means of identifying some of the dynamics of low income in the urban traditional sector. The model poses the following questions:

1. What is the size (relative as well as absolute) of each sector? How has it changed over time?

2. What are the wage or income differentials within and among sectors? How have these differentials behaved over time?

3. To what degree do individuals shift among sectors? What causes may be adduced to explain intersectoral mobility?

Some of the answers to these questions are offered by Professor Webb in his analysis of Peruvian data. A summary of these answers is worth reproducing here in abbreviated form:

1. The UTS economy has been expanding at a rate roughly proportional to that of the MS, but... contrary to the largely vertical growth path of the MS, UTS growth has been the result of both employment expansion and rising average income.

2. These two components have contributed about one-third and two-thirds, respectively, to total UTS growth between 1950 and 1970.

3. Over the period studied the UTS has been the major recipient of population growth, growing from one-fourth to two-thirds of the total labor force; yet, at the same time, average income in the sector rose at about 2 percent _per annum_ in real terms.

4. Labor incomes have become less equal; families in the upper half of the 1950 income distribution have by and large enjoyed faster rates of income growth.

5. Most of the rural population... have become relatively poorer over the period.

6. The evidence (limited as it is) suggests that stagnation could only have been the case for a minority of the urban traditional labor force.

There is of course no _a priori_ way to predict whether the evolution of the Venezuelan economy has produced similar or distinctly different patterns of sectoral change when compared with the Peruvian experience. As Webb notes, the Peruvian economy grew very rapidly between 1950 and 1966, and such growth may have ameliorated problems in the UTS by creating a substantial demand for services. The pertinence of the three-sector model to popular concepts of marginality does suggest that this fresh perspective on labor force change would be useful to policymakers. An investigation designed to estimate the parameters of the Webb model in the Venezuelan context could probably be completed in several months by competent Venezuelan social scientists.

MEASURED UNEMPLOYMENT: ITS INTERPRETATION

Great attention is given to the measurement of unemployment and policies to achieve a low percentage of unemployment in the Venezuelan labor force. In general, full employment is in itself a laudable objective; however, the use of crude statistical indicators (the unemployment rate, for example) can lead to misleading conclusions and undesirable policies. A few of these problems are the following:

1. Although modern sector employment in large establishments makes possible a clearly definable differentiation between employment and unemployment, no such clear definition is possible for many workers in agriculture and in the urban traditional sector.

2. Variations over time in the number and percentage of a population who define themselves as economically active are at least as great as the number who define themselves as looking for work but unable to find it. Fluctuations in the denominator of the unemployment index may thus erase the reliability of the conclusions, due to changes in the numerator of the product of the two.

3. The "discouraged-worker" hypothesis suggests that workers drop out of the labor force, i.e., cease to define themselves as unemployed but looking for work, at precisely the time when employment opportunities are shrinking.[2] The result of their withdrawal from the labor force can be misinterpreted as an indication that measured unemployment is declining when real job opportunities are in fact drying up. Just the opposite is true during cyclical upturns when the economically inactive re-enter the labor force, thus making measured unemployment appear to be a more serious problem that it really is.

These problems with the unemployment rate place it in the same category with the Dow Jones industrial average: Everyone watches it, it is not an irrelevant indicator, its importance is much less than laymen believe, and it should never be used as a guide for policy. Thus, no meaningful conclusions about the success or failure of government policy are warranted on the basis of changes in the unemployment rate. It follows that little attention ought to be given to specific goals of reducing the unemployment rate to some specific level such as 4.5 percent.

Data in the Minister's paper suggest a problem of interpretation of labor force participation. Table 1 presents the measured unemployment rate and the percentage of the employed labor force in activities not well specified between 1950 and 1971. If the pitfalls in the interpretation of the measured unemployment rate are great, so much more are the efforts to understand the meaning of the striking increase in the number and percentage of the labor force in activities not well

specified between 1961 and 1971. Such increase could be due to the
growth of unusual, new occupations which have come into existence as
the process of economic growth unfolds. Furthermore, this vague category may disguise occupations that workers prefer not to reveal or may
unintentionally hide unemployment. One comprehensive review of Venezuelan economic trends between 1950 and 1969 suggests that the fairly
rapid economic improvements up to 1957 or 1958 were followed by virtual
stagnation in per capita output from 1965 through 1969.[3] In large
part such stagnation was due to the rapid rate of population growth
and the effort to expand public-sector educational services to respond
to the needs of dependent age cohorts.

In a similar analysis conducted recently in El Salvador, persons
included in unspecified activities proved to be mostly teenagers who
had not established yet a specific occupational or industrial identity.[4] The rapid increase in the numbers included in this category may
be an indicator of growing delay among the young in determining their
occupations. Such "luxury employment" is more a sign of affluence
than poverty. These observations suggest the desirability of examining
the data with care.

If the unemployment rate is a poor guide to policy, what alternatives exist? Other indicators discussed by Dr. Ocando are the aggregate, sex-specific, and age-specific labor force participation rates.
The data presented in his paper indicate that the male participation
rate declined from 79.4 percent in 1950 to 70.1 percent in 1971. However, since virtually all change is concentrated in the 10-19 male age
cohort, such decline can be attributed to the choice of more men in
1971 to continue in the educational system than in previous years.

Among males aged 20-24 in 1950, 93.2 percent were in the labor
force. This percentage was 91.7 in 1971. The small drop contrasts
with a striking increase in female labor force participation in the
same age cohort, from 23.5 percent in 1950 to 32.3 percent in 1971.
These changes are analyzed in detail by Bamberger.[5] The reduction of
male and increase in female labor force participation is consistent
with an acceptable pattern of labor force compositional change.

RURAL-TO-URBAN LABOR MIGRATION

Dr. Ocando points out the existence of poor housing quality,
poverty, low levels of educational attainment, and underemployment as
related features of marginality in the Venezuelan labor force. These
problems cannot be approached effectively on a piecemeal basis. The
poor simply cannot afford to raise their consumption of housing
services without also raising their demand for other services. Thus,
any effort to improve housing quality without direct attention to other
services is likely to fail. Similarly, improvements in urban living
standards not matched in rural areas will hasten the pace of rural-to-urban migration. The linkage between rural and urban labor markets
guarantees that an urban-based program alone can be merely ameliorative
until rural standards of living are raised substantially.

The rural-urban labor market link is complicated for Venezuelan policymakers by the substantial migration of rural Colombians to Venezuela. Because many Colombians have no official papers, they are referred to as **indocumentados**. There are no reliable estimates of the number of Colombian-born residents in Venezuela, but Norman Gall contends that "the flow of Colombian **indocumentados** into Venezuela appears to have become the largest human migration in South America's history."6 The numbers, based as they are on conjecture, are by no means reliable; however, Gall's summary of evidence and opinion is worth citing in some detail:

> The most common estimate given by Venezuelan officials is that around 500,000 Colombians have entered Venezuela illegally during the 1960's, and that Colombians and their children might amount to nearly 10 percent of Venezuela's total population.... If the United States were to have proportionately the same problem that Venezuela has with its Colombian **indocumentados**, there would be 20 million instead of 2 million illegal aliens residing in America.7

Colombians can earn in Venezuelan wages three times higher than they can earn in their own country. Moreover, the departure of Venezuelan rural workers for the cities leaves open agricultural opportunities for the Colombian peasantry who leave the overpopulated and unproductive eastern highlands for the Orinoco plains.

If Colombians constitute approximately 10 percent of the population on Venezuelan soil, then the self-selective tendency of migrants from the young working-age population implies that they in fact constitute an even higher percentage of the labor force. These numbers are too large to be ignored and are recognized in the policy declaration in the Minister's paper:

> Procurar que toda la incorporación de fuerza de trabajo del exterior se realice en el marco de una política de migración selectiva y no afecte las posibilidades de trabajo de la población venezolana.

The passage goes on with a recognition of the special problems associated with the migration of Colombian unskilled workers across the border and the implications of such migration for salary levels and job opportunities for Venezuelans.

However simply the presence of Colombian workers may be construed, it is too complex a problem to admit of easy solutions. A labor and employment policy in Venezuela must take into account the likely continuing immigration of Colombians until Colombia has dealt successfully with its unemployment problems. Dr. Martini's estimate of 6 percent open unemployment in Venezuela in 1971 contrasts sharply with a measured open unemployment rate of 14 percent presented in the ILO study of unemployment problems in Colombia.8 Although there are serious difficulties in interpreting measured unemployment rates, the magnitude of the Colombian-Venezuelan unemployment rate differential, combined with the wage differential and high rates of disguised unemployment in Colombia, will continue to promote a heavy migration flow from Colombia to Venezuela.

The supply of rural-origin migrants from Colombia's eastern highlands cannot be expected to diminish in the near future.[9] In the intercensal period 1951-1964, more than a quarter million migrants left rural Boyacá and Cundinamarca for Bogotá, while thousands crowded into secondary cities and slipped across the border into Venezuela.[10] As long as the rural population growth potential is fed by high fertility, thousands will seek to leave the poverty of the rural highlands searching for better opportunities elsewhere. Thus, a solution to the Venezuelan labor absorption problem may well await a solution to the problem of rapid population growth in Colombia. This consideration suggests the advisability of joint Venezuelan-Colombian consideration of this problem, possibly within the context of the Andean Pact.

CONCLUSION

In concluding this comment, I would like to point out alternatives for defining an employment strategy by means of an improved understanding of labor market dynamics. The Webb model, concentrating as it does on the changing institutional structure of the labor market, offers a useful aggregate tool for examining the problems of workers in the urban traditional sector. Perhaps the Webb study of Perú could be replicated in Venezuela to determine if there has been any significant change over a period of time in the income levels of that sector, whether the numbers of marginal workers has expanded or contracted, and what link exists between the urban traditional sector and the modern and rural sectors. A critical problem posed by the Webb model--a problem largely ignored by the assumption that "marginality" in itself is bad--is the degree to which workers in the urban traditional sector face alternatives with respect to employment, housing, location, and other opportunities. It is probably true that not all the "marginals" are without hope or possibility of changing the condition of their lives. Some at least have chosen relative poverty in order to avoid the exigencies of a working career in the modern sector, with its fixed hours and potentially authoritarian structure. Still others gladly accept their marginal status in the urban milieu rather than return to an exiguous rural existence.[11]

Certainly the poverty and misery of these strata of society are to be deplored, but a fuller understanding of the lives of individuals concerned ought to inform any policy initiatives. According to Talton Ray[12] and Kenneth Karst,[13] several years ago at least, barrio life in Caracas was little understood by government officials. Will the government now support research by Venezuelan institutions to gain an understanding of this important segment of the population?

Government population policy can do little to alter the size of the potential labor force over the next 20 years, except by excluding or facilitating international migration. It would be useful, however, for the government of Venezuela to consider what pattern of labor force, employment, and population growth is most desirable and feasible until the end of this century. Valuable work currently under way at the Instituto de Estudios Superiores de Administración could be useful in this respect.

Government strategies for regional development and urbanization are pertinent to policies for employment generation and population distribution. Nonetheless, the link could perhaps be made more explicit in the planning process. An intensive investigation of the costs and benefits of decentralization could be undertaken within the context of employment and population distribution concerns. In this regard, important studies have already been conducted by Chi-Yi-Chen.[14] A government-sponsored study could evaluate existing materials for their implications and then undertake additional necessary research.

Finally, a labor and employment policy must, as the Minister's paper correctly emphasizes, be conceived of as a part of an integrated development policy. And within this wider context, population dynamics also must be given proper weight in long-term planning.

TABLE 1

UNEMPLOYMENT IN VENEZUELA, 1950-1971

Year	Total Unemployment Rate	Unemployment Rate in Activities Not Well Specified	Total of Columns 1 and 2
1950	6.3	2.2	8.5
1961	13.1	2.5	15.6
1971	6.2	12.6	18.8

Source: Alberto Martini, "Venezuela: Prioridad de Recursos Financieros en el Campo del Trabajo y Productividad de Recursos Humanos a la Luz del Presente Crecimiento Poblacional," (Gainesville, Florida: XXIV Annual Latin American Conference, February 17-20, 1974).

FIGURE 1

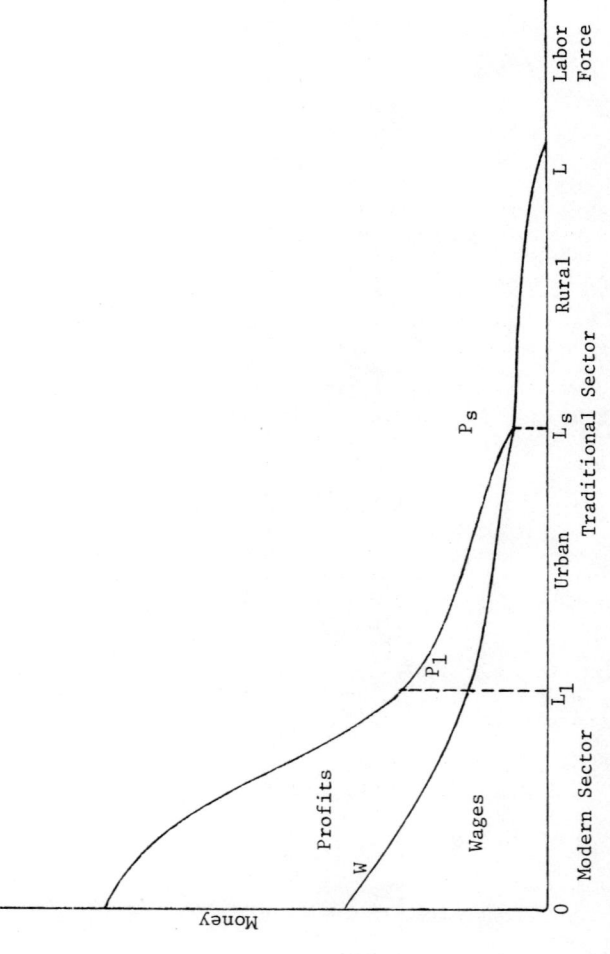

REFERENCES

1. Richard Webb, "Income and Employment in the Urban Traditional Sector in Perú," (I Reunión Latinoamericana sobre Políticas de Migración, Urbanización y Distribución de la Población, Sochagota, Colombia, September 18-22, 1973).

2. Jacob Mincer, "Labor Force Participation and Unemployment: A Review of Recent Evidence," in Robert A. Gordon and Margaret Gordon (eds.), Prosperity and Unemployment (New York: John Wiley and Sons, 1965), pp. 73-112 and Ricardo Morán, "Demanda de Trabajo y Demanda de Trabajadores en el Gran Santiago," Cuadernos de Economía (Santiago: Universidad Católica de Chile, Vol. 5, No. 6, 1968).

3. Robert L. Allen, "The Venezuelan Economy, 1950-1969," unpublished manuscript, pp. 26-7.

4. William P. McGreevey, "Population Dynamics and Policies: El Salvador," unpublished manuscript, pp. 9-10.

5. Michael Bamberger, "Changing Patterns of Female Labor Force Participation in Venezuela, 1950-1971," Working Paper (Caracas: Centro de Estudios Sociales, Research Program on the Changing Status of Women in Venezuela, No. 1, September, 1973), p. 15.

6. Norman Gall, "Los Indocumentados Colombianos," Fieldstaff Reports (Vol. 16, No. 2, December, 1971), pp. 2-6, quote in p. 2.

7. Norman Gall (op. cit.), p. 6.

8. Organización Internacional del Trabajo, Hacia el Pleno Empleo: Un Programa para Colombia (Bogotá: Banco Popular, 1970), p. 18.

9. Alan T. Udall, "Historical Trends in Migration, Earnings, and Unemployment in Bogotá, Colombia," (I Reunión Latinoamericana sobre Políticas de Migración, Urbanización y Distribución de la Población, Sochagota, Colombia, September 18-22, 1973).

10. William P. McGreevey, "Migration and Policies for Urban Growth in Colombia," Journal of Inter-American Studies and World Affairs (forthcoming).

11. Ramiro Cardona and Alan Simmons, "Hacia una Teoría de las Migraciones Internas en América Latina," (I Reunión Latinoamericana sobre Políticas de Migración, Urbanización y Distribución de la Población, Sochagota, Colombia, September 18-22, 1973).

12. Talton Ray, The Politics of the Barrio (Berkeley: University of California Press, 1966).

13. Kenneth Karst et al., Informal Legal Systems in the Barrios of Caracas (Los Angeles: UCLA Latin American Center, 1969).

14. Chi-Yi-Chen, "Movimientos Migratorios en Venezuela, Caracas, 1968; Economía Social del Trabajo, Caso de Venezuela, Caracas, 1969 y Distribución Espacial de la Población Venezolana: Diagnóstico y Perspectiva," (I Reunión Latinoamericana sobre Políticas de Migración, Urbanización y Distribución de la Población, Sochagota, Colombia, September 18-22, 1973).

ANALISIS

Alberto Ocando
Centro de Estudios Sociales
Caracas, Venezuela

SITUACION RETROSPECTIVA Y ACTUAL

Comparativamente con otros países, Venezuela presenta una de las más altas tasas de crecimiento demográfico. Durante las últimas dos décadas, ésta ha superado el 3 por ciento anual. Aunque en la década posterior a 1950 este crecimiento se vio favorecido por una considerable inmigración neta de tipo internacional, atraída por el auge económico petrolero, el factor que ha afectado decisivamente el crecimiento demográfico ha sido una baja en la tasa de mortalidad. La variación de dicha tasa en años recientes puede observarse en el Cuadro 1.

A pesar de poseer una de las más altas tasas de crecimiento poblacional, Venezuela es un país de muy baja densidad demográfica. Esta en 1950 ascendía a sólo 5.6 habitantes por kilómetro cuadrado, aumentando a 8.37 en 1961 y a 11.93 en 1971. Aunque algunas personas opinan que en el aspecto cuantitativo la tendencia de alto crecimiento poblacional con relación a extensión geográfica parece ser deseable, es necesario tomar en consideración la responsabilidad que dicho crecimiento conlleva con respecto a mayores asignaciones, a fin de satisfacer crecientes demandas, en los campos de nutrición, educación, atención médico-social, empleo y productividad.

La estructura poblacional de Venezuela es de tipo progresivo y sumamente joven. La alta tasa de natalidad ha aumentado considerablemente la base de la pirámide poblacional. Si bien es cierto que el factor juventud es un factor en cierto aspecto positivo, no se puede pasar por alto que también representa una carga para la economía, ya que demanda creación de nuevos empleos. Tal rejuvenecimiento de la población tiende a hacer crecer el consumo, disminuir el ahorro y transformarse en un freno para el avance del crecimiento económico. Esto sin mencionar que parte de dicho rejuvenecimiento es fruto de un gran porcentaje de ilegitimidad de nacimiento, la cual se ha calculado para Venezuela en 51.8 por ciento, con la estela de abandono que ello implica.

Junto con el crecimiento explosivo de la población hay que destacar el efecto de la implosión y sus consecuencias sobre el problema del empleo. El auge petrolero ha jugado un papel preponderante en la evolución política, social y económica del país. Con el reventón del primer pozo petrolero en 1926, se produce un inusitado movimiento de migración interna hacia centros urbanos, el cual ha aumentado ininterrumpidamente. Mientras que en 1936 la población urbana constituía sólo 28.9 por ciento de la población total, en 1941 había aumentado a 31.3 por ciento, en 1950 a 49.7 por ciento y en 1961 a 62.5 por ciento, alcanzando en 1971 el nivel de 75.5 por ciento. Esto ha traído como consecuencia la modificación del cuadro demográfico de las ciudades, que desde el punto de vista de un ciudadano urbano podría parecer absurdo, pero que desde el punto de vista del migrante representa una serie de mejoras económico-sociales imposibles de lograr en el campo.

Estos cambios quizás puedan ser considerados como normales en el proceso de desarrollo de un país. Sin embargo, la velocidad con que se han producido y los factores que los han determinado causan consternación. De esta manera surgen los llamados cinturones de miseria o barrios marginales, con sus ranchos insalubres, niños desnutridos y enfermos, sus hombres desempleados y sus mujeres abandonadas, en la configuración de un cuadro de miseria y hacinamiento.

El desempleo por abandono de la actividad agrícola no ha sido impulsado por la ingente necesidad de satisfacer la demanda de empleo urbano, sino por atractivos ciudadanos ajenos a la consolidación de tal demanda. Aún más, esta demanda no ha sido capaz de absorber a los migrantes rurales, lo cual se agrava en la carestía de mecanismos capaces de informar y canalizar la migración de acuerdo con las posibilidades de empleo en las áreas urbanas.

Según el Censo de Población de 1971, cerca de un millón de habitantes viven en ranchos urbanos, con un promedio de 5.8 personas por unidad. Tal implosión ha configurado una serie de comunidades marginales, en las cuales se detecta un alto índice de deserción escolar, un gran auge delictivo y elevados porcentajes de morbilidad y mortalidad infantil, lo cual a su vez ha originado un déficit en los cupos hospitalarios, en la matrícula educativa y en las fuentes de trabajo. Como consecuencia, también se ha estructurado un tipo de subcultura en las comunidades marginales, con actitudes diferentes hacia la vida urbana, hacia el trabajo y hacia la educación, por lo cual se hace patente la necesidad de investigar las causas, consecuencias y modo en que opera la marginalidad.

Fuerza de Trabajo

De acuerdo con los datos presentados por el Dr. Martini, entre 1961 y 1971 la población económicamente activa se incrementó en 28 por ciento, mientras que la población total aumentó en 42.5 por ciento, por lo que la tasa de participación disminuyó durante dicho período. Se registró especialmente una reducción substancial en las tasas de participación de los grupos menores de 20 años. Este descenso quizás pueda explicarse parcialmente por el rápido desarrollo que el sistema educativo ha experimentado en la última década. Sin embargo, el aumento en la participación femenina entre 15 y 19 años, con las mismas posibilidades de acceso al sistema educativo, parece haber sido una determinante de relativa importancia. En efecto, aunque la tasa total de participación ha descendido, la tasa de participación femenina ha aumentado, pasando de 17.5 por ciento en 1950 a 20 por ciento en 1971. Las tasas de participación por edad y sexo pueden analizarse en el Cuadro 2.

Parece ser que el aumento en la proporción femenina ha sido consecuencia de una reducción en la participación de varones menores de 20 años. Las cifras no parecen evidenciar que el aumento de la participación femenina haya sido producto de un aumento extraordinario en la demanda de mano de obra, sino más bien ha sustituido la reducción en la tasa de participación de algunos grupos masculinos. Es posible que la competencia femenina haya sido un factor clave en el desplazamiento masculino, o quizás se deba a factores completamente distintos. En todo caso, parece ser éste un punto digno de investigarse de manera sistemática.

El índice de desocupación no ha bajado en los últimos 20 años de 6 por ciento. Este fenómeno tiene su origen en causas muy complejas, tales como de carácter coyuntural y estructural-tecnológico. Miguel Urrutia sostiene que en los países en vías de desarrollo, donde medidas de expansión económica llevan rápidamente a la inflación, el desempleo estructural puede ser mayor que en países más desarrollados.[1] Las causas del desempleo, según diversos analistas, parecen tener su origen en el crecimiento demográfico, la estructura productiva del sector y las deficiencias del sistema educacional.

Al igual que con el desempleo, las causas del subempleo deben buscarse en la estructura económica, social y técnica del país, ya que el mismo es esencialmente de carácter estructural. Desde el punto de vista tanto del tiempo como de la calificación, el uso parcial involuntario de la capacidad productiva de mano de obra constituye un despilfarro de capital humano. Su alcance económico, social y político puede resultar tan desastroso como el desempleo abierto. En la economía venezolana es muy difícil distinguir entre un desempleado y un subempleado, puesto que no existe un servicio de seguro para el desempleo a través del cual se pueda determinar la verdadera ocupación.

Para poder estimar el subempleo, se tropieza con una serie de problemas, entre los cuales se encuentra la inexactitud del concepto, pues los estudios de empleo no han logrado definirlo claramente. El subempleo se ha definido como "un estado ocupacional en el cual el trabajador desempeña una función productiva a tiempo parcial involuntariamente o ejerce un oficio que requiere una inferior calificación".[2] Bruni Celli ha tratado de ofrecer una definición operacional al definirlo como "la condición de trabajar menos de 1,760 horas por año".[3] El problema práctico en la aplicación de tal definición es que muchas veces, como en el caso de los barrios marginales, la naturaleza de los trabajos a destajo no permite medir fácilmente el número de horas trabajadas. Por otra parte, Chi-Yi-Chen sugiere considerar si el oficio desempeñado corresponde o no a la capacidad del trabajador,[4] concepto también muy difícil de aplicar en la práctica, debido a la falta de definición de las capacidades del obrero y de los requisitos del empleo. En resumen, el rápido crecimiento demográfico y la migración interna han producido un desarrollo urbano tan vertiginoso como caótico, donde las organizaciones formales no han podido absorber la totalidad de la oferta de mano de obra, y de ahí que grandes grupos

marginales se encuentren fuera de la participación económica y social
del país.

Vivienda

Al parecer, tanto los censos como las diferentes encuestas de hogares no han podido captar operativamente el funcionamiento de la marginalidad. Sin embargo, a continuación se presenta algunos datos de interés, como indicadores de una situación real de la cual se conoce muy poco. De acuerdo con el Censo de 1971, existía en Venezuela 460,569 viviendas clasificadas como inadecuadas, en las cuales habitaban 2,619,868 personas, es decir, un promedio de 5.7 habitantes por unidad. En estas condiciones se encontraba casi una cuarta parte de la población venezolana.

Como puede apreciarse en el Cuadro 3, una tercera parte de las familias encuestadas informaron ingresos familiares inferiores a 500 bolívares mensuales, mientras que más de dos terceras partes subsiste con ingresos inferiores a 1,000 bolívares mensuales. Entre estos grupos se encuentran las familias que habitan los barrios urbanos y las zonas rurales pobres. En relación a las cifras mencionadas como ingresos familiares mensuales y tipo de viviendas, cabe destacarse que 93.70 por ciento de las familias morando en viviendas inadecuadas declaró ingresos familiares inferiores a 1,500 bolívares mensuales, mientras que sólo 64 por ciento de las que habitaban viviendas adecuadas declaró ingresos similares. Parece darse así relación entre el nivel de ingresos familiares y la adecuación de la vivienda.

Son muchos los indicadores que demuestran una excesiva concentración de familias con menos recursos en los barrios marginales, donde probablemente el desempleo y el subempleo alcanzan proporciones elevadas en comparación con las zonas urbanizadas. Aunque no es posible suministrar datos precisos sobre niveles de subempleo y desempleo en los barrios, estudios realizados por el Centro de Estudios Sociales al este y oeste de Caracas estiman la tasa de desempleo en los barrios entre 20 y 25 por ciento. Otros estudios sugieren cifras entre 30 y 40 por ciento de la fuerza de trabajo en los barrios con empleos de corta duración y eventuales, lo cual es indicativo de subempleo.

Educación Formal y Capacitación

El sistema educacional venezolano ha actuado como un mecanismo selectivo y elitesco.[5] Si bien en la última década se ha experimentado una notable expansión a nivel de educación primaria y media, la selectividad del sistema se refleja en la distribución de la matrícula en sus diferentes niveles. Se ha estimado que en 1971 el sistema educacional atendía las necesidades de 75 por ciento de la población en edad de enseñanza primaria, 21 por ciento de la población en edad de enseñanza media y sólo 4 por ciento de la población en edad de enseñanza superior.[6] Un reciente estudio ha llegado a las siguientes conclusiones, que resultan evidentes al analizarse el Cuadro 4.

Existe evidencia de que selectividad del sistema educativo está basada fundamentalmente en el origen social de los educandos. Se observa que en la base de la pirámide escolar hay una mayor participación de alumnos de origen social de niveles medio-bajo y bajo. A medida que se asciende en la pirámide, disminuye la participación de alumnos de estos niveles y aumenta progresivamente el porcentaje de alumnos provenientes de estratos sociales medio-alto y alto.[7]

Todavía peor, sólo una proporción relativamente pequeña de la población estudiantil ha tenido acceso a la educación superior, aun cuando los alumnos están fundamentalmente orientados hacia ese nivel educativo. Como promedio, de cada 100 alumnos que comenzaron la enseñanza primaria en 1961, sólo 33 lograron finalizar el sexto grado en 1966. De cada 100 alumnos que comenzaron la educación media, sólo 45 en el nivel secundario y 14 en el nivel técnico terminaron el quinto año de este nivel medio. De modo que de cada 100 alumnos que comenzaron la primaria en 1961, sólo 10 terminaron el quinto año de educación media en 1971, 8 en secundaria y 2 en técnica. Por lo tanto, una gran proporción de jóvenes desertores quedan sin preparación para incorporarse al desarrollo económico del país.

Tomando en cuenta la necesidad de capacitar a la juventud desocupada, a fin de aumentar sus condiciones de empleabilidad e incorporarlos al proceso productivo, se creó en 1959 el Instituto Nacional de Cooperación Educativa (INCE). Las funciones específicas del INCE consisten en promover la formación profesional de los trabajadores, contribuir a la formación de personal especializado, llevar a cabo programas de adiestramiento dedicados a la juventud desocupada y fomentar y desarrollar el aprendizaje de los jóvenes trabajadores.

Para cumplir con tales objetivos, el INCE ha diseñado dos tipos de programas: programas de servicios a las empresas y sus trabajadores adultos y aprendices, a fin de ofrecerles cursos de formación, perfeccionamiento y especialización, y programas de formación profesional, destinados a disminuir la desocupación juvenil. El primer tipo de programa incluye cursos de perfeccionamiento y especialización, de alfabetización y de extensión cultural. En este programa no existe el problema de la ocupación del egresado, pues el mismo posee una vinculación contractual de trabajo con su empresa. En cambio, el segundo programa atañe a una población en estado de desocupación no transitoria, sino todavía estructural.

Hasta el presente, el INCE ha orientado sus actividades de entrenamiento y reclutamiento a satisfacer demandas específicas de los empleadores, interesados principalmente en el crecimiento de sus respectivas empresas. El número de egresados de los cursos para la juventud desocupada es relativamente inferior al número de egresados de cursos de entrenamiento y perfeccionamiento. Desafortunadamente, no se dispone de datos para evaluar adecuadamente la efectividad del entrenamiento impartido a nivel de ambos programas. Al parecer, la efectividad ha sido medida a través del número de egresados, el número de cursos dictados, el número de horas de instrucción y los tipos de cursos dictados, sin que exista análisis relacionados con el logro de la efectividad en cuanto a nuevos empleados o a la productividad del entrenamiento.

Colocación

El instrumento oficial del gobierno para reducir la fricción entre oferta y demanda de trabajo es el Servicio Nacional de Empleo. Este servicio se ofrece en Venezuela a través de 16 agencias de colocación ubicadas en 13 ciudades. A pesar del número de agencias, su efectividad es muy reducida. En Venezuela la gestión directa personal y la utilización de nexos familiares y amistosos son consideradas más efectivos para conseguir empleo.

CORDIPLAN estima que de un total de 530,000 personas colocadas entre 1966 y 1970, solamente 42,000 encontraron trabajo a través del Servicio Nacional de Empleo, lo que equivale a 8 por ciento aproximadamente.[8] Esta cifra incluye la colocación de trabajadores debido a movilidad ocupacional y retiro de la fuerza de trabajo, lo cual reduce el porcentaje real de colocaciones a través del Servicio Nacional de Empleo. Para mitigar el efecto de esta ineficacia, el gobierno permite el funcionamiento de agencias privadas de colocación, con fines lucrativos, cuyas actividades son ilegales. Según Chi-Yi-Chen, "en la actualidad ni los trabajadores, ni los empresarios, ni los organismos de educación informal tienen relaciones serias con este servicio. Parece ser que el presupuesto asignado no le permite un desarrollo ordenado, además de no disponer de personal suficiente ni adecuadamente preparado".[9] De ahí que la calidad del servicio sea deficiente. Tal ineficiencia se deja sentir especialmente en la población joven y sin experiencia de trabajo, quienes apenas conocen de la existencia del Servicio Nacional de Empleo.

PROYECCIONES

La Comisión para la Planificación de Recursos Hidráulicos de Venezuela (COPLANARH) ha proyectado las siguientes estimaciones sobre el comportamiento de la población venezolana.[10] Partiendo del supuesto que la tasa de fecundidad comenzará a descender a partir de 1975, en parte debido a la adopción de métodos de planificación familiar, la población de Venezuela para fines de siglo se estima en aproximadamente 25 millones de habitantes. El estudio de COPLANARH también considera que la difusión de los medios sanitarios, unida al desarrollo tecnológico, propiciará una disminución sostenida en la tasa de mortalidad. Estas proyecciones pueden analizarse en el Cuadro 5.

En cuanto a la composición por edad se refiere, la disminución en las tasas de natalidad y mortalidad se verá reflejada en una población progresivamente menos joven. Como puede observarse en el Cuadro 6, la proporción de personas menores de 15 años habrá de descender paulatinamente hasta el año 2000, manteniéndose la proporción de hombres mayor que la de mujeres en los grupos de edad menores de 60 años.

Las proyecciones de COPLANARH establecen que para 1985 Venezuela tendrá una población de aproximadamente 17.5 millones de habitantes, lo cual implica un incremento de 63 por ciento con relación a la población en 1971. Por otra parte, la Organización Internacional del Trabajo calcula la población venezolana para ese año en 17,350,000 habitantes.[11] Pese a la alta tasa de crecimiento, la densidad demográfica continuará siendo baja en comparación con otros países.

Distribución Urbana-Rural

El proceso de concentración urbana que experimenta Venezuela continuará aumentando en los próximos años. Para 1985 la población urbana se estima en aproximadamente 80 por ciento. De no tomarse las medidas necesarias para crear incentivos de permanencia en el campo, Caracas y las otras cuatro ciudades más pobladas de Venezuela seguirán creciendo a un ritmo tan violento que puede crear desajustes socioeconómicos imposibles de superar.

Fuerza de Trabajo

De acuerdo con las proyecciones de la Organización Internacional del Trabajo, la población económicamente activa ascenderá levemente, de 28 por ciento en 1971 a 29.8 por ciento en 1985. Al parecer, las tasas de participación en la fuerza de trabajo de la población masculina con edades entre 25 y 65 años retornarán a los niveles de 1961, las cuales se comparan favorablemente con la mayoría de las estadísticas internacionales, siempre y cuando la erosión observada en la tasa de participación en la última década no constituya un fenómeno irreversible. Por otro lado, se espera que un número significativo de jóvenes entre 15 y 25 años cesará de fluctuar entre los estudios y el trabajo, convirtiéndose en miembros activos de la población laborante. Según estimaciones de la Organización Internacional del Trabajo, el número de personas que integrarán en 1985 la población económicamente activa será de 5,168,000.

CONCLUSIONES

Debido al acelerado ritmo de crecimiento de la población y a los desequilibrios estructurales entre el campo y la ciudad, existe una capacidad limitada en el sector industrial para absorber una mayor proporción de la fuerza de trabajo que se vuelca sobre el mercado urbano. La relativa insuficiencia del sector manufacturero para absorber el exceso de mano de obra puede atribuirse, en gran parte, a que la estrategia de desarrollo ha tendido a identificarse con los esfuerzos de industrialización, con una virtual discriminación de la agricultura y la orientación hacia la sustitución de importaciones, estableciéndose industrias que en muchos casos suponían un uso intensivo de capital. Esto se vio favorecido por una serie de medidas tales como baja fijación de intereses y tipos de cambio sobrevaluados; aplicación de exenciones tributarias a los equipos importados; políticas de salarios, legislaciones laborales y sistemas de seguridad que indujeron al empresario a limitar el número de personas empleadas en las unidades productivas y un conjunto de incentivos y desincentivos que involucraron recompensas al uso del capital y encarecieron el uso de la abundante mano de obra. Por consiguiente, la industria no ha podido desempeñar el papel dinámico que le correspondió en otras regiones del mundo desde el punto de vista de absorción de mano de obra.

El empleo en el sector servicios ha aumentado con mayor rapidez que en los otros sectores, pero no lo suficiente para ofrecer oportunidades de empleo productivo a los recién llegados a las ciudades. El empleo en este sector es a menudo "residual" y contiene una gran parte de desempleo encubierto. Los migrantes se han encaminado principalmente hacia trabajos de escasa productividad y baja remuneración, puesto que éstos exigen un bajo nivel de preparación y capital humano. Aún más, los salarios reales en el sector servicios parecen hallarse en descenso, al tiempo que aumenta el costo de la vida y la demanda de servicios sociales y públicos, lo que ha llevado a la formación de los cinturones de miseria de las principales ciudades, cuyos barrios crecen a un ritmo alarmante.

Los pobladores de estas comunidades marginales poseen los ingresos familiares más bajos, las viviendas más inadecuadas y permanecen al margen del sistema educativo, logrando pocas veces la capacitación necesaria para incorporarse al desarrollo del país. La tasa de natalidad en estas comunidades suele ser mayor que para los demás niveles socioeconómicos, lo que indica también su ritmo de acelerado crecimiento.

Para solucionar el problema de los cinturones de miseria, se ha dado mayor importancia a la tarea de proporcionar a los grupos marginales servicios sociales tales como vivienda, agua potable y luz en vez de multiplicar sus oportunidades de trabajo y elevar sus niveles de productividad y de ingresos, lo cual asegurará su incorporación más activa en la estructura socieconómica del país. De modo que es necesario analizar el proceso de marginalidad como el resultado de un determinado patrón o estilo de desarrollo que se distingue por un grado comparativamente débil de participación social y económica, medido a través de un conjunto de indicadores más realistas que los utilizados en el pasado, tales como ocupación, educación e influencia política.

Este cambio en relación al concepto de marginalidad induce a pensar en cambios estratégicos para su solución. Pero para ser corregida la marginalidad es necesario rectificar las políticas económicas en general, lo cual implica buscar soluciones dentro del propio sistema productivo. El sistema productivo a su vez tiene que ser reorientado para asegurar una mayor generación de empleos y una mejor distribución de ingresos. En otras palabras, este enfoque hace de la incorporación de la población potencialmente activa en el proceso productivo la principal herramienta para superar los problemas sociales y, por lo tanto, conduce a recalcar la importancia del empleo. Dicho enfoque propone como objetivos simultáneos, aunque a veces en conflicto, la expansión del producto, el aumento del empleo y la redistribución del ingreso, enfatizando así la necesidad de diseñar estrategias de desarrollo basadas en una combinación de políticas de uso intensivo de capital y mano de obra que permitan compatibilizar estos distintos objetivos.

Sugerencias Prácticas

Las sugerencias prácticas recomendadas en esta ponencia y encaminadas a mejorar la situación de desempleo en el país pueden dividirse en tres áreas principales: investigación, operación y capacitación.

Investigación. Es necesario dedicar suficientes recursos a la obtención de información válida y confiable sobre la demanda de recursos humanos compatible con el desarrollo del país, no sólo a nivel superior, sino también a niveles medio y de baja calificación. Estos datos deben ser lo suficientemente válidos para permitir la estructuración de planes de capacitación a largo, mediano y corto plazo, en base a las necesidades reales del desarrollo.

También existe la necesidad de profundizar el estudio de la marginalidad, dependencia o como se le quiera llamar, para establecer la forma en la cual opera y poder planificar los correctivos necesarios, sobre todo los relacionados con la incorporación de poblaciones marginales al mercado de trabajo. De igual modo, se necesita analizar las condiciones de subempleo de densos sectores de la población que componen los estratos socioeconómicos medio-bajo y bajo, con el propósito de subsanar la condición del subempleado, evitando la pérdida de bienes y servicios que la economía venezolana no puede darse el lujo de desperdiciar. Por último, urge profundizar en el conocimiento de las causas y consecuencias de la incorporación de la mujer al mercado de trabajo, especialmente en lo que respecta a consecuencias sobre la estructura y la dinámica familiar, que bien podría suministrar información relacionada a la problemática de la planificación familiar.

Operación. El Servicio Nacional de Empleo debe incluir mejoras en los servicios de información acerca del mercado del trabajo, tales como mejoramiento de los servicios de orientación, a fin de hacer llegar la misma a la gran masa de población no incorporada al sistema educativo. Debe implementarse también un mejoramiento de los servicios de colocación, no sólo aumentando la efectividad del número de colocados, sino también la calidad de la selección. Para esto es necesario desarrollar un instrumental, batería de pruebas de aptitudes y de conocimientos, válido y adecuado al contexto cultural del país, que permita una mejor compatibilización entre aptitudes y conocimientos de los trabajadores y los requisitos de empleo.

Una segunda recomendación operacional consiste en el desarrollo de una política de incentivos para la agricultura, especialmente en lo que se refiere a medianos y pequeños agricultores, que permita subsanar el problema del desempleo estacional con el excedente de mano de obra, creando en el campo actividades no agrícolas a fin de mantener la ocupación durante períodos de desempleo estacional. Es posible que dicha política de incentivos, unida a los beneficios que la nueva legislación laboral establece para los trabajadores del campo, contribuya a disminuir el éxodo rural-urbano.

Para mitigar el creciente congestionamiento de las grandes ciudades, es necesario aumentar el desarrollo de los llamados "polos de atracción" mediante programas de inversión y de incentivos que contribuyan a evitar o aliviar la ya vertiginosa implosión demográfica. Es posible que a través de un mayor auge a la industria turística, que emplea mano de obra intensiva, se aumente las oportunidades de empleo y por ende el nivel de ingresos. Para ello es indispensable crear una conciencia clara en relación al turismo y preparar a la población y a los trabajadores relacionados con esta industria en técnicas de asistencia y promoción de los atractivos existentes en el país.

Por último, cabe mencionar que en Venezuela no existe una política oficial de planificación familiar. Se necesita un organismo que centralice y coordine estas actividades para hacerlas accesibles a los empresarios, dirigentes sindicales, empleados y obreros, campesinos y estudiantes, a través de mecanismos adecuados. Dichas actividades deben ser enfocadas dentro de los valores culturales del país, en un contexto amplio y educativo en relación a la familia, sexualidad, aspectos económicos y educativos y salud materno-infantil, y no exclusivamente desde el punto de vista de la anticoncepción, so pena de experimentar un rechazo por parte de dirigentes y profesionales.

Capacitación. Resulta indispensable aumentar los recursos dedicados a atender a una mayor cantidad de personas en edad escolar, evitando que una gran masa permanezca al margen del sistema educativo. Debe mejorarse la calidad de la enzeñanza, a fin de evitar que aquellas personas que desertan a temprana edad ingresen a la categoría de analfabetas adultos. De igual modo, debe incrementarse las medidas tanto incentivas como coercitivas para disminuir la deserción escolar. Esto puede llevarse a cabo dando auge al nivel pre-escolar, logrando el aprestamiento necesario para el logro de conocimientos posteriores, evitándose así el problema de la falta de continuidad o prosecución escolar. Se recomienda también mejorar los servicios de orientación vocacional, con el propósito de orientar a estudiantes en todos los niveles, de acuerdo a sus capacidades y en función del desarrollo del país, evitando así el congestionamiento de ciertas ramas educativas y el poco interés hacia profesiones técnicas de gran necesidad para el proceso de desarrollo integral.

Como conclusión, se recomienda que el principal organismo de capacitación del país a nivel de parasistema, el Instituto Nacional de Capacitación y Educación (INCE), sin descuidar la capacitación o reentrenamiento de trabajadores, dé un mayor énfasis a los programas dirigidos a la juventud desocupada. Para ello deberá ser más flexible en la programación de cursos y más liberal en los procesos de selección y admisión de candidatos, especialmente con aquéllos que provienen de estratos medio-bajo y bajo. Aprovechando el servicio militar obligatorio, el INCE, en estrecha coordinación con el Ministerio de Defensa, debería aprovechar la permanencia de los jóvenes en el servicio militar para lograr, en forma alterna, la capacitación técnica y sistemática de los reclutas, que dada su estructura injusta actual, provienen de las clases medio-baja y baja, de cuyas filas surgen los individuous de poca o nula educación formal y el grupo mayor de desertores del sistema educativo.

CUADRO 1

TASAS DE NATALIDAD Y MORTALIDAD EN VENEZUELA, 1946-1970

Grupo de Años	Tasa de Natalidad	Tasa de Mortalidad
1946 - 1950	39.4	13
1951 - 1955	43.8	10
1956 - 1960	44.0	8
1961 - 1965	44.3	7
1966 - 1970	43.0	7

Fuente: Dirección General de Estadística y Censos Nacionales, Boletín de Estadística (Caracas).

CUADRO 2

TASA DE PARTICIPACION EN LA FUERZA LABORAL POR EDAD Y SEXO EN VENEZUELA, 1950-1971

Grupo de Edades	1950			Tasa de Participación 1961			1971		
	Total	Mujeres	Hombres	Total	Mujeres	Hombres	Total	Mujeres	Hombres
10 - 14	13.5	5.2	21.3	10.2	3.7	16.6	5.8	1.9	9.7
15 - 19	50.1	22.0	79.3	40.2	19.9	60.9	37.3	22.3	52.2
20 - 24	58.2	23.5	93.2	59.7	26.6	91.8	62.0	32.3	91.7
35 - 34	58.7	20.2	95.7	62.2	23.9	97.9	63.0	29.1	96.8
35 - 44	59.3	19.7	96.1	63.1	23.9	99.0	61.9	25.9	97.8
45 - 54	57.8	18.2	95.0	59.1	19.0	97.4	58.5	20.3	96.6
55 - 64	51.5	15.2	90.5	52.4	12.8	93.1	52.2	12.7	91.6
65 y más	35.7	9.7	66.3	34.7	8.4	72.0	37.8	7.0	68.5
Total	48.7	17.5	79.4	47.7	18.0	76.5	45.3	19.9	70.7

Fuente: Dirección General de Estadística y Censos Nacionales, "VIII-X Censo General de Población", (Caracas).

CUADRO 3

INGRESOS FAMILIARES EN VENEZUELA, 1969

Ingreso	Familias		
	(Número)	(Porcentaje)	(Porcentaje Cumulativo)
Menos de 300 bolívares	82,530	15.5	15.5
300 - 500	94,255	17.7	33.2
500 - 1000	202,538	38.0	71.2
1000 - 1500	84,689	15.9	87.1
1500 - 2000	34,367	6.5	93.6
2000 - 2500	17,112	3.2	96.8
2500 - 3000	7,067	1.3	98.1
3000 - 4000	6,334	1.2	99.3
4000 - 5000	1,943	0.4	99.7
Más de 5000	1,580	0.3	100.0
Total	532,415	100.0	

Fuente: Banco Nacional de Ahorro y Préstamo, "Estudio de Mercado Real de Vivienda de Venezuela", (Caracas: 1971).

CUADRO 4

DISTRIBUCION PORCENTUAL DE ALUMNOS EN UNA MUESTRA DE ESCUELAS
OFICIALES Y PRIVADAS DEL AREA METROPOLITANA
DE CARACAS SEGUN OCUPACION DEL PADRE

Status Ocupacional del Padre	Escuelas Oficiales			Escuelas Privadas		
	Primer Grado	Sexto Grado	Tercer Año de Bachillerato	Primer Grado	Sexto Grado	Tercer Año de Bachillerato
Alto	6	9	15	35	39	41
Medio alto	18	20	50	28	32	45
Medio bajo	40	48	25	27	23	10
Bajo	36	23	10	10	6	4
Total	100	100	100	100	100	100
Tamaño de muestra	490	601	1,568	228	327	1,451

Fuente: R. Piñango y F. Montenegro, "Bases para la Formulación de un Cuerpo de Objetivos que Orienten la Educación Primaria Venezolana", (Caracas: Ministerio de Educación, 1972).

CUADRO 5

PROYECCIONES DE LA POBLACION Y TASAS DE NATALIDAD
Y MORTALIDAD EN VENEZUELA, 1970-1995

Año	Nacimientos	Población	Tasa de Natalidad	Tasa de Mortalidad
1970	458,000	10,552,000	43.4	6.47
1975	544,000	12,473,000	43.6	6.01
1980	636,000	14,785,000	43.0	5.66
1985	735,000	17,510,000	42.0	5.20
1990	817,000	20,690,000	39.5	4.91
1995	904,000	25,393,000	35.6	4.60

Fuente: Comisión para la Planificación de Recursos Hidráulicos de Venezuela, "Estudio Demográfico", (Vol. 1, 1969).

CUADRO 6

PROYECCION DE LA DISTRIBUCION PORCENTUAL DE LA POBLACION
POR GRUPO DE EDADES Y SEXO EN VENEZUELA, 1975-2000

Año	Grupo de Edades					
	0 - 14		15 - 59		60 y más	
	Hombres	Mujeres	Hombres	Mujeres	Hombres	Mujeres
1975	22.8	22.2	25.4	24.6	2.4	2.6
1980	22.5	21.8	25.6	25.0	2.5	2.6
1985	22.7	21.9	25.4	24.9	2.5	2.6
1990	22.6	21.8	25.4	24.9	2.6	2.7
1995	22.1	21.4	25.9	25.3	2.6	2.7
2000	21.5	20.8	26.5	26.0	2.5	2.7

Fuente: Comisión para la Planificación de Recursos Hidráulicos de Venezuela, "Estudio Demográfico", (Vol. 1, 1969).

REFERENCIAS

1. Miguel Urrutia, Tipos de Desempleo en Colombia (Bogotá: Universidad de los Andes, Centro de Estudios sobre el Desarrollo Económico, 1968), p. 29.

2. Chi-Yi-Chen, Economía Social del Trabajo: Caso de Venezuela (Caracas: Universidad Católica Andrés Bello, Instituto de Investigaciones Económicas, 1969).

3. Marco Tulio Bruni Celli, El Subempleo de los Recursos Humanos: Formas, Significado y Factores (Caracas: Ministerio de Educación, Departamento de Investigaciones Educacionales, 1973).

4. Chi-Yi-Chen (op. cit.).

5. Ministerio de Educación, "Ciclo Diversificado", (Caracas: Documentos, 1972).

6. Ministerio de Educación, Memoria y Cuenta (Caracas: Vol. 2, 1971), p. 94.

7. Ministerio de Educación, "Ciclo", (op. cit.).

8. Oficina de Coordinación y Planificación de la Presidencia de la República, "Investigación y Planificación de Recursos Humanos, Conclusiones y Recomendaciones", (Caracas, 1973), p. 13.

9. Chi-Yi-Chen (op. cit.), p. 386.

10. Comisión para la Planificación de Recursos Hidráulicos de Venezuela, "Estudio Demografico", (Caracas: Vol. 1, 1969).

11. Organización Internacional del Trabajo, "Labor Force Projections 65-85", (Ginebra: Tercera Parte, 1971).

V

BRAZIL: EDUCATION, POPULATION, AND HUMAN PRODUCTIVITY

Jarbas G. Passarinho
Minister of Education and Culture
Brasilia, Brazil

Three basic factors are necessary to accelerate the process of economic development: (1) better qualification of the labor force, (2) capital accumulation in terms of physical output, and (3) technological progress. To the extent that better qualification of the labor force implies human-capital investment through education and training, which depend on other forms of capital accumulation, the first of the three basic factors is a function of the second. The third factor, technological progress, also is a function of the second. It depends on research and availability of qualified human resources, which in turn are the product of education, and thus, indirectly, of capital accumulation.

Demands for more and better education cannot be met by increasing educational facilities at a constant rate. The demand for education is growing geometrically as a result of population growth and high rates of return to schooling. Public budgets and expenditures in the educational sector, however, often increase only arithmetically.

The worldwide crisis in the field of education stems from what has been called "the crisis of growth."[1] The demand for education is a function of population growth (i.e. continuosly high birth rates and declining mortality rates), parental aspirations, and public policy. The rate of population growth may drop in the future, but parental and public aspirations are likely to continue growing. Factors such as democratic ideology, increasing participation in decision making by lower-class strata, and the revolution of rising expectations all contribute to such growth. Whereas 50 years ago elementary schooling was an acceptable level of education, today expectations include at least completion of high school or equivalent. In addition, cost per student has been rising steadily. As a result, demand for education grows more rapidly than its supply, and consumer expectations grow more rapidly than income.

In a country like Brazil, where a high incidence of illiteracy undermines the efficiency of the labor force, is it fair or politically correct to assign a high priority to training human resources at the university level? Or should lower levels of qualification receive higher priority in resource allocation? Or should both strategies be implemented simultaneously, even though available financial resources are insufficient to include both programs effectively? These questions pose a serious dilemma to decision makers not only in Brazil but throughout the world. On the average, developing countries assign only 3.4 percent of their budgets to education, which is not enough given their present educational situation. Even if this percentage were doubled, the allocation still would be insufficient.

POPULATION GROWTH AND EVOLUTION OF THE EDUCATIONAL SYSTEM

Brazil has experienced a high rate of population growth during the last decades. Even though this rate is expected to decline in the near future, Brazil's population will probably reach 230 million people by the end of the century. An analysis of Table 1 reveals that such a high rate can be attributed to high and stable birth rates and steadily falling death rates. It is not unreasonable to expect that this situation will continue to exist throughout the 1970's.

Figure 1 illustrates the age distribution of the Brazilian population during the period 1940-1980. The range 7-24 years comprises the population segment in school ages. Over the forty-year period, the population in this age range will have increased from 16.9 to 38.2 million, or approximately 126 percent. About 41 percent of the population currently falls within this age bracket, thus exerting heavy pressure on the educational system. The rapid decline of infant mortality plus the sustained, high birth rate will probably continue to exert increasing pressure on the demand for education.

Rural-to-urban migration has played a major role in the urbanization of Brazil. Urban population has grown from 31 percent in 1950 to 40 percent in 1960 and 65 percent in 1970. It is estimated that, for 1980, approximately 79 percent of the population will be concentrated in urban areas. Such rapid urbanization adds even more pressure to the demand for education.

Faced with such increasing pressures, the Brazilian educational system suffers from insufficient financial resources, and thus a deficit in schooling facilities and relatively low salaries for teachers. Teaching methods inadequate to meet the needs of the labor market further complicate the situation. As a result, the incidence of illiteracy is high, productivity of teaching activities is low, and young people generally are not fitted to assume their optimal role in the national development effort. In 1960, 15.8 million people over 15 years of age were illiterate; in 1970 this number increased to 17.9 million.

In short, the performance of the educational system has not been satisfactory. In 1964 the dropout rate from first to second grade was over 50 percent; between first and fourth grade it was 82 percent. Secondary schooling presented additional problems. About three-fourths of total enrollment was in private schools. Conditions of higher education were not encouraging, either as only 142,386 students were enrolled, or approximately 181 students per 100,000 population.

This ratio places Brazil above only El Salvador, Guatemala, Haiti, and Honduras in Latin America. In light of this situation, the Brazilian government has assigned high priority to programs leading to increasing the productivity of its educational system.

Elementary Schooling

Between 1964 and 1973 enrollment in elementary education increased 151 percent. In 1973 approximately 19.5 million students were enrolled in elementary school, of which 2.0 million were between ages 15 and 19 and 3.1 million were between 12 and 14. This implies that more than one-fourth of the students attending elementary school are behind in their studies, which can be attributed to a high incidence of grade repetition. The enrollment index for children between 7 and 14 years of age is approximately 78 percent. The dropout rate continues to be high, although it has decreased steadily from 82 percent in 1964 to 69 percent in 1971 and 65 percent in 1973.

Secondary Schooling

During the period 1964-1973 enrollment in secondary education increased 308 percent at junior-high level and 338 percent at senior-high level. The proportion of population in secondary-school ages attending school increased from 43 percent in 1964 to 57 percent in 1972. The dropout rate currently is 37 percent, much lower than in elementary school.

Higher Education

The expansion of higher education between 1964 and 1973 has been explosive, in the order of 587 percent. Not only has the situation improved quantitatively but qualitatively as well. New courses have been introduced, mostly due to new labor market demands stemming from industrial developments taking place during the last 10 years. In light of the high rate of expansion of higher education, it is estimated that the number of graduates will double in the next 5 years, whereas it will take 25 years before the labor force doubles. Thus, Brazil is rapidly approaching a higher-education graduates/labor force ratio comparable to countries in similar or more advanced development stages.

Supplementary Education

Although courses of supplementary adult education have been offered in Brazil for some time, it was not until 1971 that a formal adult continuing education program was established. This program basically is designed to diminish the high incidence of illiteracy, as well as improving technical and vocational qualification among the adult population through special courses and radio and television. As can be observed in Table 2, the illiteracy rate has consistently fallen in the last 30 years. In absolute terms, however, the illiterate population has increased.

EXPENDITURES IN EDUCATION

Expenditures and enrollment in education during the period 1964-1973, presented in Table 3, indicate that the expenditure-enrollment ratio has been steadily growing, from 368.74 to 635.73 cruzeiros per student per year, or approximately an increase of 72 percent over the ten-year period. It can be observed in Table 4 that the composition of expenditures in education has remained approximately the same during the same period, with the private sector increasing slightly from 10 to 13.5 percent. Expenditures in education with respect to gross internal product have gone up from 2.4 percent in 1964 to 4.0 percent in 1972. This relationship can be analyzed in Table 5.

Sources of Financing

Both the public and the private sector finance education in Brazil. Public education is provided by all three levels of government: federal, state, and municipal. Although accurate statistical data are not available, it is estimated that public expenditures in education amount to roughly seven times more than private-education expenditures. Public education has the following sources of financing:

1. Assigned resources by federal, state, and municipal governments and semi-autonomous institutions. By law at least 20 percent of tax collected under the Participation Fund (Fundo de Participação) must be spent in programs of elementary and secondary education.

2. Supplementary resources:

   a) Education-Salary Fund (Fundo Salario-Educação), which consists of compulsory contributions by public agencies linked with social welfare programs. Most of these contributions are used in programs of elementary education.

   b) 20 percent of revenue from the Federal Lottery Special Fund (Fundo Especial da Loteria Federal).

   c) 30 percent of revenue from the Federal Sport Lottery (Loteria Esportiva Federal).

3. Other resources:

   a) Funds from semi-autonomous institutions.

   b) Funds from both internal and external credit operations.

   c) Funds from international organizations.

SUMMARY AND CONCLUSIONS

Population growth in Brazil exerts heavy pressure on the demand for education. The prestige attached to educational attainment adds additional pressure to such demand; thus, it is imperative to expand the facilities of the educational system to alleviate these pressures.

In addition, new and more efficient teaching techniques must be implemented to increase productivity of the system.

The school attendance rate among school-age children has increased from 53 percent in 1964 to 77 percent in 1973. It is expected that by 1980 this ratio will approach 100 percent. The illiteracy rate is expected to continue decreasing in the coming years, mostly as a result of the Ministry's supplementary education programs. Continuing education also will play an important role in training human resources to meet labor market needs. Finally, higher education programs will emphasize health, technology (i.e., engineering, chemistry, physics, etc.), and teaching as the fields of major importance to Brazil's economic development.

TABLE 1

POPULATION GROWTH IN BRAZIL, 1872-1969

Period	Birth Rate	Death Rate	Population Growth Rate		
			Natural	Migration	Total
	(per 1,000)		(Percentage)		
1872-1890	46.5	30.2	1.63	0.38	2.01
1890-1900	46.0	27.8	1.82	0.60	2.42
1900-1920	45.0	26.4	1.86	0.22	2.08
1920-1940	44.0	25.3	1.87	0.18	2.05
1940-1950	43.5	20.1	2.34	0.04	2.38
1950-1960	41.5	11.5	3.00	0.00	3.00
1960-1970	38.0	10.0	2.80	0.00	2.80

Source: Population Reference Bureau, "World Population Chart," (Washington, D. C., 1969).

TABLE 2

ILLITERACY IN BRAZIL, 1940-1970

Year	Population Older than 15 Years of Age			Population 15-39 Years of Age		
	Total	Illiterate	Illiteracy Rate	Total	Illiterate	Illiteracy Rate
	(Number)		(Percentage)	(Number)		(Percentage)
1940	23,639,769	13,279,899	56	16,515,300	8,937,282	54
1950	30,249,423	15,272,432	50	20,911,777	9,964,060	48
1960	40,187,590	15,815,903	39	27,017,011	9,422,610	35
1970	54,336,606	17,936,887	33	35,954,488	9,911,744	28

Source: Instituto Brasileiro de Estatística, "V-VIII Recenseamento Geral, 1940-1970," (Rio de Janeiro).

TABLE 3

ENROLLMENT AND EXPENDITURES IN THE EDUCATIONAL SYSTEM OF BRAZIL, 1964-1973

Year	Enrollment* (Number)	Expenditures	Expenditure-Enrollment Ratio
		(1973 Cruzeiros)	
1964	12,252,400	4,518,000,000	368.74
1965	12,233,400	6,039,000,000	493.65
1966	13,358,700	6,265,000,000	468.98
1967	14,285,400	7,081,000,000	495.68
1968	15,427,500	8,676,000,000	562.37
1969	16,266,600	10,481,000,000	644.33
1970	17,323,600	10,410,000,000	600.91
1971	18,747,500	11,699,000,000	624.03
1972	20,049,800	13,957,000,000	696.12
1973**	22,268,800	14,157,000,000	635.73

* Excludes kindergarten and continuing education.
**Preliminary data.

Source: Ministério da Educação e Cultura, unpublished data.

TABLE 4

COMPOSITION OF EXPENDITURES IN THE EDUCATIONAL SYSTEM OF BRAZIL, 1964-1973

Year	Public Expenditures			Private Expenditures	Total	
	Federal*	State	Municipal		Current Prices	1973 Prices
	Million (Cruzeiros)					
1964	168	295	31	54	548	4,518
1965	389	577	66	117	1,149	6,039
1966	477	878	116	173	1,644	6,265
1967	570	1,357	196	260	2,383	7,081
1968	977	1,877	365	411	3,630	8,676
1969	1,463	2,739	473	621	5,296	10,481
1970	1,605	3,346	680	779	6,410	10,410
1971	1,993	4,541	955**	1,132	8,621	11,699
1972	3,202	6,239	1,067**	1,576	12,084	13,957
1973	3,908	6,993**	1,343**	1,913	14,157	14,157

* Includes expenditures by the Ministry of Education and Culture as well as other sources.

**Preliminary data.

Source: Ministério da Educação e Cultura, budget data.

TABLE 5

EXPENDITURES IN EDUCATION AND GROSS INTERNAL PRODUCT OF BRAZIL, 1964-1972

Year	Gross Internal Product (1973 Billion Cruzeiros)	(Index)	Expenditures in Education (1973 Million Cruzeiros)	(Index)	Percentage of Expenditures in Education out of Gross Internal Product
1964	190.0	100	4,518	100	2.4
1965	193.5	102	6,039	134	3.1
1966	204.7	108	6,265	139	3.1
1967	212.2	112	7,081	157	3.3
1968	238.7	126	8,676	192	3.6
1969	263.4	139	10,481	232	4.0
1970*	283.6	149	10,410	230	3.7
1971*	317.5	167	11,699	259	3.7
1972*	349.2	184	13,957	309	4.0

*Preliminary data.

Source: Ministério da Educação e Cultura and Fundação Getulio Vargas, unpublished data.

FIGURE 1

AGE DISTRIBUTION OF POPULATION IN BRAZIL,
1940-1980

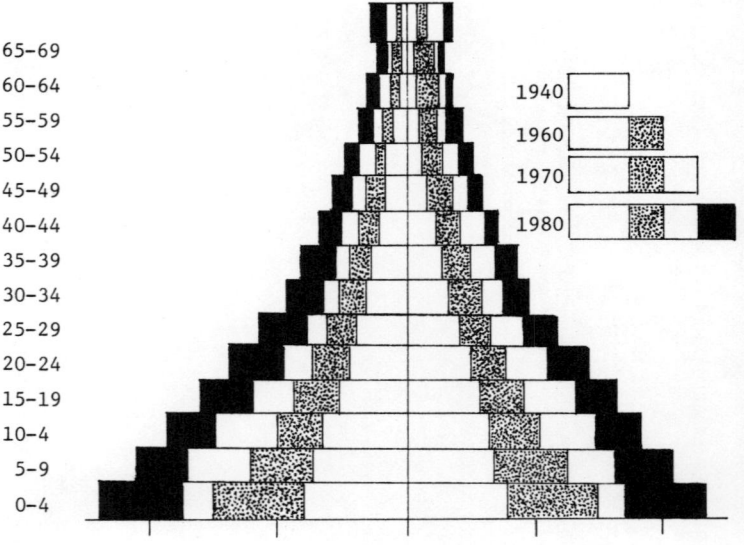

REFERENCE

1. Raymond Aron, <u>La Crise Mondiale de l'Education</u> (Paris: Presses Universitaires de France, 1968).

ANALISIS

Domingo Rivarola
Centro Paraguayo de Estudios Sociológicos
Asunción, Paraguay

El propósito de la ponencia del Profesor Passarinho consiste en analizar la situación del sistema educativo brasileño en relación a la peculiar evolución demográfica del país y las metas de desarrollo económico. Los puntos encarados en el marco de esta perspectiva pueden resumirse en tres categorías: el proceso de transición que afecta a la sociedad brasileña en la presente coyuntura histórica, los requerimientos educativos que emergen bajo tal situación y el propio comportamiento del sistema educativo ante las críticas condiciones de desenvolvimiento experimentadas por el país.

Un punto de singular importancia en la presentación de la situación docente brasileña guarda relación con el contexto demográfico y socioeconómico que condiciona el desarrollo del proceso educativo. En el orden demográfico, cabe mencionarse la tendencia de alto crecimiento que caracteriza actualmente la dinámica poblacional brasileña, así como la creciente proporción de población localizada en centros urbanos. En el orden económico, por otra parte, Brasil se caracteriza por una alta tasa de crecimiento alcanzada en la presente década, una incidencia prioritaria del sector industrial en el proceso de desarrollo económico y retracción de la población comprometida en la producción rural, a través de un incremento sustantivo del sector industrial y modificaciones en la propia modalidad de producción agropecuaria.

La tasa de crecimiento poblacional de Brasil ha sido ascendente a largo plazo, de 2.01 por ciento durante el período 1870-1890 a 2.12 por ciento en 1900-1920, a 2.38 por ciento en 1940 y a una máxima de 3.00 por ciento en 1950-1960. Sin embargo, en la década 1960-1970 la tasa de crecimiento global descendió a 2.80 por ciento.[1] Debido a la ausencia de una política de población, el ritmo de crecimiento poblacional en Brasil ha estado sujeto a factores naturales, sea de origen biológico, económico o social. A fines de la década del 60 surgieron en Brasil planteamientos claros y categóricos con respecto a la necesidad de que el país asumiera una política de población restrictiva, utilizando como argumento esencial los expositores de dichos planteamientos el creciente desequilibrio entre el crecimiento demográfico y los recursos disponibles.

No obstante, por razones que no caben considerar en este comentario, la posición expansionista ha continuado experimentando categórica afirmación, al punto quizás de constituirse en un factor esencial de lo que podría considerarse como el modelo socioeconómico que inspira las decisiones y orientaciones generales del estado. De modo que la voluntad de lograr un desarrollo económico y una influencia política cada vez más decisiva y relevante, tanto a nivel regional como internacional, ha sido ligada en gran medida al factor poblacional. En otras palabras, el crecimiento demográfico acelerado se considera en Brasil como factor necesario e íntimamente asociado al crecimiento económico y político.

Como resultado de la convergencia de ambas posiciones--la aspiración de un alto desarrollo económico y la aceptación de un incremento ponderable de la población en el orden de 200 millones de habitantes hacia fines de siglo--se plantea dos aspectos sumamente críticos para el desenvolvimiento y las funciones del sistema educativo, cuyos aspectos pueden referirse como aspecto cuantitativo y aspecto cualitativo del sistema educacional. El aspecto cuantitativo resalta la absorción del creciente número de personas que demandan educación en todos los niveles, mientras que el aspecto cualitativo concierne a los contenidos docentes específicos, destinados a diferentes grupos sociales y con miras a la afirmación de una economía altamente industrializada, conforme a las concepciones y metas del desarrollo previstos e implementados en todos los órdenes por el gobierno.

Según la ponencia del Ministro, la expansión de la demanda educativa en todos los niveles de la educación formal, y aun en los que corresponden a mecanismos no formales, ha sido excepcional. Tal ampliación es, sin lugar a dudas, expresión fehaciente del alto ritmo de crecimiento poblacional y del acelerado proceso de urbanización que ha experimentado el país. Para 1980 se espera que la población rural de Brasil quedará reducida a 21.2 por ciento. El proceso de urbanización revela la enorme trascendencia de los movimientos migratorios procedentes de las áreas rurales y la presión que sobre el sistema educativo ejerce esta masiva incorporación de población con muy baja o inadecuada calificación educacional.

Dichos condicionamientos demográficos no constituyen los únicos elementos coadyuvantes del crecimiento de la demanda educacional. Nuevas situaciones sociales y políticas han provocado un intensivo acrecentamiento de las aspiraciones culturales, expresadas básicamente en la alfabetización de cada vez más extensos sectores sociales. En este sentido debe mencionarse la gran significación que reviste la creciente participación de la mujer en el mercado de trabajo y, consecuentemente, en la demanda de mayores capacidades.

Resulta evidente que la expansión del sistema educacional brasileño, en lo que respecta a la cubertura de matrícula, ha sido espectacular en la última década, reflejo entre otras cosas del inmenso esfuerzo de implementación que ha tenido el programa educativo nacional. Dentro de tan exitoso contexto, cabe analizar la situación en una perspectiva histórica más amplia. ¿Es acaso obvio que el supuesto básico constituye la convicción que el país sostenga su dinámico ritmo de crecimiento económico y el mantenimiento de un equilibrado

ordenamiento político y social? ¿Es factible dicho proyecto en tan
corto lapso de tiempo? ¿En qué medida podrá soportar la apertura de
demandas por parte de las grandes masas concentradas en centros urbanos y con estimuladas aspiraciones? ¿Hasta qué punto el área educativa
podrá integrar armónicamente las metas de formación calificada deman-
dada por su intento de modernización económica y competividad de su
sistema productivo? ¿En qué medida el crecimiento de otros requerimientos sectoriales permitirá preservar la prioridad que tiene, en la
presente coyuntura, el sector educacional? Estas interrogantes rebasan
el ámbito de discusión meramente educacional, proyectando el análisis
hacia un marco mucho más amplio, dentro del cual ha de dilucidarse el
cumplimiento de las metas educativas. Aunque la educación sea exaltada
como uno de los principales instrumentos de cambio, debe reconocerse
que constituye uno de los sectores más dependientes de las alternativas económicas y sociales que afectan a un país en su totalidad.

La ponencia del Profesor Passarinho no clarifica la medida en que
el sistema educacional atiende las presiones del sector. Se supone
implícitamente que la expansión del sistema educativo en sí constituye
un proceso natural de incremento de la productividad económica y consecuentemente de un mayor bienestar social. La presencia de un modelo
de desarrollo donde la educación aparezca con altos niveles de optimi-
zación en cuanto a su papel y resultados supone básicamente que la inversión educativa constituye la base del aumento de la productividad
económica, que el proceso de desenvolvimiento económico opera como un
multiplicador masivo de oportunidades económicas y que tal proceso
estimula directamente una mayor igualdad social.

Se ha señalado frecuentemente la dualidad de intereses a que
constantemente se ve sometido el sistema educacional, particularmente
en países en vías de desarrollo. Por una parte, dichos países sienten
la necesidad de implementar políticas sociales que tiendan a una mayor
participación de la población en los beneficios educativos. Por otra
parte, existe la urgente necesidad de formar recursos humanos de alta
calificación, aptos para asumir los requerimientos que emanan del proceso de modernización económica. Esta coyuntura se ha denominado
educación-consumo, destinada básicamente a desenvolver y perfeccionar
las capacidades humanas, los estilos particulares de vida, la interna-
lización de valores tradicionales y las formas de relación social,
comportamiento y actitudes, versus la educación-inversión, cuyo objetivo primordial consiste en capacitar recursos humanos necesarios para
el funcionamiento del sistema productivo de la sociedad.

Otro aspecto poco claro en la ponencia del Ministro tiene relación con la incidencia de la inversión educativa sobre el proceso de
desarrollo económico y bienestar social. Parece existir en la ponencia un criterio algo determinista en el sentido de esperar que,
finalmente, el esfuerzo de expansión educativa e incremento del nivel
de producción constituyen de por sí antecedentes suficientes para
prever un proceso de mejoramiento social reflejado en una distribución
del ingreso más equitativa y en el acrecentamiento de los márgenes de
movilidad social. Sin embargo, debe reconocerse que las variables anteriormente mencionadas no implican necesariamente una asociación positiva con el mejoramiento social, ya que con frecuencia la educación

opera no como un factor importante de desarrollo o motor de movilidad social, sino que se erige más bien en una fuente de barreras que se opone al avance de los grupos más numerosos y desfavorecidos de la sociedad.

REFERENCIA

1. Instituto Brasileiro de Geografia e Estatística, "Consideração para o Estudo de Demografia no Brasil", (Rio de Janeiro: 1969).

ANALISIS

Domingo Sánchez
Universidad de Florida y Universidad de Chile
Gainesville, Florida y Santiago, Chile

Los progresos realizados durante los últimos años en el sistema educacional de Brasil han sido considerables. La situación en 1964 presentaba altas tasas de analfabetismo, bajas matrículas en todos los niveles y altas tasas de deserción escolar. Dicha situación no favorecía la formación de suficientes recursos humanos capacitados para la modernización social y el desarrollo económico de un país. Durante el período 1964-1973 un conjunto de medidas tomadas por el gobierno brasileño ha permitido aumentar progresivamente la escolarización y retener mayores porcentajes de estudiantes en los niveles primario y secundario. De igual modo, se produjo un aumento espectacular en las matrículas de la enseñanza superior, alcanzando dicho aumento 587 por ciento durante el período considerado. Paralelamente, las acciones tomadas en el campo de la educación primaria, unidas a los programas suplementarios, han disminuido el analfabetismo e inclusive comienzan a recapacitar a una parte de la población que se había alejado prematuramente del sistema educacional. Se destaca en todo este esfuerzo de movilización de recursos humanos el aumento de la inversión pública en la educación, especialmente a niveles primario y superior. No obstante los progresos obtenidos, el aumento actual y futuro de la demanda de educación y la necesidad de adecuar la oferta educacional para satisfacer tal demanda han dado lugar a ciertas prioridades en el campo docente.

El crecimiento de la población en Brasil es alto. Tal crecimiento se debe a una sostenida alta tasa de fecundidad, aunque la misma ha disminuido ligeramente durante los últimos años, y a una mortalidad decreciente. Dicho crecimiento sin duda continuará jugando un papel crucial en el futuro debido a su influencia sobre la demanda de educación, la oferta de empleo y las inversiones que debe realizar la sociedad en otras instituciones para atender las necesidades que resultan del crecimiento poblacional.

A lo largo de la ponencia del Dr. Passarinho se insiste en el impacto que el aumento de la población surte sobre el desequilibrio entre oferta y demanda educacional, atribuyéndole una importancia especial en los países en vías de desarrollo. En el caso de Brasil,

la aceleración del proceso de desarrollo y los esfuerzos por aumentar
la inversión en el sistema educativo se han llevado a cabo tomando en
cuenta el estado actual y proyecciones futuras del crecimiento poblacional. Sin embargo, el esfuerzo destinado a aumentar la escolaridad
y la capacitación eventualmente afectará la tasa de crecimiento de la
población, especialmente a medida que más y más mujeres se incorporen
al circuito educacional. La educación femenina es factor preponderante
en la disminución de la natalidad, más aún si el mejoramiento educativo
es paralelo a un notable proceso de urbanización como ocurre en Brasil.
Tradicionalmente, las zonas urbanas registran tasas de fecundidad inferiores a las registradas en zonas rurales. Los efectos de un descenso en las tasas de crecimiento de la población producirían en el
futuro una alteración en la estructura de edades y las tasas de dependencia. Una fecundidad más baja, entre otras cosas, produciría un
aumento cada vez mayor en la demanda educacional entre las mujeres, lo
cual a su vez aumentaría la oferta de trabajo. Este factor es digno
de considerarse en futuras proyecciones de costos y beneficios educacionales, precisamente como efecto de los mismos esfuerzos en el campo
docente y de la tendencia hacia la urbanización.

Una segunda observación sobre la ponencia del Ministro Passarinho
se refiere a la población rural, cuyo crecimiento vegetativo es usual-
mente más alto y cuyos niveles educacionales son generalmente más bajos
que en las ciudades, y que constituye la fuente de las migraciones internas hacia las urbes. En Brasil, a pesar de la escasez de datos
satisfactorios, se puede apreciar la importancia de los flujos migratorios rurales-urbanos. En 1960, 40 por ciento de la población se
ubicaba en áreas urbanas, mientras que en 1970 la población urbana alcanzaba 65.1 por ciento, proyectándose para 1980 en el orden de 78.0
por ciento. El volumen de las migraciones rurales-urbanas requiere
consideraciones particulares sobre el tipo de educación requerida a
fin de incorporar los migrantes a la estructura ocupacional urbana.
La erradicación del analfabetismo, condición necesaria para alcanzar
una incorporación productiva y eficiente en el mercado de trabajo, es
medida indispensable.

Otro hecho que merece destacarse es el futuro de la población
económicamente activa en Brasil. Parece ser que porcentajes cada vez
mayores de la fuerza de trabajo brasileña tienden a trabajar en organizaciones llamadas complejas, burócratas o modernas. De ello se desprenden diversas consecuencias, entre ellas la de orientar las investigaciones científicas y tecnológicas sobre el sistema educacional y
su contenido en relación al modo de trabajar de estas entidades,
donde predominan la especialización y la jerarquía. De igual modo,
resulta sumamente importante combinar los esfuerzos públicos y privados, con el propósito de entrenar al personal capacitado para los
diversos niveles organizacionales, especialmente los intermedios, que
deben provenir de niveles secundarios de educación no necesariamente
orientados hacia la universidad. Muy en especial cabe destacarse la
necesidad de una mayor orientación de la educación secundaria hacia
aspectos técnicos con mayores ingredientes de ciencia y tecnología.

VI

COLOMBIA: EDUCACION, POBLACION Y PRODUCTIVIDAD HUMANA

Juan Jacobo Muñoz
Ministro de Educación Nacional
Bogotá, Colombia

Dentro de la disyuntiva en que viven los países latinoamericanos, el problema de la educación se manifiesta como prioritario, no sólo porque de él dependen los demás, sino porque hacia sus soluciones confluyen, como común denominador, el resto de ellos. El problema educativo en Colombia, así como en toda Latinoamérica, se origina en forma inusitada como consecuencia de crecientes demandas sociales y de los pocos recursos con que para atenderlas cuentan sus gobiernos. A fin de mejorar la presente situación, el estado colombiano se ha propuesto llevar a cabo una eficaz redistribución del ingreso a través de inversiones públicas que beneficien, en su mayoría, a grupos de medianos y bajos ingresos.

Los estudios realizados en Colombia sobre política fiscal y distributiva de ingresos reconocen que las inversiones sociales en educación, salud y bienestar social son el instrumento más adecuado para generar un proceso de disminución en las desigualdades existentes entre los grupos sociales de la población colombiana. Para llegar a esto ha sido necesario introducir nuevos métodos de programación, a fin de cuantificar los objetivos propuestos y trazar una guía detallada de las posibilidades de llevar a cabo dichos objetivos, según el monto de recursos que se asignen. De acuerdo con este nuevo enfoque, ha sido necesario no sólo detallar cualitativamente los programas por niveles educativos, sino también cuantificarlos según la capacidad operativa de las instituciones dedicadas a tal fin.

Este nuevo enfoque y programación del sector social han conducido a una racionalización del gasto público a nivel de entidades, puesto que las mismas trabajan sobre metas específicas, lo cual aumenta la eficiencia de los recursos dado el control que sobre el desarrollo de los programas y su flujo de fondos ejerce cada año el Consejo Superior de Educación. El aumento en la asignación de recursos al campo de la educación en los últimos años parece grande si se toma en consideración el total de recursos. Dicha asignación ascendió a 12.4 por ciento del presupuesto público en 1972 y se espera continúe en aumento hasta alcanzar 17 por ciento en 1976. Sin embargo, tal asignación resulta pequeña si se tiene en cuenta la incidencia de fondos provenientes de empréstitos externos, los cuales oscilan alrededor de 40 por ciento del total. Por lo tanto, se ha recomendado que los recursos externos no excedan 45 por ciento del total en el período 1972-1976, y que en cambio se disminuya a 5 ó 10 por ciento los presupuestos adicionales que suelen hacerse para garantizar una estricta programación de las inversiones y un adecuado control de su ejecución.

Por otra parte, la educación básica, tanto en zonas urbanas como rurales, confronta problemas de escasez de aulas, escuelas incompletas, maestros sin preparación, ausentismo y deserción. De ahí que se presente desequilibrios que inciden profundamente en el pasado y aún continúan en el presente. Uno de estos desequilibrios consiste en la formación de recursos humanos, resultante de las diferencias entre la producción de personal calificado (técnicos y profesionales) y las necesidades del desarrollo regional y nacional. Esta disparidad se origina por insuficiencia institucional, por falta de previsión acerca de las gamas de especialización ofrecidas o por un desgaste entre las políticas de docencia e investigación y las necesidades presentes y futuras del país. Un segundo desequilibrio se encuentra entre el contenido de la educación y las necesidades del hombre. Tal desequilibrio es producto de la insuficiencia cualitativa del proceso de enseñanza y las exigencias reales del medio ambiente, el cual impone al individuo una específica adaptación con conocimientos apropiados para desenvolverse y superarse en dicho medio.

Otro desequilibrio estriba entre las necesidades educativas y los recursos financieros disponibles, resultado de la confrontación de las magnitudes y el comportamiento del presupuesto sectorial con las políticas de asignación de recursos a las diferentes necesidades. Por último, existe también un desequilibrio regional en el desarrollo científico y tecnológico, debido a enormes diferencias entre regiones privilegiadas y regiones periféricas, y sus respectivas capacidades decisorias y de incorporación al proceso de innovaciones y cambio social con nuevas herramientas científicas y tecnológicas. La política de regionalización del proceso decisorio aparece como un instrumento de la descentralización administrativa y de la política de desarrollo regional y urbano.

Por otra parte, mediante el análisis de los índices de cobertura, de democratización, de sobrecarga y recuperación y de repitencia e incorporación, ha sido posible detectar fenómenos que, como el de la marginalidad, cobran gran significado en el análisis de la productividad del sistema. Todo lo anterior explica y fundamenta la necesidad de pasar de la teoría a la acción, poniendo en marcha un tratamiento estructural e integral que permita una mejor coordinación y utilización de los recursos disponibles dentro de la perspectiva de una reforma que abarque todo el sistema y responda a los nuevos requerimientos de la sociedad y la economía de Colombia. Para poner en marcha tal tratamiento, el gobierno colombiano está desarrollando un nivel de educación básico con 9 años de escolaridad, mediante el cual se pueda impartir los conocimientos mínimos necesarios, a fin de que el individuo responda adecuadamente a las exigencias de la vida en comunidad y a las exigencias de cambio dentro de su marco social y cultural-tradicional.

También se encuentra bajo consideración un nivel de educación profesional que abarque los ciclos de enseñanza ocupacional, tecnológica y universitaria. El ciclo de enseñanza ocupacional tendría una duración variable entre 4 y 6 semestres y prepararía al individuo para el desempeño de oficios. El ciclo de enseñanza tecnológica tiene por objeto preparar al individuo para el desempeño de profesiones auxiliares, según una orientación vocacional muy clara; el mismo tiene una duración de 4 a 6 semestres y se cursa a partir de una escolaridad mínima de 11 años. Por último, el ciclo de enseñanza académica que corresponde al período de universidad propiamente dicho se encuentra dirigido a profesionales orientados a las diferentes ramas de la ciencia y la tecnología. Estos ciclos, así integrados con objetivo terminales concretos, constituyen niveles académicos progresivos que permiten acceso al mercado de trabajo o a niveles superiores de conocimiento, incluyendo cursos de post-grado, de maestría y de doctorado.

Los instrumentos para lograr tal integración incluyen las concentraciones escolares urbanas y rurales, los institutos de enseñanza media conectados con los programas de aprendizaje y capacitación del Servicio Nacional de Aprendizaje (SENA), los colegios satélites, los institutos técnicos agropecuarios, los colegios mayores e institutos tecnológicos existentes, la integración universitaria complementaria y la integración de las facultades de educación. Bajo este nuevo enfoque surge la necesidad de ampliar el concepto de la educación como un proceso social que rebasa los marcos del sistema educativo vigente, superando la visión de la educación ceñida estrictamente a la escuela. De tal modo la educación se convierte en un proyecto continuo que utiliza a todas las personas y a todos los organismos que de alguna manera desempeñan una función educativa, así como todos los medios de educación y comunicación.

Los principales organismos con los cuales el Ministerio de Educación busca la integración de servicios son los siguientes:

1. Ministerio de Agricultura, a nivel de programas educativos de extensión agrícola, de reforma agraria y de mejoramiento de la productividad agropecuaria.

2. Ministerio de Salud, a través de los servicios seccionales y el Instituto Colombiano de Bienestar Familiar.

3. Ministerio de Gobierno, a través de la División de Integración y Desarrollo de la Comunidad (DIGIDEC).

4. Ministerio del Trabajo, a través del SENA, que tiene como función la capacitación del trabajador colombiano para el desempeño de oficios calificados y técnicos. El SENA cumple su función a través de un sistema regular de formación y capacitación en el trabajo y a través de modalidades flexibles para trabajadores independientes y desempleados.

5. Acción Cultural Popular (ACPO), organismo privado que recibe ayuda del Ministerio de Educación y que ha alcanzado una amplia cobertura nacional a través de sus Escuelas Radiofónicas, el periódico "El Campesino", ediciones regulares de textos didácticos e información general a través de la Radio Sutatenza.

SENA y ACPO son consideradas las instituciones base de un subsistema desescolarizado que, unido a las entidades del sector educativo y de otros sectores y empleando todos los medios de comunicación, permita la extensión de cobertura a toda la población, no sólo para fines de alfabetización, sino también para habilitación ocupacional y educación para la salud y la familia.

El Plan de Desarrollo del sector educacional se articula con el Plan General de Desarrollo en la ampliación de oportunidades educativas para todos los grupos de la población, especialmente los grupos de más bajos ingresos. Se espera que un aumento en los niveles de ingreso de la población permitirá disminuir el efecto negativo de factores extraños a la escuela, lo cual incidirá favorablemente en el rendimiento interno de la misma. Consecuencialmente, se busca la escolarización universal a nivel del ciclo elemental de la educación básica, es decir, ofrecer la posibilidad efectiva de que todos los niños en edad escolar reciban como mínimo la educación primaria. La consecución de dicho objetivo se logrará a través del sistema educativo formal, mediante un decidido impulso a la utilización de las técnicas de escuela unitaria, así como a través de formas desescolarizadas de educación. Por otra parte, en el campo de la educación media y superior comienza a implementarse una escolarización intensiva, encaminada no sólo a que un número cada vez mayor de jóvenes ingresen a estos niveles, sino fundamentalmente a elevar los índices de retención para conseguir un mayor volumen de egresados.

Se está llevando a cabo en el campo educacional en Colombia una reforma en la tecnología didáctica que supere las actuales formas memorísticas de aprendizaje, a fin de que los estudiantes adquieran una base científica, no sólo en sus contenidos, sino también en sus métodos. Por último, como se ha expresado anteriormente, se espera integrar las formas desescolarizadas de educación con la educación regular, con el propósito de lograr una estructura coherente y dinámica que cumpla no sólo con los requerimientos de alfabetización de la población, sino también con su orientación vocacional, habilitación ocupacional, actualización profesional y educación para la salud y la familia.

ANALISIS

Hernán Peñaloza
Escuela Superior de Administración Pública
Bogotá, Colombia

Puede observarse en Colombia un creciente conflicto entre los recursos asignados a la educación y las demandas poblacionales. Dichas demandas tienden a aumentar a un ritmo mayor, de tal manera que los recursos siempre resultan insuficientes para cubrir las necesidades en todos los campos. Pasando a analizar los aspectos centrales de la ponencia del Dr. Muñoz, los problemas básicos de la educación colombiana pueden clasificarse en tres grandes grupos: un acelerado crecimiento demográfico, insuficiencia de recursos humanos y financieros e ineficiencia en la administración del sistema educativo.

CRECIMIENTO DEMOGRAFICO

Colombia presenta una alta tasa de crecimiento poblacional. Pese a diversos esfuerzos por introducir métodos y sistemas de planificación familiar a través de campañas e instituciones especiales creadas al efecto, la población continúa aumentando a un ritmo acelerado. De acuerdo con los datos de los últimos cuatro censos, la tasa de crecimiento anual ha aumentado de 2.18 por ciento en 1936 a 2.21 por ciento en 1951, 3.17 por ciento en 1964 y 3.2 por ciento en 1972. La población colombiana pasó de 11 millones de habitantes en 1951 a 21 millones en 1970, es decir, se duplicó en 20 años. Para 1980 se estima que la población colombiana alcance 30 millones de habitantes.

En cuanto a la distribución por edades, la pirámide se ha ido ensanchando de manera vertiginosa. La distribución de la población por grupo de edades, según el Censo de 1964, puede apreciarse en el Cuadro 1. De acuerdo con los estimados del Instituto Colombiano para el Fomento de la Educación Superior (ICFES), la población colombiana en edad escolar en 1968 comprendía 5,552,537 habitantes entre 5 y 14 años (enseñanza primaria), 1,934,205 habitantes entre 15 y 19 años (enseñanza secundaria) y 1,552,340 habitantes entre 20 y 24 años (enseñanza universitaria). Además, la población menor de 6 años, clientela en turno para entrar al sistema educativo, aumenta a un ritmo creciente. En 1970, 71.9 por ciento de los habitantes era menor de 30 años.

Otra variable decisiva en la configuración poblacional y social del país estriba en la distribución urbana-rural de la población y los efectos que la migración ha producido. Según el Censo de 1951, el sector rural representaba 60.5 por ciento de los habitantes. En 1964, la composición de este sector había bajado a 47.9 por ciento y en 1970 bajó aún más a 39.8 por ciento. Esto implica que en los últimos 20 años la población colombiana ha sufrido una transformación de una población netamente rural a una población predominantemente urbana, lo cual ha aumentado el problema de prestación de servicios en las ciudades. Cabe indicar que para 1980 las áreas urbanas abarcarán tres cuartas partes de la población colombiana.[1]

En conclusión, el crecimiento poblacional del país es dramático. Aunque aparentemente se dispone de recursos naturales, es bien sabido que el problema del desarrollo radica fundamentalmente en satisfacer las necesidades básicas de bienestar humano para toda la población. Esto no se obtiene solamente reduciendo el crecimiento demográfico, sino esencialmente incrementando la producción de bienes y servicios a través de una mejor utilización de conocimientos científicos y tecnológicos. De ahí la importancia y valor de la educación como condición básica para el crecimiento económico y la adecuada distribución social de la riqueza.

LA RESPUESTA DE LA EDUCACION

Colombia ha realizado un gran esfuerzo en las últimas décadas por extender a toda su población los beneficios de la enseñanza. Mientras que el porcentaje de matrícula primaria y ciclo básico de la población de 7 a 15 años ascendía solamente a 50 por ciento en 1956, en 1965 había alcanzado 69 por ciento.[2] En 1963 se implementó un "Plan de Emergencia" que buscó incorporar un mayor número de alumnos al sistema, así como unificar la enseñanza urbana y rural. Dicho plan estableció en los centros urbanos la doble jornada, es decir, la utilización de una aula para el funcionamiento de dos grupos de alumnos con sus respectivos maestros y mediante horarios especiales, mientras que en las áreas rurales estableció la "Escuela Unitaria", escuela completa a cargo de un solo maestro, con el objetivo inmediato de facilitar la asistencia escolar a todos los niños en las zonas rurales de baja densidad.

Acceso al Sistema

El índice de crecimiento de la matrícula en los tres niveles es indicativo del enorme esfuerzo realizado durante los últimos años. Como puede apreciarse en el Cuadro 2, la matrícula primaria se ha triplicado entre 1951 y 1968, mientras que la matrícula a nivel medio casi se ha sextuplicado. Esto implica una expansión promedio de 150,000 cupos por año a nivel primario y 40,000 cupos a nivel secundario. Para 1970, el sistema educativo había sido extendido a 3,500,000 alumnos a nivel primario y 900,000 alumnos a nivel secundario. En lo referente a nivel superior (ver Cuadro 3), la matrícula aumentó en 271 por ciento en la década 1960-1970.

Sin embargo, a pesar de estos grandes esfuerzos, todavía estamos lejos de poder ofrecer una educación universal. No es aún posible para Colombia llevar a cabo la recomendación de la UNESCO consistente en "lograr para el nivel primario una tasa de inscripción de 100 por ciento de la población respectiva con una tasa de retención hasta de 80 por ciento; en el nivel medio una inscripción de 50 por ciento y en el nivel superior de 35 por ciento de toda la población".[3] Según datos del ICFES en 1970, de los 9 millones de la población total en edad escolar en los tres niveles, sólo 37.10 por ciento estaba matriculado. El 30.1 por ciento de los niños entre 7 y 11 años de edad se encontraba fuera del sistema y en el nivel medio sólo estaba matriculados 18.7 por ciento de los jóvenes en la edad respectiva. El nivel superior, a pesar del gran aumento de la matrícula, sólo puede albergar 2.22 por ciento de los jóvenes entre 18 y 26 años.

Como consecuencia, la pirámide educativa en Colombia (ver Gráfico 1) se estrecha en forma exagerada, cerrándose casi completamente hacia los últimos cursos del nivel secundario. Analizando el rendimiento del sistema educativo colombiano, "de 1,000 niños en edad escolar, sólo pueden acceder al sistema 770 en primaria, a la secundaria 216 y sólo terminan su carrera 11 de los mil que la comenzaron".[4]

Analfabetismo

Los esfuerzos del gobierno, si bien han logrado disminuir la tasa de analfabetismo, en cifras absolutas no han podido reducir las dimensiones del problema. En 1951 se observaba 37.5 por ciento de analfabetas sobre la población total de 15 años y más. Para 1964 la población analfabeta bajó a 27.1 por ciento, pero en términos absolutos aumentó en 100,000 personas, llegando así a 2.5 millones de habitantes totalmente marginados de la educación. En la distribución del analfabetismo a través del país hay regiones hasta con 55 por ciento de su población analfabeta.

Una complicada variante del problema la constituye el elevado porcentaje de analfabetismo de la población adulta, lo cual requiere tratamiento y programas especiales muy diferentes a los aplicados a niños en la edad reglamentaria. La composición del analfabetismo por grupo de edades puede observarse en el Cuadro 4. La incidencia de analfabetas parece aumentar a medida que la edad aumenta. Sobre este punto no se ve una solución concreta y a corto plazo, puesto que aunque se ha dictado normas y decretos a partir de 1964 tendientes a mejorar la situación, y en 1968 se creó en el Ministerio de Educación una Sección de Alfabetización de Adultos y Educación Fundamental, las medidas tomadas para su cumplimiento no han sido suficientemente efectivas y los fondos asignados no permiten su aplicación.

Educación en el Sector Rural

Concomitante al problema del analfabetismo, se presenta la educación rural con gran deficiencia del sistema educativo colombiano. En 1970 la proporción de analfabetas era de 29.4 por ciento en las zonas urbanas y 50.2 por ciento en las rurales.[5] Peor aún, el grave problema de la deserción escolar asume características realmente dramáticas en las zonas rurales. Mientras 32.7 por ciento de los niños que habían comenzado enseñanza primaria en 1959 en áreas urbanas terminaban el quinto grado en 1964, la cifra correspondiente a áreas rurales ascendía a sólo 1.7 por ciento.[6] Desafortunadamente, el gobierno aún no ha encontrado soluciones para el abandono de la escuela, las dificultades de transporte y el bajo rendimiento de estos niños.

En los últimos años se ha realizado esfuerzos encaminados hacia la construcción de escuelas y la creación de nuevas plazas de maestros. De las 4,625 nuevas escuelas establecidas entre 1960 y 1967, aproximadamente 73 por ciento se encuentran en áreas rurales. Sin embargo, cabe aclarar que muchas de estas construcciones solamente constan de una o dos aulas, mientras las escuelas urbanas se construyen siempre con mejores especificaciones locativas y con un número mínimo de cinco aulas.

En lo referente a educación media, la situación comparativa de las áreas rurales es lastimosa. Según el Censo de Establecimientos Educativos de 1968, solamente 7.3 por ciento de los centros secundarios se encuentran ubicados en zonas rurales, lo que ofrece una idea de los pocos alumnos que absorbe el sistema en dichas zonas.

RECURSOS PARA LA EDUCACION

Recursos Financieros

Como ha afirmado el Dr. Muñoz, los recursos financieros asignados a la educación en Colombia han aumentado notoriamente en los últimos años. De 9.41 por ciento del presupuesto nacional que representaban en 1960 han pasado a 13.9 por ciento en 1965 y a 15.4 por ciento en 1968. En años subsiguientes, sin embargo, se ha experimentado un descenso que, según expresa el Ministro, habrá de recuperarse en los próximos años, estimándose llegue a 17 por ciento en 1976.

Al aumento de los fondos nacionales se ha sumado el crecimiento de la ayuda externa para el sector educativo. El auge de estos préstamos se ha originado en parte debido a la presión de los municipios, algunos de extrema pobreza, hacia los departamentos, y la presión de éstos a su vez sobre la nación, a fin de conseguir fondos que financien su demanda educativa. Por lo tanto, el Ministerio de Educación se ha visto obligado a contraer empréstitos cada vez mayores. Por otra parte, cabe al gobierno la delicada función de asignar presupuestos a los tres niveles de enseñanza en forma equilibrada y armónica, de manera que se satisfaga la demanda social por una parte y por otra las prioridades del Plan General de Desarrollo, especialmente en los sectores industrial, agropecuario y de servicios.

Durante la última década, la enseñanza primaria ha tenido prelación en la asignación de fondos, como corresponde a la gran demanda de este sector de la población. Sin embargo, hacia fines del decenio la situación creada por los alumnos que terminan la primaria presionó la ampliación de los cupos a nivel secundario. A partir de 1970 el gobierno ha realizado una inversión de 530 millones de pesos para la enseñanza media diversificada a través del proyecto INEM.

En el nivel superior, el presupuesto se incrementó cerca de 10 veces en la década 1960-1970 (ver Cuadro 5). A pesar de esto, la capacidad del sector oficial para atender el creciente número de solicitudes a nivel universitario resulta insuficiente, razón por la cual dicho nivel y el de enseñanza media están siendo cubiertos cada vez en mayor escala por el sector privado. Esto implica que las clases menos favorecidas encuentran serias dificultades de acceso a tales niveles. Peor aún, como bien alega el Dr. Muñoz, la situación contribuye a incrementar el "desequilibrio entre los contenidos de la educación y las necesidades del hombre real", ya que la mayoría de los planteles se dedican a estudios clásicos, que son los menos costosos a nivel medio, y a carreras humanísticas en el nivel superior, tales como Derecho, que tiene en Colombia una superproducción de profesionales que no pueden competir ventajosamente en el mercado de trabajo y por ende tienden a engrosar las filas de desempleados o subempleados.

La enseñanza técnica, que por las demandas del desarrollo del país debería tener prioridad en la asignación de recursos, no ha crecido en proporción deseable debido a los elevados costos que representa su financiamiento en comparación con la formación clásica. Por ello, mientras que en 1968 la formación clásica contaba con 70.4 por ciento de la matrícula de enseñanza media, la rama industrial solamente representaba 4.8 por ciento y la agropecuaria 1.4 por ciento.[7]

En ciertos casos, los costos de construcción y dotación elevan considerablemente la inversión. El costo promedio de un aula para 40 alumnos en el área rural fue en 1970 de 1,504 pesos, mientras que en el área urbana ascendía a 1,171 pesos.[8] El montaje y mantenimiento de talleres y aulas de enseñanza industrial resultan tan costosos que en 1968 solamente existía 97 de estos establecimientos, frente a 799 de bachillerato clásico. Además, la enseñanza técnica funciona en condiciones sumamente precarias en lo referente a equipo, materiales y ayudas audiovisuales, por lo que a menudo el enfoque de la enseñanza es más teórico que práctico.

Recursos Humanos

Aspecto primordial en la asignación de recursos para la educación es la preparación de los docentes. Este aspecto tiene dos facetas: la cuantitativa, referente al número de profesores necesarios para cubrir nuevas necesidades, y la cualitativa, que se refiere a los niveles y duración de la formación que el profesor recibe, lo que incidirá directamente en la calidad de la enseñanza. El Censo Educativo de 1968 arrojó un total de 158,721 profesores dedicados a la enseñanza primaria y media en Colombia. Si a esto se suma el profesorado de los niveles preescolar y universitario, 18,565 y 11,184 respectivamente, se llega a la conclusión que el personal docente representa un sector de la población activa que, de operar en condiciones debidas, tendría mayor vigencia en la vida económica del país. Según dicho censo, el número de alumnos por atender en 1968 era 3,567,410 en los tres niveles. Con el aumento de la población estudiantil en los años 1970-1974, la Oficina de Planeamiento del Ministerio de Educación ha proyectado las necesidades del profesorado, según aparece en los Cuadros 6 y 7.

Del profesorado en ejercicio, solamente 44.18 por ciento del personal docente de primaria y 16.4 por ciento de secundaria han recibido el título correspondiente. El 58.9 por ciento de los maestros no tiene título de normalista y algunos ni siguiera han terminado primaria. En el nivel medio, cerca de 10 por ciento no poseen grado de enseñanza media.[9] El gobierno, en un esfuerzo por remediar o atenuar la magnitud del problema y especialmente para atender sus propios planes de ensanchamiento de cupos, ha comenzado una campaña para capacitar al profesorado en servicio, especialmente a nivel primario. En el nivel superior, de los 9,128 profesores informantes en el estudio realizado por el ICFES en 1969, sólo 824 acreditaban un título de postgrado, siendo la formación docente una excepción.

NUEVOS PLANES DEL GOBIERNO

En búsqueda de soluciones a los grandes problemas que se presentan en todos los campos de la educación, el gobierno, según ha expuesto el Dr. Muñoz, ha emprendido "una decisiva política para nuevas estrategias de financiamiento de la educación" que incidan realmente en la prestación de este servicio a toda la población colombiana. Dicha política se refleja en varios grandes proyectos encaminados hacia una mayor cobertura del sistema, especialmente en las áreas tradicionalmente más descuidadas. Entre estos programas cabe destacar los siguientes:

1. Las concentraciones de desarrollo rural, que funcionarán en cerca de 53 establecimientos repartidos a través de todo el país en sectores eminentemente campesinos. Con estas escuelas se busca la escolarización universal de los niños campesinos en educación primaria, tratándose de impartir los conocimientos mínimos para que los jóvenes puedan responder adecuadamente a las exigencias de cambio en su comunidad. Las concentraciones escolares urbanas complementarán la reforma para los niños de las ciudades, ampliando su término de 5 años de educación elemental a los 9 años del ciclo básico que se tiene como meta para 1978.

2. La enseñanza media diversificada (proyecto INEM), implementada en 1970, que incluye, por una parte, la construcción y dotación completa de 19 colegios en capitales de departamento y, por otra, la planeación y programación de un nuevo currículo en los aspectos académico, administrativo y de servicios tales como salud, consejería y recreación. Los contenidos y métodos en las ciencias naturales, los estudios sociales, los estudios lingüísticos y otros se han programado de acuerdo con las nuevas tendencias de la investigación científica, la psicología y las teorías de aprendizaje.

Luego de tres años de experimentación, el gobierno, en fecha reciente, ha decretado la diversificación de los programas en todos los planteles de enseñanza media y, a fin de facilitar la extensión de la reforma a pequeñas ciudades, está construyendo 25 grandes centros denominados Centros de Servicios Docentes, los cuales podrán prestar servicios a colegios de ciudades intermedias en sus instalaciones para laboratorios, talleres, auditorios y campos deportivos.

3. Otro aspecto que merece destacarse de la política gubernamental es el esfuerzo por integrar y coordinar las actividades de las diferentes instituciones dedicadas de un modo u otro a labores educativas, utilizando los recursos disponibles para el logro de las metas propuestas. Una de estas entidades es el Servicio Nacional de Aprendizaje (SENA), organismo descentralizado, financiado con 2 por ciento de la nómina mensual de las empresas privadas y 1 por ciento de los organismos oficiales, que ha cumplido una misión verdaderamente notable en la formación de operarios y mandos medios para empresas industriales, agropecuarias y de comercio y servicios. Otra entidad valiosa para la educación y cultura del pueblo es la Radio Sutatenza de Acción Popular (ACPO), una "escuela del aire" para los campesinos colombianos que, a través de 6 potentes emisoras y su periódico, ha contribuido a la alfabetización de los habitantes de los sectores más apartados, así como a su formación y orientación en materia de salud, mercado agropecuario, técnicas de producción y mejoramiento de sus cultivos, nutrición y desarrollo de la comunidad.

4. Es interesante también anotar la reorganización y el mejoramiento de la enseñanza media agropecuaria, con la colaboración del PNUD/UNESCO en los Institutos Técnicos Agropecuarios (ITAS), planteles donde se cursa el segundo ciclo, de 3 años, de enseñanza agropecuaria.

5. El ICETEX, entidad que otorga préstamos a largo plazo para cursar estudios de especialización en el exterior, aunque en los últimos años se ha extendido a la realización de estudios profesionales en el país. Hasta 1968 el ICETEX había otorgado créditos a 19,000 estudiantes colombianos. En 1969 tenía 900 becarios en el exterior y 9,000 alumnos recibiendo ayuda dentro de Colombia.[10]

6. Además de la utilización de la radio, en Colombia se ha incrementado el uso de la televisión al servicio de la educación, especialmente a nivel primario. Según un informe reciente del Banco Mundial, "en la actualidad se favorece con ella 16 por ciento del alumnado de primaria. Las dificultades técnicas que restringían su utilización, principalmente en las escuelas urbanas, pueden resolverse, y en la expansión proyectada para los próximos 4 años se dará preferencia a las escuelas rurales que tengan menos medios. Hay dos universidades que están ensayando programas de televisión educativa de circuito cerrado".[11]

PERSPECTIVAS PARA LA DECADA DEL 70

Los esfuerzos llevados a cabo en el campo de la educación colombiana durante la década del 60 fueron encaminados hacia el logro de objetivos cuantitativos globales. Como bien ha expresado recientemente el Banco Mundial, las realidades políticas y sociales de la década de 1960 encauzaron el grueso de esta tarea hacia la expansión y hacia el comienzo de la nivelación de las extremas disparidades en la oportunidad educativa. Los programas de reorientación y mejoramiento de la calidad han seguido un ritmo más lento, aunque últimamente han cobrado impulso. La labor básica previa en ideas y medidas de reforma ha creado un clima más propicio para la adopción de cambios que conduzcan a un uso más racional de los recursos en apoyo de las políticas de desarrollo económico y social. El mejoramiento de la calidad, de la eficiencia y de la productividad del sistema ayudará a efectuar economías, apoyando así en forma indirecta el programa de expansión.

En Colombia, como en otras partes del mundo, se ha logrado que la educación llegue a representar una gran aspiración para todas las gentes en todos los estratos sociales. Es palpable el interés que muestran, aun las clases más humildes, por educar a sus hijos. Pero sucede que después de crear un mundo de expectativas, el sistema educativo no puede hacer partícipes de sus beneficios a todos los habitantes del país. Además, la baja rentención del sistema produce más malestar que la falta de cupos. Según Everett Reimer, "es mayor la frustración de aquél que ha tenido un poquito de escuela que quien no ha tenido nada".[12]

Aunque de acuerdo con la opinión del Banco Mundial los recursos resultan limitados para atender simultáneamente la expansión y las medidas de mejoramiento de la calidad docente, la magnitud de la tarea exige al gobierno la búsqueda de nuevos enfoques administrativos y de organización para alcanzar mayor eficiencia en la asignación y utilización de los recursos existentes, nuevos enfoques en la política educativa, en la orientación de estrategias, en los contenidos programáticos y en los métodos y medios a través de los cuales se enseña y especialmente se aprende. No es posible continuar pensando en reformas como simples ampliaciones de cupos, construcciones de aulas o ubicación de las mismas en lugares más apartados. Como bien ya se ha expresado, "las estrategias de expansión lineal no pueden ya justificarse ni desde el punto de vista de los resultados ni desde el punto de vista metodológico. Desde el momento en que un sistema educativo se aplica a efectivos muy numerosos, conviene modificar las estrategias, pasar de lo cuantitativo a lo cualitativo, de la imitación y reproducción a las búsquedas de innovaciones, de un procedimiento uniforme a procedimientos diversificados en función de las alternativas".[13]

En estos nuevos enfoques hay que destacar los siguientes puntos:

1. Utilización de tecnología y de todos los medios de comunicación social para la educación y cultura del mayor número de habitantes en Colombia.

2. Experimentación de diversas formas de educación, tanto dentro del sistema formal como de las diversas modalidades de la educación informal. Está probado que no hay incompatibilidad entre estos dos caminos, sino que antes bien pueden complementarse y enriquecerse.

3. Fomento de la investigación en todos los campos de la educación, concebida y dirigida por elementos nacionales.

4. Integración del conjunto de conocimientos científicos y tecnológicos en los nuevos enfoques.

5. Finalmente, toda reforma deberá poseer una estrategia sobre organización y administración que permita al gobierno y a los ejecutores de cada plan o proyecto las acciones conducentes al logro de los objetivos propuestos. La administración de la educación en Colombia, tradicionalmente inadecuada, ha representado más una barrera que una facilidad para la ejecución de los planes educativos. Las fallas de coordinación, duplicación y mala utilización de fondos tienen origen en la falta de un sistema administrativo coherente y flexible que permita la rápida acción en los varios frentes que implica cualquier reforma.

CUADRO 1

DISTRIBUCION DE LA POBLACION POR GRUPO DE EDADES
EN COLOMBIA, 1964

Grupo de Edades	Habitantes	
	(Número)	(Porcentaje)
0 - 6	4,249,623	24.3
7 - 11	2,578,407	14.7
12 - 18	2,795,289	16.0
19 - 24	1,715,625	9.8
25 - 64	5,621,303	32.2
65 y más	524,261	3.0
Total	17,484,508	100.0

Fuente: Departamento Administrativo Nacional de Estadística, "XIII Censo Nacional de Población, 1964", (Bogotá: 1967).

CUADRO 2

INDICE DE CRECIMIENTO DE LA MATRICULA EN COLOMBIA,
1951-1968

Año	Nivel de Educación	
	Primario	Medio
	(Base: 1951 = 100)	
1951	100	100
1952	106	103
1953	123	109
1954	129	115
1955	141	132
1956	150	154
1957	158	177
1958	171	192
1959	179	223
1960	193	243
1961	205	273
1962	223	304
1963	240	345
1964	253	375
1965	260	420
1966	275	499
1967	295	265
1968	312	587

Fuente: Departamento Administrativo Nacional de Estadística, Boletín Mensual (Bogotá: No. 249, Abril, 1972).

CUADRO 3

EVOLUCION DE LA MATRICULA EN LAS UNIVERSIDADES DE COLOMBIA, 1960-1970

Año	Universidades Nacionales	Universidades Departamentales	Universidades Privadas	Total	Indice de Crecimiento
	(Matriculados)				(Base 1960=100.0)
1960	8,626	5,013	9,374	23,013	100.0
1961	9,132	6,161	10,850	26,143	113.6
1962	10,765	7,305	13,845	31,915	138.7
1963	11,543	8,375	15,244	35,162	152.8
1964	11,806	9,571	15,240	36,617	159.1
1965	13,637	11,722	19,044	44,403	192.9
1966	15,723	12,582	21,730	50,035	217.4
1967	17,777	14,711	26,224	58,712	255.1
1968	18,209	17,296	29,639	65,144	283.1
1969	19,772	20,299	33,699	73,770	320.6
1970	22,681	23,937	38,942	85,560	371.8

Fuente: Instituto Colombiano para el Fomento de la Educación Superior, Estadísticas de la Educación Superior (Bogotá: 1971).

CUADRO 4

ANALFABETISMO POR GRUPO DE EDADES EN COLOMBIA, 1964

Grupo de Edades	Población Total (Número)	Analfabeta (Número)	Analfabeta (Porcentaje)
10 - 14	2,269,043	559,606	24.7
15 - 24	3,183,415	592,467	18.6
25 - 59	4,981,336	1,509,861	30.3
60 y más	865,228	424,621	49.1
Total	11,299,022	3,086,555	27.3

Fuente: Departamento Administrativo Nacional de Estadística, "XIII Censo Nacional de Población, 1964", (Bogotá: 1967).

CUADRO 5

EVOLUCION DEL PRESUPUESTO NACIONAL Y APORTES DESTINADOS
A LA EDUCACION EN COLOMBIA, 1960-1971

Año	Nacional (Miles de Pesos)	Presupuesto Educacional			
		General		Superior	
		(Miles de Pesos)	(Porcentaje)*	(Miles de Pesos)	(Porcentaje)**
1960	1,891,552	195,612	10.3	59,730	30.5
1961	2,660,104	300,581	11.3	67,019	22.3
1962	3,526,177	534,749	15.2	108,073	20.2
1963	2,897,848	399,465	13.8	101,615	25.4
1964	3,917,175	563,768	14.4	113,091	20.1
1965	5,160,787	722,084	14.0	146,204	20.2
1966	5,529,547	826,737	15.0	187,185	22.6
1967	6,272,000	1,037,423	16.5	221,841	21.4
1968	8,096,991	1,249,864	15.4	303,279	24.3
1969	11,361,967	1,438,597	12.7	379,326	26.4
1970	15,020,715	1,972,994	13.1	433,687	22.0
1971	17,145,303	2,278,030	13.3	576,899	25.3

*Porcentaje con relación al presupuesto nacional.
**Porcentaje con relación al presupuesto educacional general.
Fuente: Ministerio de Hacienda, "Presupuesto Inicial de Colombia", (Bogotá: 1960-1971).

CUADRO 6

SITUACION DEL PROFESORADO DE ENSEÑANZA PRIMARIA
EN COLOMBIA, 1969-1974

Año	Matrícula	Profesores Necesarios*	Profesores Existentes**	Necesidad Adicional
1969	2,893,884	80,386	74,974	5,412
1970	3,021,473	83,930	78,056	5,874
1971	3,192,755	88,688	81,569	7,119
1972	3,317,935	92,165	82,655	9,510
1973	3,564,256	99,007	90,286	8,721
1974	3,767,343	104,648	95,441	9,207

*Con una razón alumno-profesor de 36.
**Incluidos los retiros, estimados en 4 por ciento.
Fuente: Ministerio de Educación, Diagnóstico de la Educación Colombiana (Bogotá: 1972).

CUADRO 7

SITUACION DEL PROFESORADO DE ENSEÑANZA MEDIA
EN COLOMBIA, 1969-1974

Año	Matrícula	Profesores Necesarios*	Aumento Adicional Anual**	Egreso Facultad de de Educación	Necesidades Anuales
1969	664,736	26,589	-0-	-0-	-0-
1970	733,157	29,326	2,795	1,337	1,458
1971	832,300	33,292	4,041	1,492	2,549
1972	932,400	37,296	4,084	1,648	2,436
1973	1,037,423	41,497	4,186	1,742	2,444
1974	1,138,587	45,543	4,126	1,891	2,235

*Con una razón alumno-profesor de 25.
**Incluidos los retiros, estimados en 2 por ciento.
Fuente: Ministerio de Educación, Diagnóstico de la Educación Colombiana (Bogotá: 1972).

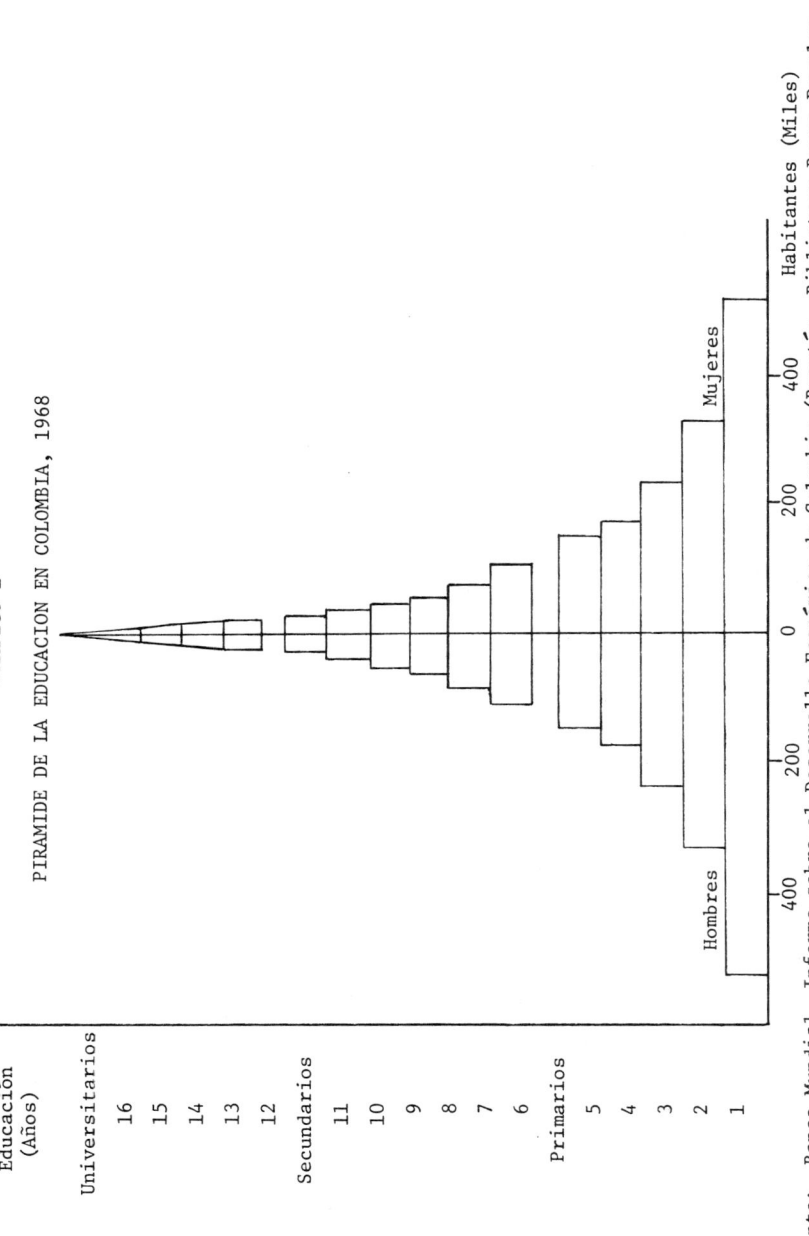

GRAFICO 1

PIRAMIDE DE LA EDUCACION EN COLOMBIA, 1968

Fuente: Banco Mundial, Informe sobre el Desarrollo Económico de Colombia (Bogotá: Biblioteca Banco Popular, 1972).

REFERENCIAS

1. A. Alvarado y E. Carrasquilla, Análisis de la Educación en Colombia (Bogotá: Centro de Investigación y Acción Social, 1969).

2. UNESCO, "Informe de la Comisión de Evaluación del Proyecto para Mejoramiento de la Educación Primaria en América Latina", en Educación y Desarrollo en América Latina (Buenos Aires: 1966).

3. UNESCO, Educación y Desarrollo en América Latina (Buenos Aires: 1967), pp. 49-50.

4. Luis C. Galán, "Hacia la Igualdad de Oportunidades", en Maus R. Low (ed.), Compendio del Sistema Educativo Colombiano (Bogotá: Imprenta Nacional, 1971), p. 21.

5. Departamento Administrativo Nacional de Estadística, Boletín Mensual (Bogotá: No. 249, Abril, 1972), p. 147.

6. Departamento Administrativo Nacional de Estadística, (op. cit.), p. 147.

7. Maus R. Low, Compendio del Sistema Educativo Colombiano (Bogotá: Imprenta Nacional, 1971), pp. 64-5.

8. Maus R. Low (op. cit.), pp. 64-5.

9. Ministerio de Educación, Diagnóstico de la Educación Colombiana (Bogotá: 1972).

10. Banco Mundial, El Desarrollo Económico en Colombia (Bogotá: Biblioteca del Banco Popular, 1972), p. 687.

11. Banco Mundial (op. cit.), p. 659.

12. Everett Reimer, School is Dead (London: Doubleday Company, Ltd., 1972), p. 11.

13. Edgar Faure, et al., Aprender a Ser (Paris: UNESCO, 1973), p. 147

ANALYSIS

T. Paul Schultz
University of Minnesota
Minneapolis, Minnesota

The Minister of Education of Colombia has appropriately stressed, in his description of the increasing demand for educational services in Colombia, the extraordinary effort required of the government to cope with the consequences of rapid population growth. Despite rapid population growth, the proportion of school-aged children enrolled in school and training programs has increased steadily at all levels of the educational system. To accomplish this record of advancement, the share of the Colombian government's budget allocated to education has increased considerably in the last decade, and will continue to increase over the next five years. But what concrete criteria can be developed to aid in the allocation of these scarce resources among the many social objectives served by the educational system?

One factor emphasized by Dr. Muñoz in outlining allocation priorities is that additional educational expenditures should facilitate the formation of human capital that will reduce future inequality in the distribution of personal income. In addition to the personal distribution of the benefits of educational expenditures, Dr. Muñoz is understandably interested in resolving many inefficiencies and imbalances in the existing educational establishment. Such inefficiencies are expected to be eliminated by promoting the decentralized regional consolidation of urban and rural educational service centers that will provide the following: (1) agricultural extension; (2) family health extension; (3) community development planning of social investments in infrastructure; (4) vocational (SENA) and formal schooling; and (5) rural radio and press educational activities (Acción Popular). Unfortunately, I am not able to judge the political or economic advisability or feasibility of this operational approach to current inefficiencies of the Colombian educational system, but the scheme for decentralization appears innovative and responsive to the challenges of designing an educational system for Colombian needs.

My comments are directed to the problems of developing criteria for allocating educational expenditures, given that the stated goal is to attain an effective redistribution of income by means of human-capital investments which will benefit mostly middle- and low-income groups. To pursue this redistributional goal, Dr. Muñoz correctly states that it is necessary to introduce new methods of programming to quantify the proposed aims, and thus have a detailed guide of the benefits and costs involved. These methods, however, are not elaborated in the paper nor are the resulting detailed guidelines stated. My remarks are specifically addressed to the problems of formalizing such methods and undertaking the broadly based empirical research that could serve to clarify these policy objectives.

If the redistributional goal is accepted, two questions arise to determine if the educational system is an efficient and appropriately "equitable" transfer mechanism to achieve the stated goal. First, do marginal expenditures on educational services increase the net lifetime wealth (i.e., present discounted value of consequent income streams) of students (or beneficiaries) by a greater amount than would the same expenditures if allocated either to other public services, such as public health or family planning, or to direct grants in money or kind? Second, is the envisaged educational system an effective means for transferring these net private benefits to the appropriate middle- and low-income groups? Needless to say, these are difficult questions. In the best researched population, that of the United States, I could not confidently answer them. Thus, it is hardly surprising that in less-affluent countries even tentative answers await the completion of quantitative studies on (1) individual earnings differentials by educational attainment and (2) the allocation of private and public resources within the educational process. Moreover, the economic answers to these particular questions provide only a small part of the information that policymakers would weigh in setting educational priorities.

To answer the first question, one requires estimates of the extent to which current expenditures on the school system, or less formal educational services, increase the future market earnings of participants in these educational programs. It also is necessary to know the cost of schooling or informal education to the student and his family in terms of direct outlays on such items as books, transportation, and uniforms, as well as opportunity costs of the student's forgone earnings. An internal rate of return generally can be derived, equating the present discounted value of the future private stream of benefits and the private resource costs. Allowing for mortality, taxation, and illiquidity of human capital, this calculated private rate of return must exceed the returns to other private investment opportunities if educational expenditures are to be viewed as a relatively efficient mechanism for transferring market resources among persons. In other words, if the present value of the sum of private costs and benefits associated with a particular educational activity, when discounted at a rate of return anticipated on other private investments, does not exceed the public-sector net costs of the activity, it would appear more efficient to grant the same resources directly to individuals in the form of government bonds or any other asset.

Unfortunately, all is not so easy. Techniques for estimating the longitudinal returns to education over the remainder of a student's lifetime have to be agreed upon. As a first approximation, differences in earnings among individuals by age and education (from a cross-sectional survey or census) can be analyzed as a synthetic cohort, in conjunction with direct cost data, to obtain estimates of the returns to education. This procedure yields relatively stable cross-sectional estimates of the rates of return over several decades in the United States, and recent longitudinal cohort information suggests that the relative structure over time is not very dissimilar to that observed in the cross section.

Although it is convenient to conclude that evidence from cross sections is a good approximation for the desired cohort time-series information, this conclusion may be much less warranted in a country like Colombia than in the United States. Colombia has recently experienced rapid but irregular cycles of economic growth, a postwar surge in population growth that has altered substantially the age composition of its population and more recently its labor force, and substantial recent changes in the scope and character of the educational system that may have introduced large "vintage-effects" in quality of schooling. Disequilibrium introduced across age groups and the changing nature of schooling obtained by different cohorts may affect cross-sectional and time-series earnings profiles in different ways.

In the short run, the structure of rates of return to different educational activities can be viewed as parametrically determined by the market. But in the long run, the allocation of government resources among different levels of the educational establishment will influence the relative supply of persons with different productive skills and experiences, therefore affecting their scarcity and the relative earning status of these groups in the labor force. Furthermore, both macro and micro economic development policy may affect these rates of return to education directly by changing the composition and growth of factor demands and indirectly by investments in research, technological development, and modernization of agriculture, all of which enhance the returns to educated labor.

At least two cross-sectional estimates of the returns to schooling in Bogotá, based on data from 1963 to 1966, exist.[1] Although they adopt different analytical techniques and underlying assumptions, both imply similar patterns of educational returns in the Bogotá labor market during the mid-1960's. The estimated annual returns range from 18 to 30 percent, depending upon a variety of technical assumptions for primary schooling (i.e., 5 years of schooling versus no schooling or illiteracy), and from 23 to 33 percent for the returns to secondary schooling (i.e., bachillerato or 11 years of schooling versus 5 years). Vocational training appears to earn a return equal to or greater than that estimated for traditional secondary schooling, but the sample of individuals in this class was so small and their skills so heterogeneous that this estimate is probably subject to a large margin of error. University training (i.e., 16 years of schooling versus 11 years) appears to pay a meager 5 to 6 percent return.

Public-sector subsidies per student-year for formal and vocational schooling are difficult to estimate precisely for Colombia, and the treatment of current and capital costs, private-school subsidies, and tuitions introduce further uncertainty. Yet, it is clear that the public-sector share of total resource costs of a year's schooling is larger at the university level than at the primary or secondary school level. I have not seen corresponding evidence for the existence of large public externalities stemming from these higher educational levels. A crude estimate I derived in the 1960's suggests that about one-sixth of the total private and public costs of primary and secondary schooling were borne by the public sector, whereas the public-sector share was about one-third of the costs of university training. In absolute terms, perhaps 25 times as much public-sector resources were required to support a student-year of university training compared with a year of primary schooling.

Inadequate though these studies may be for setting educational priorities in terms of only economic efficiency criteria, they do indicate that cross-sectional evidence from Bogotá was consistent with substantial rates of market return to primary, secondary, and probably vocational schooling in the 1960's. University training, however, did not exhibit substantial private returns, despite large public subsidies to this level of the educational system.[2] Selective expansion of higher education would seem justified under these conditions only when counter evidence can be assembled to indicate that high earnings differentials exist for specific skills. The scarcity of these specific productive skills in the Colombian economy might then warrant specific public subsidies to advanced training in those fields. But even in this case, equity considerations might lead one to prefer student loan and fellowship programs to outright public subsidies in order to facilitate the growth and compositional change of higher educational training.

The second question is harder to answer in the affirmative than the first. The goal of a basic nine-year educational system for all Colombians is laudatory. According to the 1964 Population Census, however, the proportion of children between 10 and 14 years of age enumerated as students ranged from only 29 percent in Cauca, to 55 percent in Cundinamarca, to a high of 73 percent in Atlántico. The national average was 57 percent, but among the rural half of the population the proportion in school was only 40 percent. These wide regional and rural-urban differences suggest that there continues to exist a great shortage of primary school facilities or a lack of interest in education among the poorer half of the Colombian population.

Will the expansion in educational expenditures that is promised in the next 5 years be directed toward the 60 percent of the rural children not completing even the first 5 years of primary schooling? If instead these added expenditures are channeled toward the secondary-school system, where the private returns might appear to be somewhat greater, at least in the urban labor market during the 1960's, only a small elite of the rural population will derive any direct benefit. In 1964, among children aged 15 to 19, only 8.5 percent of the rural half of the population were in school, while the proportion among urban children was 37 percent.[3] The distribution of benefits would be even more skewed toward the middle- and upper-income groups if additional subsidies were extended across the board for the expansion of university training. There are reasons to suspect that only the increase in educational expenditures for primary schooling and rural extension services will advance the stated governmental goal of redistributing personal incomes toward the middle- and low-income groups.

The educational system serves many masters, and many other political and economic groups depend on its performance. Here I have emphasized only two criteria for evaluating the performance of the educational establishment: efficiency and equity. I have suggested that even these two objectives--investing public resources where private returns exceed most noticeably public subsidies and investing those resources where private beneficiaries are most heavily concentrated among the low-income classes--may lead to inconsistency and conflict, and thus necessitate hard choices. Expansion of the traditional secondary-school system might yield a higher rate of private and social returns for resources than the primary-school system, but the private transfer of human capital that this would entail would accrue mainly to the benefit of the upper-most half of the population arrayed by lifetime wealth. Expansion of the rural primary-school system, conversely, would benefit the lowest quarter of the population thus arrayed. Defining and evaluating the trade-off between efficiency, equity, and other social goals served by the educational system will require much more policy-oriented quantitative research.

In addition to the effect of education on an individual's market productivity and earnings by the formation of market human capital, education is thought to accomplish other social objectives that are not entirely consumed or captured by the private individual. These externalities attributed to education, to the extent that they are significant and beneficial for society, will lead individuals to invest less in education of their own time and resources than would be socially optimal. Although very little research has documented the character and importance of the externalities involved in educational activities, such externalities may provide an important criterion for allocating public subsidies to the different levels of education in a country like Colombia.

For example, the number of hours a person works in the labor force may change with educational attainment, thereby changing the potential supply of labor available for the national market economy. Some evidence for Bogotá suggests that men are likely to work more hours per year if they obtain more education, up to, say, the secondary level.[4] Thereafter, additional years of higher education are associated with fewer hours of work. For women, however, the effect of education is more important, with more educated women working more often and working longer hours when they do enter the labor force. Evidence of increased female labor force participation and labor supply with increased educational attainment must be balanced against the reduced female production that this presumably entails within the household sector, for which no adequate shadow price estimates exist.

Related to the increase in women's labor market participation associated with increased educational attainment is the decrease in completed fertility. If one believes that the social costs of rapid population growth are substantial at this time in Colombia, the decline in fertility that would be associated with extending more education to women may be viewed as a significant social benefit omitted from a calculation of market rates of return to their education as reported earlier. Both theoretical arguments and empirical evidence have been presented for a nonlinear relationship between a woman's years of schooling and her fertility, with the greatest declines in fertility occurring with her completion of primary and early secondary schooling, and much smaller declines, if any, associated with higher education. Thus, without knowing the precise nature of the relationship between women's education and their completed fertility in Colombia, it is expected that the social externalities of women's education, in terms of slowing population growth, would be maximized by an expansion of the primary rather than the higher educational system.

Finally, educational attainment is frequently linked to the selective character of internal migration. It is common to observe that better educated youth in rural areas are more likely to migrate to urban areas than are their less educated counterparts. Perhaps this phenomenon occurs because rural schooling imparts few skills that are valuable in the relatively static agricultural sector of most low-income countries. The effect of schooling on rural-to-urban migration might be modified by reforms in the rural school curriculum by emphasizing modern agricultural skills and technology that would yield greater private returns in the rural than in the urban sector. Subsidies to research and technological change in agriculture also would enhance the returns to schooling in the agricultural sector, thereby diminishing the currently strong incentives for the better educated rural youth in Colombia to migrate to the city.

In these concluding comments I have indicated how educational attainment might influence individual behavior aside from its primary effect on market earnings. Education appears to facilitate the movement of women from household production activities into the labor force, to reduce their fertility and slow population growth, and to increase slightly their migration rate from rural to urban labor markets, where educated skills are now relatively more scarce. In the long run these demographic, social, and economic changes in individual behavior are closely related to modern economic growth, and may be necessary for development to proceed rapidly and efficiently. These changes in individual behavior are likely to occur more rapidly if educational resources are allocated so as to give priority to the expansion of the rural educational system, to the primary and early secondary school levels, to the increase in female enrollment rates, and to the adoption of rural curricula that will accelerate the modernization of agriculture and increase labor's productivity in farming.

REFERENCES

1. T. Paul Schultz, <u>Returns to Education in Bogotá, Colombia</u> (Santa Monica, California: The Rand Corporation, 1968) and Marcelo Selowsky, "The Effects of Unemployment and Growth on the Rate of Return to Education: The Case of Colombia," (Cambridge: Harvard Center for International Affairs, November, 1968).

2. T. Paul Schultz (<u>op</u>. <u>cit</u>.), p. 29.

3. Departamento Administrativo Nacional de Estadística, "XIII Censo Nacional de Población, 1964," (Bogotá: 1967).

4. T. Paul Schultz (<u>op</u>. <u>cit</u>.).

VII

VENEZUELA: EDUCACION, POBLACION Y PRODUCTIVIDAD HUMANA

Lilian León
Ramón Piñango
Susan Vogeler
Ministerio de Educación
Caracas, Venezuela

La asignación de recursos para prestar servicios educacionales a una determinada población es función de los siguientes factores:

1. La voluntad política de quienes tienen a su cargo la gestión de gobierno. Debe destacarse especialmente la concepción que del hombre y del mundo tiene el grupo gobernante. Dicha concepción se refiere tanto al sistema de creencias sobre el comportamiento de la realidad social (teoría social) como al sistema de normas y valores que establecen lo que esa realidad debe ser (filosofía social).

2. Las características sociales, económicas y políticas del momento histórico en que se ejerce tal voluntad política. Se incluye aquí, entre otros factores, las limitaciones al ejercicio del poder formal, la estructura de poder, los sistemas de creencias y valores predominantes, los recursos disponibles y la organización y niveles de rendimiento del sistema educativo.

3. La demanda educacional de los distintos grupos sociales. Debe considerarse la relación entre demanda educativa de grupos sociales diferentes y los niveles de participación efectiva de dichos grupos en la toma de decisiones acerca del uso de los recursos destinados a la educación, así como el efecto de la dependencia de unos grupos respecto a otros.

4. La apreciación que acerca de los requerimientos de recursos humanos de la sociedad tienen quienes toman las decisiones sobre distribución de recursos.

Estos factores actúan conjuntamente en la distribución de recursos y asignación de prioridades. Ninguno es separable de los otros, y los efectos de todos se confunden en la distribución real de los recursos disponibles. Aunque la voluntad política aparace como el factor más independiente desde el punto de vista de su definición, puesto que es posible presentar como deseable cualquier utopía,

resulta ser también el factor más dependiente o condicionado desde el
punto de vista de su ejercicio o implementación. De modo que la distribución de recursos en el campo educacional en un momento dado refleja, al mismo tiempo, una voluntad política y una posibilidad histórica.

Los planteamientos anteriores proveen un contexto general que responde la pregunta originada en esta ponencia: ¿Cuáles son las prioridades en la distribución de recursos en relación con el crecimiento poblacional? No se intenta analizar aquí todos los aspectos involucrados en la problemática de la distribución de recursos destinados a la educación, sino más bien se desea presentar las orientaciones generales de la educación venezolana y un conjunto de datos básicos que conciernen la demanda educativa, la asignación y distribución de recursos en la educación y el funcionamiento del sistema educativo. El propósito de esta ponencia, pues, consiste en analizar información básica sobre los aspectos más relevantes que corresponden a las categorías y factores mencionados. Concretamente, el trabajo tratará sobre orientaciones generales del sistema educativo venezolano, características demográficas de la demanda educativa y de la demanda de recursos humanos, distribución de recursos asignados a la educación y costos del servicio educacional, rendimiento del sistema educativo con base en los aspectos anteriores y algunos criterios para la definición de prioridades y asignación de recursos en la educación.

ORIENTACIONES GENERALES

La educación se entiende como un proceso permanente que no concluye cuando la persona egresa del sistema educativo formal. La educación permanente no es simple instrumento para el desarrollo individual o social, sino una experiencia existencial válida en sí misma, una parte de la realización humana, no un instrumento para esa realización. En tal sentido, la necesidad de ofrecer una mejor educación no significa solamente el ofrecimiento de un instrumento más útil, sino también el ofrecimiento de una experiencia más digna de acuerdo con una determinada concepción del hombre. Debe tomarse en consideración la necesidad de asegurar un ambiente social menos alienante para el ser humano, aun cuando ello no represente un mejor producto educativo desde el punto de vista tradicional de análisis de recursos.

Desarrollo humano significa desarrollo de aptitudes y actitudes para el trabajo, para la apreciación estética, para la relación con el mundo social y natural y, muy especialmente, para la orientación consciente y crítica del destino social y personal. De esta manera, el hombre no se conceptualiza como simple recurso para el aparato productivo, sino antes bien como persona capaz de determinar su propio destino y el de su medio ambiente. Si se tratara de reducir el gran fin de la educación a una simple canalización del desarrollo económico, sólo se estaría preparando un recurso para ser utilizado por la circunstancia en que se encuentre el hombre. Más bien se trata de formar una persona capaz de dominar su circunstancia.

La educación debe contribuir a la igualdad social. Por lo tanto, la educación debe promover la participación del hombre en el orden político, social y económico, en el sentido de participación en el proceso decisorio respecto al destino de la sociedad y producción y consumo de bienes y servicios. Todo esto supone un esfuerzo educativo especial en lo referente a formación ciudadana y formación para el trabajo, lo cual supone una educación orientada hacia la formación de un hombre crítico y participante en una sociedad democrática efectiva, que no se restrinja a los límites tradicionales de la democracia formal.

Medios Disponibles

Básicamente el esfuerzo educativo organizado en Venezuela se realiza a través del sistema escolar. Dicho sistema está estructurado de acuerdo con los distintos niveles educacionales: pre-escolar, primaria, media (ciclo básico y ciclo diversificado) y superior. El Gráfico 1 presenta la estructura por niveles del sistema educativo vigente hasta 1970 y las reformas realizadas a partir de ese año. En líneas generales, las principales orientaciones de dichas reformas son:

1. Pre-escolar: Se imparte una educación orientada a iniciar las bases del desarrollo intelectual del niño menor de 7 años, transmitir las normas elementales de conducta social y ofrecer una estimulación básica que despierte su potencialidad intelectual a fin de que sean útiles su incorporación a la sociedad y la educación que recibirá en años siguientes.

2. Educación básica: Comprende la llamada educación primaria y el ciclo básico común de educación media. La educación primaria tiene una duración de 6 años y su propósito general consiste en desarrollar las destrezas básicas para el desarrollo del rol de adulto en la comunidad, en la familia y en el trabajo. Aunque de acuerdo con la Ley de Educación vigente la educación primaria es el único nivel de enseñanza obligatorio, constituye una unidad integral con el ciclo básico común de educación media. Durante el ciclo básico común, con una duración de 3 años, se presenta las llamadas áreas de exploración y orientación, que constituyen oportunidades incorporadas al currículum para que el alumno descubra sus tendencias y aptitudes vocacionales en aspectos tales como el trabajo y el arte.

3. Ciclo diversificado: El ciclo diversificado ofrece al alumno una opción entre alternativas educacionales orientadas casi todas a dar no sólo la formación básica que requieren la persona y la sociedad, sino también una educación para el desempeño de roles ocupacionales específicos. El ciclo diversificado constituye, al mismo tiempo, una oportunidad de adquirir destrezas útiles para entrar al mercado de trabajo y continuar estudios de educación superior. A través de cualquiera de las ramas del ciclo diversificado se puede obtener el título de bachiller para continuar estudios de educación superior. Se ofrece 37 menciones que varían de acuerdo con las necesidades de las distintas regiones del país. Con el ciclo diversificado se inicia el nivel de formación vocacional y profesional.

4. Educación superior: Se refiere a la educación profesional que se imparte en universidades, institutos pedagógicos, institutos politécnicos, institutos tecnológicos, colegios unviersitarios e

institutos superiores de educación militar. El sistema a nivel superior está orientado a garantizar egresos en niveles técnico superior, licenciatura, maestría y doctorado. Esta nueva estructuración promueve la formación de profesionales en carreras cortas y medias que requieren una preparación menor a los 5 años de educación exigidos por las carreras tradicionales. Paralelamente a la creación del ciclo diversificado, se ha diversificado también los estudios a nivel de educación superior.

Dentro de la educación escolarizada, cabe destacarse los esfuerzos realizados en el campo de la educación especial y la educación de adultos. La primera se refiere a educación para niños y jóvenes con deficiencias particulares; a través de la segunda, se imparte educación escolar a adultos que no recibieron educación primaria o media cuando párvulos o adolescentes. Debe destacarse el hecho de que en Venezuela la educación es gratuita para todos los niveles.

Si bien la mayor parte del esfuerzo educativo organizado se realiza a través de medios escolarizados, en los últimos años se ha iniciado programas que constituyen el comienzo de la desescolarización de la educación venezolana. Entre esos programas puede mencionarse los de televisión educativa y el parasistema escolar de educación de adultos.

Por sus acentuadas características de desescolarización, debe mencionarse los Centros de Recursos y Asistencia Técnica (CRAT), cuyo propósito central consiste en proveer a la comunidad de adultos el material y los recursos humanos necesarios para aprender lo correspondiente a un nivel medio de educación y obtener el certificado de educación de dicho nivel. Los Centros de Recursos y Asistencia Técnica aprovechan y reconocen lo aprendido por el educando a través de sus experiencias fuera de la escuela, organizando un programa de estudios adecuado a las necesidades de cada caso y ofreciendo a cada educando las facilidades técnicas y administrativas que su situación particular exige en lo que respecta a presentación de exámenes, horarios, orden de asignaturas y ritmo de estudio.

Algunas universidades del país han anunciado recientemente sus planes para iniciar programas de universidad abierta en ciertas carreras. Los procedimientos en consideración incluyen televisión educativa y cursos por correspondencia. Se espera que en el transcurso del año escolar 1974-1975 se inicie las actividades educacionales correspondientes. Las experiencias mencionadas no pueden ser consideradas en términos estrictos como procedimientos desescolarizados. Sin embargo, constituyen experiencias significativas porque rompen con procedimientos tradicionales considerados por mucho tiempo como normas inviolables del sistema educativo. Más aún, debe observarse que estas nuevas experiencias han estado condicionadas seriamente por limitaciones legales, de modo que puede decirse que proyectos como el CRAT son experiencias de desescolarización dentro de las posibilidades del sistema legal vigente.

DEMANDA DE EDUCACION

En general, la demanda de educación está determinada por necesidades de recursos humanos calificados, necesidades socioculturales y presiones demográficas tales como la demanda social-colectiva condicionada por el crecimiento demográfico, las migraciones y el derecho a la educación, así como la demanda determinada por las aspiraciones de los individuos.[1]

Crecimiento de la Población

Venezuela tiene una población básicamente joven y una tasa de crecimiento poblacional entre las más altas del mundo. Esta situación obviamente plantea un reto en materia de educación. Los datos censales presentados en el Cuadro 1 revelan la magnitud del crecimiento de la población venezolana. Las tasas medias anuales de crecimiento intercensal en las dos últimas décadas son de 3.7 y 3.6 por ciento, respectivamente. Ello significa que la población se duplica aproximadamente cada 20 años. Por otra parte, diversos estudios señalan que esta tendencia no es un fenómeno reciente.[2] De modo que si bien es posible disminuir el ritmo actual de crecimiento poblacional a través de determinadas medidas de política de población, dichas tendencias sólo son alterables significativamente a largo plazo. Consecuentemente, se espera un fuerte aumento de la población en los próximos decenios.

El análisis de la estructura por edades señala que una proporción significativamente alta es menor de 15 años (46 por ciento en 1961 y 45 por ciento en 1971), es decir, población que debe ser atendida por el sistema educativo. Aunque para la última década se observa una disminución en términos relativos de la población menor de 9 años, quizás como resultado de un mayor control de natalidad, los datos censales y otros estudios permiten afirmar que la configuración joven de la estructura demográfica venezolana continuará relativamente estable en el futuro inmediato.[3]

El proceso de crecimiento demográfico ha sido acompañado por un rápido proceso de urbanización. El descubrimiento del petróleo y su explotación a partir de los años 1930 determinaron en parte el desarrollo de centros urbanos y el deterioro del sector rural. Posteriormente el proceso de industrialización iniciado a partir de 1950 ha acelerado y consolidado dicho fenómeno. De modo que entre 1930 y 1960 se ha invertido la distribución rural-urbana del país. La población urbana, que representaba aproximadamente 32 por ciento de la población total en 1930, en 1961 constituía 62 por ciento, cifra que había aumentado a 76 por ciento en 1971. Esta distribución puede observarse en el Cuadro 2. El acelerado proceso de urbanización ha generado un fuerte incremento en los niveles de aspiraciones educacionales y, como consecuencia, una creciente presión por más educación.

Nivel Educativo de la Población

Si bien el derecho a la enseñanza primaria gratuita fue establecido por decreto constitucional desde 1870, tradicionalmente sólo han tenido acceso al sistema educativo venezolano las élites.[4] Como resultado, la magnitud del analfabetismo es elevada. Sin embargo, el mismo se ha reducido considerablemente en años recientes. Mientras que en 1950 48.8 por ciento de la población era analfabeta, esta cifra había disminuido a 34.8 por ciento en 1961 y a 22.9 por ciento en 1971.[5] Si bien la disminución es significativa, queda aún un contingente importante de población por alfabetizar.

En 1950 la situación educacional del país era en extremo deficiente. Las cifras censales de 1950 indican que sólo 51 por ciento de la población en edad escolar había sido incorporada al sistema educativo. En 1961 dicha cifra había ascendido a 73 por ciento. A partir de 1958 se inicia un proceso de rápida expansión del sistema. Los esfuerzos se orientan al mejoramiento en términos cuantitativos de la educación, siendo el objetivo de más alta prioridad la incorporación masiva de la población en edad escolar a la educación primaria. A partir de 1961, el ritmo de crecimiento de la matrícula tiende a estabilizarse, y para 1971 81 por ciento de la población en edad escolar de primaria está incorporada al sistema educativo (ver Cuadro 3).

El fuerte incremento de la matrícula en educación primaria ejerce una creciente presión sobre la educación media. Como consecuencia, se inicia a partir de 1961 una marcada expansión de la enseñanza a nivel medio y, posteriormente, a nivel superior. Los datos que se presentan en el Cuadro 4 muestran claramente esta evolución y la prioridad en la atención de los niveles educativos.

La necesidad de responder a las fuertes presiones del crecimiento poblacional ha limitado la racionalización en la utilización y distribución de recursos asignados a la educación. De igual modo, ha limitado el mejoramiento de la calidad del sistema educativo y, en forma más general, la reflexión y el desarrollo de una estrategia para lograr alternativas educacionales adecuadas a las necesidades de un desarrollo integral.

Formación de Recursos Humanos

Otra función del sistema educacional consiste en producir los recursos humanos calificados que demanda el sistema económico. Generalmente se considera que uno de los escollos más importantes al desarrollo económico estriba en la escasez de mano de obra calificada. Sin embargo, la utilización de métodos de previsión de mano de obra para fines de planificación educativa resulta sumamente difícil y se acepta universalmente que no es posible hacer estimaciones con un nivel satisfactorio de precisión para plazos mayores de 10 años. En Venezuela estos métodos presentan dificultades adicionales derivadas de las características de su crecimiento reciente.

El proceso de industrialización venezolano se ha caracterizado por la utilización de una tecnología basada en el uso intensivo de capital y, por lo tanto, ahorradora de mano de obra. Si bien la magnitud de la demanda de mano de obra que dicho proceso genera es pequeña, se exige un alto nivel de calificación. Esto supone que un amplio sector de la fuerza de trabajo tenderá a ser marginado del mercado, y que el proceso de diversificación económica deberá en el futuro asumir determinadas características para garantizar el logro de las metas de empleo deseadas.

El Cuadro 5 permite analizar el perfil educacional de la fuerza de trabajo venezolana en la última década y presenta una estimación para 1985. En 1961 casi la mitad de la fuerza de trabajo era analfabeta o no había recibido educación formal. En 1971 se observa cambios significativos, especialmente una disminución en la proporción de analfabetas y un marcado incremento en los grupos de mano de obra activa con niveles de educación media y superior. Para 1985 se espera que el perfil educativo de la fuerza laboral continúe con las mismas tendencias.

El Cuadro 6 presenta una estimación del incremento de la demanda de recursos humanos, proyectada según niveles educativos, entre 1971 y 1985. Se presenta dos alternativas en la estructura educacional de dicha demanda, basadas en hipótesis que se definen al pie del cuadro, contrastándoselas con la estructura de la oferta, la cual se presenta en el Cuadro 7. Cabe señalar que el incremento neto del empleo estimado para el período oscila alrededor de 2.7 millones, y su estructura por nivel educativo señala el esfuerzo docente necesario para formar esta fuerza de trabajo. La proyección basada en la alternativa más factible, en términos de las tendencias de crecimiento de la economía venezolana, estima que 63 por ciento de la población que ingresará al mercado de trabajo en los próximos 10 años sólo requerirá educación primaria o menos, 31 por ciento requerirá formación a nivel medio y 6 por ciento formación a nivel superior.

Aspiraciones Educacionales

Componente esencial de la demanda social de educación lo constituye la demanda individual determinada por las aspiraciones educacionales de los miembros de la sociedad. En Venezuela existe evidencia de un alto nivel de aspiraciones educacionales. En un estudio reciente sobre aspiraciones y expectativas educacionales de los estudiantes de ciclo básico, los resultados obtenidos sobre una muestra nacional indican que 78 por ciento de los alumnos aspira a estudiar carreras de nivel superior, en tanto que sólo 6 por ciento aspira a egresar del sistema educativo con enseñanza a nivel medio.[6]

El análisis de las estructuras de matrícula a nivel medio en años recientes (véase Cuadro 8) revela que la orientación vocacional de la población estudiantil sigue aún un patrón tradicional, es decir, se orienta mayormente hacia la enseñanza secundaria, la que equivale a una educación preparatoria para la universidad. Es importante señalar que a partir de 1969 se implanta la reforma educacional a nivel de enseñanza media. Dicha reforma se fundamenta en la hipótesis que una diversificación de la enseñanza media permitirá una mayor adecuación del sistema escolar medio a las expectativas de desarrollo regional. Una segunda hipótesis de la reforma educativa expone que, a través de la oferta de distintas especialidades por región, puede alterarse los patrones tradicionales de la demanda educacional.

DISTRIBUCION DE RECURSOS EN EDUCACION
Y COSTOS UNITARIOS

El Cuadro 9 muestra el presupuesto del Ministerio de Educación, los gastos totales del gobierno central y el producto territorial bruto entre 1968 y 1972. El sector público absorbe más de 80 por ciento de la matrícula escolar del país. Puede observarse que el presupuesto del Ministerio de Educación casi se duplicó entre 1968 y 1972, absorbiendo 13 por ciento del presupuesto nacional en 1968 y 18 por ciento 4 años después. La baja en 1971 puede atribuirse a un crecimiento más bajo del presupuesto de las universidades en ese año.

El Cuadro 10 presenta la distribución porcentual del presupuesto del Ministerio de Educación por programas en años recientes. Puede observarse que entre 1963 y 1973 la proporción del presupuesto destinado a educación superior creció de 22 a 36 por ciento, lo cual ocurrió a expensas de la educación primaria, cuya proporción descendió de 49 a 36 por ciento en el mismo período. Por otro lado, según muestra el Cuadro 11, el crecimiento más veloz de la matrícula en Venezuela durante la última década ha sido experimentado por los niveles medio y superior, habiéndose registrado un descenso a nivel primario.

Resulta evidente que la distribución de matrícula escolar por niveles difiere de la distribución presupuestal (véase Gráfico 2). Esta marcada discrepancia, debida en gran parte a la diferencia en la escala de sueldos entre maestros de primaria y profesores de media y superior, se refleja en el índice de gastos unitarios correspondiente al período 1961-1967. Se estima que mientras el gasto por alumno a nivel primario ascendía a 444 bolívares anuales entre 1961 y 1967, la cifra correspondiente a nivel secundario era 1,021.20 bolívares anuales, a nivel técnico 2,202.24 bolívares, a nivel pedagógico 3,911.64 bolívares y a nivel universitario 6,473.52 bolívares.[7] Según puede observarse en el Cuadro 12, aun dentro de la enseñanza media existe marcadas diferencias en el gasto promedio por alumno. Finalmente, el gasto promedio por alumno a nivel primario parece aumentar considerablemente en grados más avanzados, debido a las diferencias en las proporciones alumno-maestro y a que en los grados iniciales se emplea maestros con menos experiencia cuyos sueldos son más bajos.

Un estudio reciente sobre asignación de recursos a escuelas primarias urbanas y rurales en Venezuela arroja una diferencia significativa entre ambas áreas, determinándose que el maestro rural, en comparación con el urbano, es de menor edad, tiene menos experiencia, enseña más de un grado a la vez y percibe menos remuneración. En efecto, en el año escolar 1971-1972 el sueldo promedio quincenal de maestros urbanos fue de 711 bolívares, mientras que el de maestros rurales fue de 652 bolívares. La mayoría de las escuelas rurales son unitarias o concentradas y, por lo tanto, disponen de menos aulas.[8] Esto hace suponer que la dotación de materiales didácticos y servicios sea aún menor que en las escuelas urbanas y que la supervisión sea menos frecuente.

En la estructura remunerativa al maestro se paga más por características no profesionales, tales como prima por hogar e hijos, que lo que se paga por experiencia docente, es decir, prima por escalafón. Desafortunadamente, la escala de remuneración actual no contempla compensaciones por cursos de mejoramiento profesional ni por su eficiencia.[9] La escala actual de remuneración induce a una proporción importante de los maestros más motivados a abandonar la enseñanza primaria en busca de otro trabajo que recompense sus esfuerzos de mejorar su calidad profesional. La carrera docente ofrece pocos incentivos a profesionales que deseen aumentar sus conocimientos y su capacidad de trabajo, esperando recibir por ello una recompensa económica adecuada.[10]

El Ministerio de Educación y los gremios docentes firmaron en 1973 un acta-convenio que, entre otros propósitos, intenta establecer normas que han de modificar la estructura tradicional de remuneración al docente. Dichas normas estarán orientadas en forma similar a las que determinan el régimen de administración del personal docente y de investigación de los institutos y colegios universitarios. Bajo dichas normas el régimen de ascensos está directamente vinculado con el nivel de calificación y el mejoramiento profesional.

RENDIMIENTO DE LA EDUCACION

Como puede observarse en el Cuadro 13, Venezuela ha experimentado un veloz crecimiento en su sistema educacional a partir de 1958. La matrícula escolar total aumentó 66 por ciento entre 1960 y 1970, habiéndose registrado incrementos en todos los niveles educativos. En términos globales, la matrícula escolar crece más rápidamente que la población, de modo que la población se educa cada vez más. Este incremento es aún más marcado cuando se incluye la matrícula en programas de educación realizados a través del Instituto Nacional de Cooperación Educativa (INCE), instituto autónomo adscrito al Ministerio de Educación, cuyo propósito consiste en la formación técnica a nivel básico de la fuerza de trabajo venezolana.

El presupuesto destinado a la educación oficial creció 160 por ciento durante el mismo período, es decir, mucho más rápidamente que la matrícula. Estas cifras de presupuesto no incluyen las erogaciones por concepto de edificaciones escolares, las cuales corren por cuenta del Ministerio de Obras Públicas y fueron sustanciales durante la pasada década. El presupuesto creció más rápidamente que la matrícula por dos razones: por un lado, crecieron los gastos por alumno en todos los niveles; por otro, la matrícula en los niveles de educación media y superior, cuyos gastos unitarios exceden a los de primaria, creció más velozmente que la matrícula a nivel primario.

En términos de eficiencia interna, el Cuadro 14 presenta estimaciones de la prosecución en educación primaria y media entre 1967 y 1972. Puede apreciarse que, a nivel de educación primaria, de cada 100 alumnos inscritos en primer grado en 1967, 54 ingresaron a sexto grado 6 años después. Dada la obligatoriedad de este nivel de educación, de cada 100 alumnos que se inscriben en primer grado deben ingresar casi todos a sexto grado 6 años después. En estos términos, los resultados parecen ser poco satisfactorios. Sin embargo, una apreciación del comportamiento de cohortes anteriores muestra un patrón ascendente en la relación entre el número de inscritos en sexto grado y el número de inscritos en primer grado 6 años antes. Estas cifras ascienden de 28 por ciento en 1963, 1964 y 1965 a 33 por ciento e

1966, 35 por ciento en 1967, 38 por ciento en 1968, 41 por ciento en 1969, 44 por ciento en 1970, 49 por ciento en 1971 y 54 por ciento en 1972.[11]

En 1969 se modificó el sistema de evaluación educacional y se introdujo la llamada promoción natural o automática, con el propósito, entre otras cosas, de facilitar la permanencia de los desertores potenciales en el sistema educativo. Sin embargo, aún es temprano para evaluar el impacto de la promoción natural en la disminución de la deserción escolar.

UNESCO ha elaborado un indicador de la eficiencia de la educación primaria. Este indicador consiste en el número promedio de años de educación impartidos para lograr un egresado del nivel en un período. En el caso de Venezuela, se estima que se invierte 11.42 años de educación para producir un egresado de sexto grado.[12] El excedente es producto de la combinación de deserción y repitencia, o sea, el desperdicio escolar. El coeficiente que resulta al dividir el promedio de años invertidos (11.42) entre los 6 años prescritos para el nivel es de 1.90. Cuando se compara el coeficiente de Venezuela con el resto de Latinoamérica (véase Cuadro 15), puede observarse que a Venezuela corresponde la mediana en el conjunto de los 15 países considerados.

Conocimientos Adquiridos por los Educandos

En Venezuela la evaluación nacional de los conocimientos adquiridos por los educandos mide el nivel de aprendizaje demostrado por los alumnos de acuerdo con las exigencias del programa oficial de estudios. La evaluación nacional tiene por objeto determinar el rendimiento del sistema educativo. En el sistema nacional de educación venezolano rige un programa único de estudios para cada materia de la educación pre-escolar, primaria y media, lo cual favorece la aplicación de esta metodología, basada en la validez del contenido del programa de estudios.

El Gráfico 3 ilustra los resultados de la evaluación nacional en lo que se refiere a operaciones aritméticas fundamentales. Los datos se aplican a una muestra representativa de alumnos venezolanos de sexto grado, a fines del año escolar 1968-1969. En dichos datos resalta el bajo rendimiento en el dominio de las operaciones fundamentales a nivel de sexto grado, último año de educación obligatoria en Venezuela. Como bien dicen los autores de la evaluación, "estos resultados adquieren mayor significación al considerarse que el dominio de las operaciones fundamentales constituye un instrumento básico, no sólo para el aprendizaje de contenidos programáticos más complejos, sino también para la solución de problemas concretos de la vida diaria".[13] Son más notables aún cuando se recuerda que, debido a la deserción, una proporción importante de la población del país no llega a sexto grado.

La Educación como Mecanismo de Movilidad Social

Generalmente se acepta que la educación es un instrumento efectivo de ascenso social. La expansión del sistema educativo puede generar modificaciones significativas en la estructura de clases de la sociedad, a través de la acción indirecta de la educación como mecanismo redistributivo de ingresos. En Venezuela la democratización de la enseñanza es un objetivo de alta prioridad en la política educacional.

Si bien el incremento de la matrícula ha sido alto en todos los niveles, esto no garantiza la igualdad de oportunidades educacionales. Para ello es necesario conocer el grado en que los diferentes grupos sociales se han beneficiado con el crecimiento de la educación. Los resultados de varias investigaciones indican que el sistema educativo actúa como instrumento selectivo, no sólo en función de la capacidad de los estudiantes, sino en función de la estructura de clases. Los Gráficos 4 y 5 revelan que la participación de los estudiantes de status socioeconómico bajo disminuye significativamente a medida que aumenta el nivel de educación.

Es interesante observar que la opción de rama de estudios a nivel de enseñanza media entre secundaria, técnica y normal, varía significativamente según el status ocupacional del padre. El Cuadro 16 ilustra claramente que, a más alta clase social, mayor es la tendencia a escoger secundaria y, generalmente, menor la tendencia a seleccionar técnica o normal.

Beneficios Económicos de la Educación

Se puede adoptar un punto de vista estrictamente económico para estimar los beneficios del sistema educacional. La evaluación de tal inversión se realiza mediante una comparación entre sus costos y sus beneficios. Por un lado, el resultado de esta evaluación permite comparar el rendimiento de la educación con el de otras inversiones y determinar si la inversión en capital humano, o educación, es más o menos rentable que la inversión en capital físico. Por otro lado, se puede conocer mediante este método si las inversiones en diferentes niveles educativos son igualmente rentables.

El análisis costo-beneficio puede realizarse mediante la estimación de la tasa de retorno a la educación, sea en términos sociales (tasa social de retorno) o en términos privados (tasa privada de retorno). Una estimación de la tasa social de retorno a la educación pública en la zona metropolitana de Caracas en 1970 brinda los siguientes resultados: 9 por ciento a nivel primario, 13 por ciento a nivel técnico, 16 por ciento a nivel secundario y 19 por ciento a nivel superior.[14] Por el momento, se puede afirmar que en Caracas "hay una correlación positiva entre la duración de los estudios y la magnitud de la tasa de retorno. Es decir, que la inversión educacional es más rentable en la medida que los estudios son más largos".[15] Es importante observar que, a medida que el país se desarrolla y se expande el sistema educativo, las tasas de retorno a la educación disminuyen. Para 1985 se prevé que la oferta de recursos humanos con educación superior será mayor que la demanda (véase Cuadro 6).

LINEAMIENTOS PARA LA ASIGNACION DE RECURSOS EN LA EDUCACION VENEZOLANA

Lineamientos Generales

La implementación de política educacional a través del proceso de asignación de recursos debe fundamentarse en orientaciones de carácter general. Se presenta a continuación algunas de estas orientaciones:

1. Al estimar las tendencias futuras del gasto en educación en Venezuela, se concluye que el mismo continuará aumentando. La alta tasa de crecimiento demográfico, la estructura joven de la población y sus aspiraciones a educarse cada vez más implican un aumento veloz en la demanda de educación. Las condiciones actuales de la mayoría de las escuelas--especialmente las primarias--no permiten considerar una reducción en los gastos por alumno. Dichas escuelas matriculan un promedio de 40 alumnos por sección. Los maestros de primaria son egresados de educación media con sólo 10 u 11 años de educación formal. Más bien que una reducción en sus gastos, las escuelas primarias y medias requieren una mejor dotación de bibliotecas, equipos de laboratorio e instalaciones deportivas. Por otro lado, la proporción del presupuesto nacional destinado a la educación tiene un límite definido por el monto y la tasa de crecimiento del presupuesto nacional y por las prioridades de los demás sectores.

   Todo esto implica que debe preverse una tendencia creciente en los gastos educativos del país, lo cual plantea claramente que es esencial reorientar la distribución del gasto en educación y determinar nuevas fuentes de financiamiento. Esto cobra vigencia especial en la actual coyuntura histórica que vive Venezuela, dados los sustanciales aumentos de sus recursos fiscales. Cualquier aumento significativo del gasto educacional debe orientarse fundamentalmente hacia aspectos que produzcan una modificación del sistema antes que una simple expansión del mismo. El primer tipo de gasto sería altamente reproductivo, y sería menos afectado por una modificación regresiva de la tendencia de crecimiento en los ingresos.

2. La asignación de recursos debe estar orientada por el propósito de alcanzar diversos fines educacionales. Una oferta de egresados universitarios mayor que la demanda de trabajo no debe entenderse como exceso de educación o pérdida de recursos destinados a la educación superior. Tal interpretación se basaría sólo en la dimensión económica de la educación; desde otro punto de vista, dichos recursos podrían cumplir con importantes funciones sociales. Es preciso evitar el peligro de planificar la educación, y por lo tanto asignar recursos, en función exclusiva de un aspecto parcial del producto educativo.

3. La asignación de recursos en la educación debe ser decidida en una perspectiva histórica. La educación es una actividad cuyos resultados se hacen sentir a mediano o largo plazo, es decir, en una sociedad cualitativamente diferente a la del momento en que se

tomaron las decisiones. Así, por ejemplo, la expansión de los sistemas educacionales modifica en el tiempo las tasas de retorno a la educación, siendo difícil predecir la demanda de recursos humanos que, en un lapso relativamente breve, planteará el cambio tecnológico.

4. Al asignar recursos es preciso analizar cuidadosamente las alternativas en cuanto a los medios o instrumentos que utiliza la educación. Aun cuando se tome en cuenta la factibilidad política de esos medios, casi siempre hay diversas alternativas con implicaciones diferentes en cuanto a los costos. En el campo de la educación hay muy pocos instrumentos de validez universal y absoluta.

5. Toda asignación de recursos debe otorgar prioridad a procedimientos concretos, factibles de implementarse y de valor estratégico en lo que se refiere a sus posibilidades de generar otras transformaciones. Por ejemplo, asegurar que en cada escuela del país se incorpore una biblioteca pequeña y económica, organizando alrededor de ella un conjunto de actividades, puede ser más significativo y útil que realizar complejos programas sobre didáctica para docentes. De igual manera, en lo que se refiere a reformas educacionales, debe preferirse alternativas que aseguren directa y fácilmente un cambio de conducta y no exijan necesariamente, como condición previa, modificación profunda de las características psicosociales. En otras palabras, debe evitarse alternativas que requieran el desarrollo de un gran aparato educativo para reeducar a quienes trabajan de una u otra manera en la educación.

Lineamientos Específicos

1. Las tasas de prosecución escolar, la selectividad del sistema educativo y las posibles futuras discrepancias entre oferta y demanda de recursos humanos sugieren la necesidad de destinar mayores recursos a la educación primaria en general y a los cuatro primeros grados en particular. Es preciso asegurar que quienes social y culturalmente se encuentran en una situación de desventaja para aprovechar los servicios educacionales reciban una educación adecuada. Concretamente, es preciso impartir una educación más personalizada en los primeros grados de primaria, crear incentivos para que los mejores docentes trabajen en esos niveles y equipar dichos grados adecuadamente.

2. Debe modificarse la estructura de la remuneración de los docentes para que estimule y recompense el mejoramiento profesional a lo largo de la carrera. Esto es especialmente importante para los maestros de enseñanza primaria.

3. Es preciso destinar mayores recursos a insumos educativos distintos al personal docente. Específicamente se recomienda la incorporación en todas las escuelas de servicios bibliotecarios que constituyan nuevas fuentes de aprendizaje al docente.

4. Si bien se reconoce el valor de la educación pre-escolar como forma de preparar al niño para las etapas educacionales posteriores, se considera de mayor prioridad asegurar que hasta los

6 años el niño reciba una nutrición básica que garantice mejor aprovechamiento de cualquier experiencia educativa.

5. Es preciso establecer un claro orden de prioridades en cuanto a los objetivos específicos del currículum, determinándose el mínimo necesario de aprendizaje por grado y nivel. Deberá destinarse una mayor proporción de recursos al logro de objetivos específicos de mayor prioridad tales como la lectura, entendida como capacidad de comprender el lenguage escrito y no como simple alfabetización.

6. Si bien se reconoce que es función del sistema educacional la preparación de recursos humanos con destrezas útiles para el aparato productivo, se considera conveniente descargar a la escuela de la responsabilidad de formación en destrezas específicas. Esta función debe transferirse en lo posible a las empresas. De tal manera, se disminuye la pérdida de recursos por la rápida obsolescencia de los conocimientos, especialmente en sociedades dependientes culturalmente y que no tienen un fácil control de la tecnología utilizada por la industria. El sistema educativo formal debe concentrar sus recursos en la preparación básica que permita una adaptación fácil a los requerimientos cambiantes de la sociedad.

7. Finalmente, es preciso destinar recursos al estímulo de iniciativas de innovación en los medios o instrumentos educacionales. Tales estímulos deben orientarse hacia procedimientos tanto escolarizados como desescolarizados. No se trata de educar a través de un procedimiento específico, sino de educar a través de procedimientos que garanticen el logro de objetivos con un mínimo de recursos.

CUADRO 1

POBLACION DE VENEZUELA CLASIFICADA POR GRUPO DE EDADES, 1950-1971

Grupo de Edades	Año						Crecimiento Medio Interanual	
	1950		1961		1971		1950-61	1961-71
	(Miles)	(Porcentaje)	(Miles)	(Porcentaje)	(Miles)	(Porcentaje)		
Total	5,035	100.0	7,524	100.0	10,722	100.0	3.71	3.60
0-4	848	16.8	1,374	18.3	1,735	16.2	4.48	2.36
5-9	687	13.7	1,163	15.5	1,655	15.4	4.90	3.58
10-14	575	11.4	902	12.0	1,456	13.6	4.17	4.90
15-19	497	9.9	680	9.0	1,228	11.5	2.89	6.08
20-24	474	9.4	618	8.2	954	8.9	2.43	4.43
25 y más	1,954	38.8	2,787	37.0	3,694	34.4	3.27	2.85

Fuente: Dirección General de Estadística y Censos Nacionales, "X Censo General de Población. Resultados Comparativos", (Caracas: 1972), p. 13.

CUADRO 2

POBLACION DE VENEZUELA CLASIFICADA POR AREAS URBANA, INTERMEDIA Y RURAL, 1950-1971

Area	Año					
	1950		1961		1971	
	(Miles)	(Porcentaje)	(Miles)	(Porcentaje)	(Miles)	(Porcentaje)
Total	5,035	100.0	7,524	100.0	10,722	100.0
Urbana	2,412	47.9	4,704	62.5	8,090	75.5
Intermedia	298	5.9	370	4.9	315	2.9
Rural	2,325	46.2	2,450	32.6	2,317	21.6

Fuente: Dirección General de Estadística y Censos Nacionales, "X Censo General de Población. Resultados Comparativos", (Caracas: 1972), p. 12.

CUADRO 3

POBLACION EN EDAD ESCOLAR (7 A 14 AÑOS) POR EDAD SEGUN ASISTENCIA
A CENTROS DE ENSEÑANZA REGULAR EN VENEZUELA,
1950-1971

Edad	Año		
	1950	1961	1971
	(Porcentaje)		
Total	51.3	73.2	80.9
7	42.5	60.2	82.2
8	49.9	72.2	87.0
9	55.7	77.5	89.5
10	55.9	79.0	90.8
11	59.0	80.3	90.9
12	53.0	77.6	81.4
13	52.8	74.8	69.6
14	43.5	66.6	55.8

Fuentes: Dirección General de Estadística y Censos Nacionales, "VIII-X Censo General de Población, 1950-1971", (Caracas) y Ministerio de Educación, Memoria y Cuenta, 1971 (Caracas).

CUADRO 4

ESTRUCTURA DE LA MATRICULA SEGUN NIVELES DE EDUCACION EN VENEZUELA, 1950-1973

Matrícula	1950-1951		1961-1962		1971-1972		1972-1973	
	(Número)	(Porcentaje)	(Número)	(Porcentaje)	(Número)	(Porcentaje)	(Número)	(Porcentaje)
Total	547,490	100.0	1,536,411	100.0	2,417,822	100.0	2,550,327	100.0
Primaria	503,122	91.9	1,298,427	84.5	1,838,314	76.0	1,894,206	74.3
Media	37,467	6.8	206,414	13.4	476,024	19.7	533,653	20.9
Superior	6,901	1.3	31,570	2.1	103,484	4.3	122,468	4.8

Fuente: Ministerio de Educación, Memoria y Cuenta, 1962, 1972, 1973 (Caracas).

CUADRO 5

PERFIL EDUCATIVO DE LA FUERZA DE TRABAJO EN VENEZUELA, 1961-1985

Nivel de Educación	Año		
	1961	1971	1985*
	(Porcentaje)		
Total	100.0	100.0	100.0
Analfabeta y sin nivel	47.9	37.7	23.8
Primaria	43.8	43.9	46.8
Media	6.5	15.2	24.4
Superior	1.8	3.2	5.0

*Proyección basada en la hipótesis que el perfil educativo de la fuerza de trabajo en actividades de servicios será en 1985 idéntico al de la fuerza de trabajo nacional en 1971.

Fuente: Oficina Central de Coordinación y Planificación, información inédita.

CUADRO 6

INCREMENTO DE LA OFERTA Y DEMANDA DE RECURSOS HUMANOS PROYECTADAS SEGUN NIVEL EDUCATIVO EN VENEZUELA, 1971-1985

Nivel de Educación	Oferta Proyectada		Demanda Proyectada			
			Alternativa A		Alternativa B	
	(Número)	(Porcentaje)	(Número)	(Porcentaje)	(Número)	(Porcentaje)
Todos los niveles	2,700,000	100.0	2,700,000	100.0	2,700,000	100.0
Educación superior	660,000	24.4	346,000	12.8	170,000	6.3
Completa	240,000	8.9	142,000	5.3	70,000	2.6
Incompleta	420,000	15.5	204,000	7.5	100,000	3.7
Educación media	1,420,000	52.6	1,162,000	43.0	830,000	30.7
Completa	630,000	23.3	463,000	17.1	330,000	12.2
Incompleta	790,000	29.3	699,000	25.9	500,000	18.5
Educación primaria	620,000	23.0	1,192,000	44.2	1,700,000	63.0
Completa	220,000	8.2	1,162,000	43.1	1,268,000	47.0
Incompleta	400,000	14.8	30,000	1.1	432,000	16.0

*La alternativa A de demanda está calculada suponiendo que el perfil educativo de las ocupaciones a crear entre 1971 y 1985 es uniforme para todos los sectores económicos. La alternativa B conlleva una diferencia importante en el perfil educativo de las ocupaciones entre los sectores de servicios.

Fuente: Oficina Central de Coordinación y Planificación, información inédita.

CUADRO 7

INCREMENTO DE LA OFERTA DE EGRESADOS PROYECTADA SEGUN NIVEL EDUCATIVO EN VENEZUELA, 1971-1985

Nivel de Educación	Egresados			
	Total		Activos	Inactivos
	(Miles)	(Porcentaje)	(Miles)	(Miles)
Todos los niveles	3,463.1	100.0	2,700.0	763.1
Educación superior	748.8	21.6	660.0	88.8
Completa	257.3	7.4	240.0	17.3
Incompleta	491.5	14.2	420.0	71.5
Educación media	1,727.6	49.9	1,420.0	307.6
Completa	758.1	21.9	630.0	128.1
Incompleta	969.5	28.0	790.0	179.5
Educación primaria	986.7	28.5	620.0	366.7
Completa	293.4	8.5	220.0	73.4
Incompleta*	693.3	20.0	400.0	293.3

*Incluye analfabetas.

Fuente: Oficina Central de Coordinación y Planificación, información inédita.

CUADRO 8

DISTRIBUCION DE LA MATRICULA DE EDUCACION MEDIA
POR RAMA, 1950-1972

Año	Rama			Total
	Secundaria	Técnica	Normal	
	(Porcentaje)			
1950	78.8	20.1	1.1	100.0
1960	59.3	15.7	25.0	100.0
1972	68.2	25.8	6.0	100.0

Fuente: Ministerio de Educación, Memoria y Cuenta, 1960, 1972 (Caracas).

CUADRO 9

PRESUPUESTO DEL MINISTERIO DE EDUCACION, EGRESOS TOTALES DEL GOBIERNO CENTRAL Y PRODUCTO
TERRITORIAL BRUTO EN VENEZUELA, 1968-1972

Año	Presupuesto del Ministerio de Educación (Millones de Bolívares)	Egresos del Gobierno Central (Millones de Bolívares)	Proporción (1/2)	Producto Territorial Bruto (Millones de Bolívares)	Proporción (1/3)
1968	1,189	9,104	.131	43,588	.027
1969	1,350	9,826	.137	45,797	.029
1970	1,654	10,295	.161	49,486	.033
1971	1,874	11,915	.157	55,690	.034
1972	2,250	12,841	.175	62,301	.036

Fuente: Banco Central, Informe Económico 1972 (Caracas), pp. A-165 y 196.

CUADRO 10

DISTRIBUCION PORCENTUAL DEL PRESUPUESTO DEL MINISTERIO DE EDUCACION
POR NIVEL EDUCATIVO EN VENEZUELA, 1963-1973

Nivel de Educación	Año							
	1963	1964	1965	1970	1971	1972	1973
Total	100	100	100	100	100	100	100
Primaria	49	48	43	38	36	34	32
Media	29	27	30	27	30	29	32
Superior	22	25	27	35	34	37	36
Monto (millones de bolívares)*	586	626	768	1,483	1,685	1,878	2,098

*No incluye los presupuestos adicionales ni las partidas destinadas a institutos autónomos, servicios centrales, administración central, control y evaluación y planificación educativa.

Fuente: Ministerio de Educación, Ley de Presupuesto.

CUADRO 11

DISTRIBUCION PORCENTUAL DE LA MATRICULA EN INSTITUTOS DEL MINISTERIO DE EDUCACION
POR NIVEL EDUCATIVO EN VENEZUELA, 1963-1972

Nivel de Educación	Año									
	1963	1964	1965	1966	1967	1968	1969	1970	1971	1972
Total	100	100	100	100	100	100	100	100	100	100
Primaria	79	77	76	75	73	71	69	68	66	64
Media	18	19	20	21	22	24	26	27	29	30
Superior	3	4	4	4	5	5	5	5	5	6
Total de Alumnos (miles)	947	997	1,034	1,099	1,154	1,219	1,320	1,432	1,573	1,684

Fuentes: Ministerio de Educación, Estadísticas Educacionales, 1971 (Caracas) y Ministerio de Educación, Memoria y Cuenta, 1972 (Caracas).

CUADRO 12

GASTOS CORRIENTES POR ALUMNO DEL MINISTERIO DE EDUCACION EN ESCUELAS PRIMARIAS Y MEDIAS DE VENEZUELA, 1969-1971

Nivel	Año	
	1969	1971
	(Bolívares)	
Primaria	436	588
Media	1,059	1,145
Secundaria	851	927
Artística	2,312	2,343
Artesanal	2,218	2,520
Industrial	1,765	1,672
Comercial	761	883
Técnica agrícola	6,720	2,864
Normal	2,256	2,513

Fuente: Gustavo Mollejas, "Análisis Comparativo del Gasto por Alumno y la Estructura del Gasto en los Programas de Primaria y Media del Ministerio de Educación en Venezuela para los Años 1969 y 1971", (Caracas: Ministerio de Educación, Departamento de Investigaciones Educacionales, 1973), Cuadros 3 y 3A.

CUADRO 13

MATRICULA Y PRESUPUESTO DE LA EDUCACION PUBLICA
EN VENEZUELA 1960-1971*

Nivel de Educación	Matriculados		Incremento
	1960-1961	1970-1971	
	(Miles)		(Porcentaje)
Primaria	1,081	1,586	47
Media	139	411	196
Superior	23	70	204
Total	1,243	2,067	66
Presupuesto (millones de bolívares)**	878	2,280	160

*La educación oficial absorbe más de 80 por ciento de la matrícula total.

**Comprende el presupuesto del Ministerio de Educación y los presupuestos destinados a educación por otros ministerios, gobiernos regionales y municipalidades.

Fuente: Ministerio de Educación, Estadísticas Educacionales, 1971 (Caracas).

CUADRO 14

PROSECUCION ESCOLAR PARA EDUCACION PRIMARIA Y MEDIA
EN VENEZUELA, 1967-1972*

Nivel de Educación**	Prosecución Escolar por Grado o Año de Estudio					
	Primero	Segundo	Tercero	Cuarto	Quinto	Sexto
	(Porcentaje)					
Primaria	100	80	78	74	64	64
Media	100	67	57	44	39	

*No se ha restado los repitientes en este cálculo, lo cual introduce un sesgo en las cifras; la prosecución real es probablemente menor que la indicada.

**No se dispone de cifras completas de las cohortes a nivel superior.

Fuente: Ministerio de Educación, Memoria y Cuenta, 1972 (Caracas).

CUADRO 15

RELACION ENTRE PROMEDIO DE AÑOS IMPARTIDOS POR EGRESADO DE PRIMARIA
Y DURACION PRESCRITA EN PAISES DE AMERICA LATINA

País	Duración Prescrita (Años)	Promedio de Inversión (Años por Alumno)	Relación Insumo-Producto
Argentina	7	10.73	1.53
Brasil	4	8.29	2.07
Colombia	5	12.00	2.40
Costa Rica	6	9.65	1.61
Chile	8	13.63	1.70
Ecuador	6	10.82	1.80
El Salvador	6	11.12	1.85
Guatemala	6	14.04	2.34
México	6	10.31	1.72
Nicaragua	6	14.44	2.41
Panamá	6	11.66	1.94
Paraguay	6	13.81	2.30
Rep. Dominicana	6	13.88	2.31
Uruguay	6	9.05	1.51
Venezuela	6	11.42	1.90

Fuente: UNESCO, Evolución y Tendencias del Crecimiento de la Educación en América Latina y el Caribe (París: 1971), p. 78.

CUADRO 16

DISTRIBUCION DE PREFERENCIA DE RAMA DE ESTUDIOS SEGUN
STATUS OCUPACIONAL DEL PADRE EN VENEZUELA

Rama de Estudios de Preferencia	Status Ocupacional del Padre			
	Alto	Medio Alto	Medio Bajo	Bajo
	(Porcentaje)			
Secundaria	88	69	59	50
Técnica	8	15	29	22
Normal	4	16	12	28
Total	100	100	100	100
Tamaño de la muestra	130	329	281	107

Fuente: Lilian León y Rae Lesser Blumberg, "Democratización y Diversificación de la Enseñanza a Nivel Medio", Educación, Revista para el Magisterio (Nos. 145-146, Octubre, 1972), pp. 37-63.

GRAFICO 1

ESTRUCTURA DEL SISTEMA EDUCATIVO
VIGENTE AL 12 DE AGOSTO DE 1970

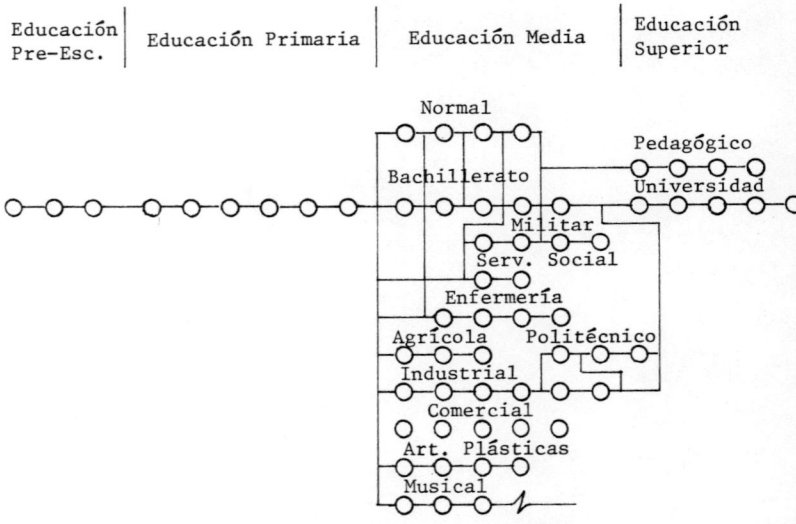

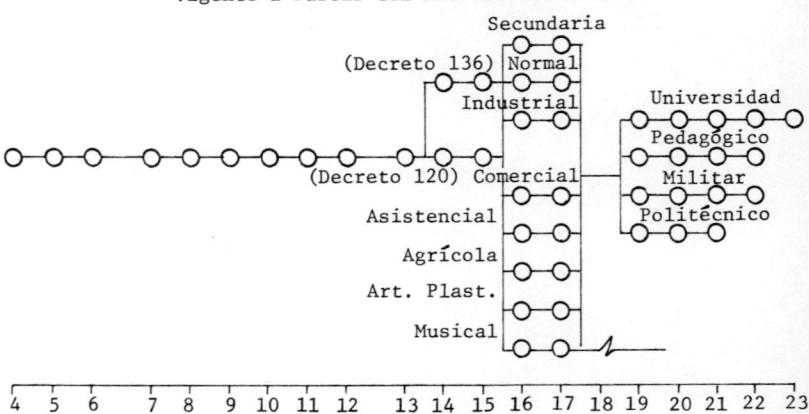

GRAFICO 2

MINISTERIO DE EDUCACION DE VENEZUELA
COMPOSICION DE LA MATRICULA Y DEL PRESUPUESTO EN 1972

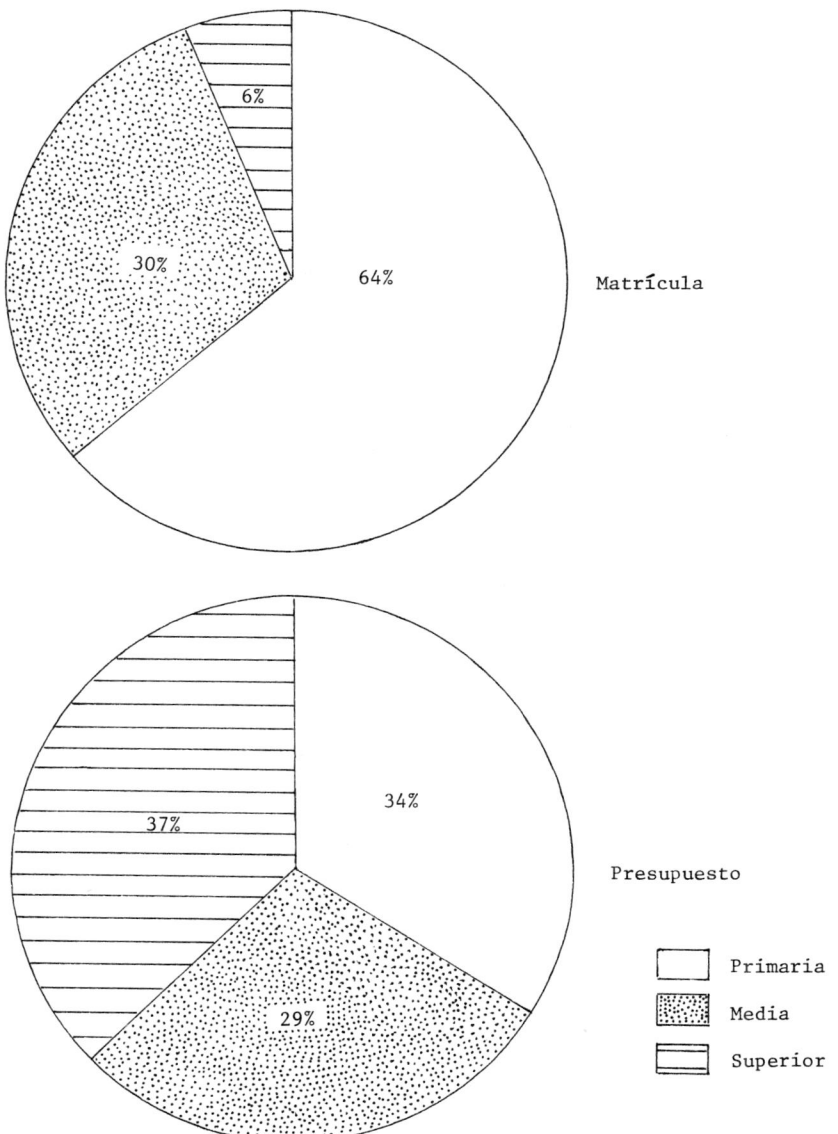

GRAFICO 3

NIVEL DE APRENDIZAJE POR OPERACIONES FUNDAMENTALES
RESULTADOS GLOBALES

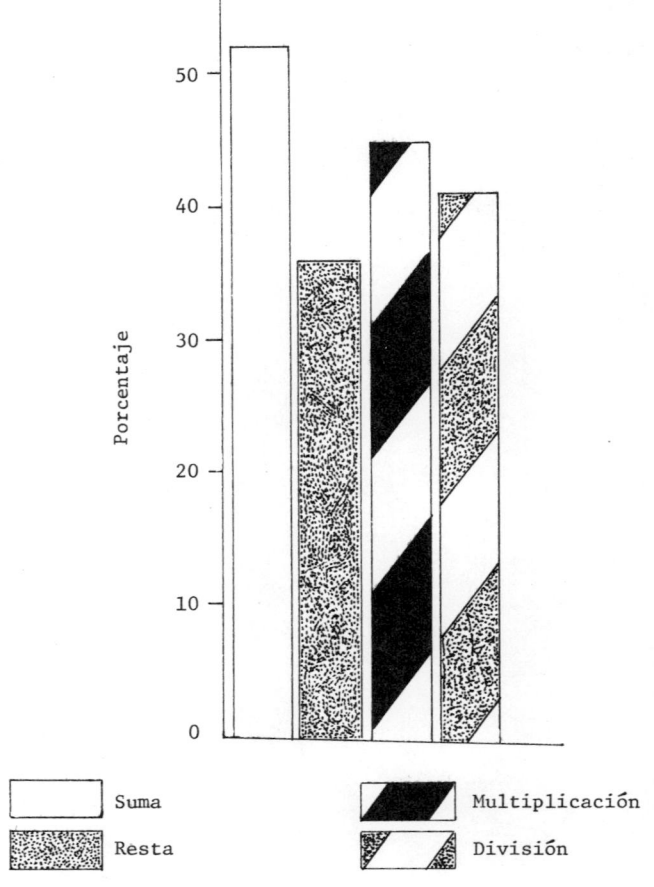

Fuente: Lilian León, Cylie de Mendoza, Ramón Piñango y Basilio Sánchez "Nivel de Aprendizaje de los Estudiantes Venezolanos de Sexto Grado en Adición, Sustracción, Multiplicación y División", (Caracas: Ministerio de Educación, Departamento de Investigaciones Educacionales, 1973), p. 6.

GRAFICO 4

ESCOLARIDAD Y OCUPACION DEL PADRE
(ESCUELAS OFICIALES DE CARACAS)

Fuente: Enrique Pérez Olivares, Más Aportes a la Reforma Educativa (Caracas: Ministerio de Educación, Dirección de Planeamiento, 1972), p. 320.

GRAFICO 5

ESCOLARIDAD Y OCUPACION DEL PADRE
(ESCUELAS PRIVADAS DE CARACAS)

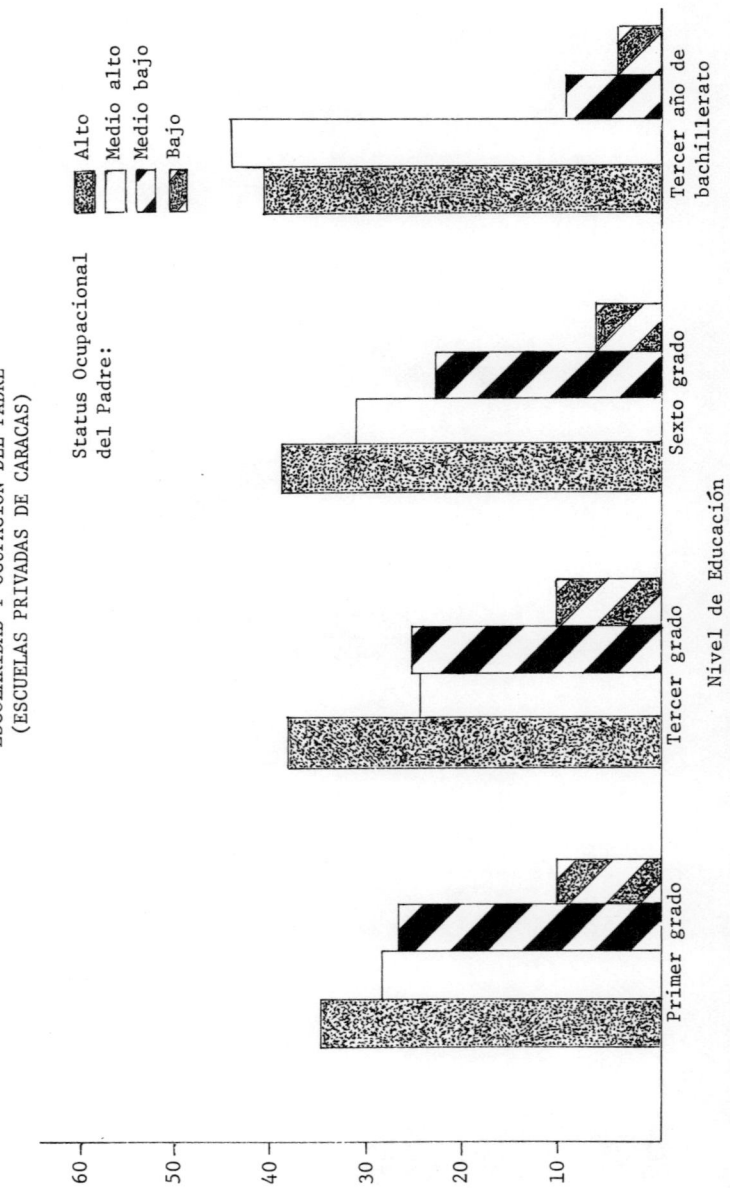

Fuente: Enrique Pérez Olivares, Más Aportes a la Reforma Educativa (Caracas: Ministerio de Educación, Dirección de Planeamiento, 1972), p. 321.

REFERENCIAS

1. Le Thank Khoy, Planificación de la Educación (Caracas: Mimeografiado, Curso de Planeamiento de la Educación, Septiembre, 1965).

2. Clement Pierret y Alberto Gruson, "Los Jóvenes en Venezuela. Examen de Datos Estadísticos Oficiales", (Caracas: Ministerio de Educación, Departamento de Investigaciones Educacionales, 1973), p. 11.

3. Clement Pierret y Alberto Gruson (op. cit.), p. 11.

4. Es a partir de 1958 que el estado venezolano ha iniciado esfuerzos sistemáticos por la democratización de la enseñanza.

5. Dirección General de Estadística y Censos Nacionales, "X Censo General de Población, 1971", (Caracas: 1973).

6. M. Arnal y J. Rivas, "Aspiraciones y Expectativas Educacionales de los Estudiantes del Tercer Año de Ciclo Básico Común", (Caracas: Documentos, Ministerio de Educación, 1972).

7. Lucía Pinedo Brige, "Guía de Estudio sobre Investigación y Planificación de Costos de la Educación", (Caracas: Ministerio de Educación, Departamento de Investigaciones Educacionales y Universidad Simón Bolívar, Instituto de Investigaciones Educativas, 1971), pp. IV-6.

8. Raizabel Andrade, "Asignación de Recursos Educativos entre los Medios Urbano y Rural de Venezuela", (Caracas: Ministerio de Educación, Departamento de Investigaciones Educacionales, 1973).

9. Elvia de Sánchez, "Estudio de la Remuneración al Personal Docente de Primaria del Ministerio de Educación con una Muestra de 450 Maestros", (Caracas: Ministerio de Educación, Departamento de Investigaciones Educacionales, 1973), pp. 32-3.

10. Lucía Pinedo Brige, "La Remuneración del Personal Docente de Primaria en Escuelas del Ministerio de Educación de Venezuela", en Dos Estudios sobre Costos de la Educación en Venezuela (Caracas: Ministerio de Educación, Departamento de Investigaciones Educacionales y OEA, Serie 2, No. 3, 1972) p. 38.

11. Ministerio de Educación, Memoria y Cuenta, 1972 (Caracas).

12. UNESCO, Evolución y Tendencias del Crecimiento de la Educación en América Latina y el Caribe (París: 1971), p. 78.

13. Lilian León, Cylie de Mendoza, Ramón Piñango y Basilio Sánchez, "Nivel de Aprendizaje de los Estudiantes Venezolanos de Sexto Grado en Adición, Sustracción, Multiplicación y División", (Caracas: Ministerio de Educación, Departamento de Investigaciones Educacionales, 1971), p. 6.

14. Hildebrando Barrios y Johnny Hidalgo, "Tasa Social de Retorno a la Educación Pública. Metodología y Cálculo (Zona Metropolitana de Caracas, 1970)", (Caracas: Ministerio de Educación, Departamento de Investigaciones Educacionales, 1973), p. 27.

15. Hildebrando Barrios y Johnny Hidalgo (op. cit.), p. 28.

ANALYSIS[1]

Harvey Leibenstein
Harvard University
Cambridge, Massachusetts

The paper by León, Piñango, and Vogeler is a valuable analysis of the educational situation in Venezuela. It demonstrates an awareness of basic issues, as well as an excellent appreciation of the difficult and subtle problems involved, and provides a careful assessment of many of the considerations that have to be taken into account in order to arrive at a set of sensible recommendations. If there appear to be in the comments that follow implicit recommendations different to some degree from those contained in the Ministry's paper, it is due in part to the fact that as an academician I can readily ignore constraints that governments cannot.

POPULATION GROWTH, EDUCATION, AND REPLACEMENT EFFECT

An interesting aspect of the paper lies in the fact that it is hardly concerned with the possible constraining influence of population growth on the provision of educational inputs. There appears to be a new type of developing country—the "rich-poor" country—that is actually or potentially rich in government revenues as a result of an unusual abundance of some basic resources, although in other characteristics it is similar to other developing countries. Such countries face many of the problems of developing countries, but not primarily the harsher problems of marshalling the resources to make a significant development effort.

On a previous occasion, I developed the notion of "the replacement effect."[2] The general idea is that the more rapid a rate of population growth, expenditure of resources for education per student remaining constant, the greater is the proportion of the population more educated than would otherwise be the case. Normally, the more rapid the rate of population growth, the less likely for resources per student to remain constant. However, in the resource-rich countries, this constraint need not be invoked. Thus, the replacement effect can be important in these countries.

The relationship between population growth and average level of education is illustrated in Figure 1. The line marked ZPG indicates the percent of population (weighted by years of education) with 10 years of education, compared to zero years of education, in a stable and stationary population. In contrast to the zero-population-growth case (ZPG), the case of rapid population growth (RPG)--3.5 percent percent per year in Venezuela--indicates a much more rapid growth of the average level of education in the first two decades. Eventually the RPG educational level falls below the ZPG level, since under ZPG the age structure is more favorable to those who have completed their education, as against those in the 0-to-5 group, or in the educational pipeline.

A simple numerical example illustrates the nature of the replacement effect. Suppose that in 1951 almost no one had any education. Suppose the initial population is 1,000 in 1951 and in a stationary population it remains 1,000 in 1971. Each year there are 15 births, 15 deaths, and approximately 15 move into the six-year age group to start their 10 years of education. Thus, in the twenty-year period, 300 individuals have either completed their 10 years of education or are in the pipeline.

By contrast, under the 3.5 percent growth rate, births are 45 per year, deaths are 10 per year, approximately 45 enter the educational pipeline, and each year the number of entrants increases. Over the twenty-year period, total population also increases. Population is 2,000 in 1971, and the number of individuals who have received 10 years of education, or are in the pipeline, increases to approximately 1,350. Thus, about two-thirds are in the education mill or have gone through it in the rapid-population-growth case at the end of two decades, whereas only 30 percent are in the same position in the zero-population-growth case.

THE PROBLEM

If finance is not a problem, what is? The basic problem lies in determining the objectives for education and the allocation of resources to meet those objectives. It would be simple to deal with this problem if education output were adequately described by years of education provided. In this case the factor to consider would simply be the social rate of return for a year of education versus returns to equal alternative outlays, and by comparing these rates the allocation could be determined.

The major difficulty of the rate-of-return approach is the lack of clarity as to the inputs to which the return occurs. Is the return to (1) the subject matter of the education, (2) some qualities acquired through education other than the subject matter, or (3) the screening-certification process that formal schooling provides? Part of the problem of determining the allocation of funds to educational uses lies in determining the specific inputs to which these funds are to be applied. An in-depth consideration of the problem would require an analysis of detailed input alternatives other than those traditionally used in the supply of some number of student-years of education.

EDUCATION, JOB TRAINING, AND LABOR DEMAND

The Ministry's document recommends that schools provide what might be called indirect education, and that job training be left to enterprises. This raises a number of fundamental questions. At what standard? At the standard of any enterprise? Or of the average enterprise? Or best-practice standard in Venezuela? Or best-practice standard elsewhere in the world? In other words, this is related to the fundamental question of whether the actual enterprises or vocational schools become the vehicle of raising the standard of economic practice.

With respect to formal education, apart from the vocational component, the question raised is whether we should continue with existing traditional modes of education or start with the demand for skills for various jobs and determine what common components are necessary for all jobs as a basis for the design of indirect education. For example, a great many jobs only require a certain level of literacy, but the desired level may be very different if determined on the basis of the nature of employment requirements as against that determined on the basis of traditional practices and traditional cultural standards.

A particularly significant problem is the matching of educational outputs to job availabilities at some target date. The nature of the problem is partly illustrated in Figure 2. For the lower years of education there is a scarcity of labor, while for the higher years of completed education there is a surplus. An aspect which is especially significant is whether or not, in the process of training, a person who gets more years of education learns skills which are available to those with less years of formal education completed. Consider some extreme examples: Can a physician become a truck driver, or can a lawyer become a bank teller? Clearly, if earlier skills are learned by those who have more than the requisite years of education, then there is a high degree of substitutability between individuals with different amounts of education. Such substitutability should ease the problem of absorbing the more educated portion of the labor force. If, on the other hand, those who receive more years of formal education proceed along very different tracks compared to those with less years (and high non-substitutability occurs), either (1) as a consequence of skill deficiencies or (2) as a consequence of learned attitudes which induce people to avoid lower-skill job opportunities when higher-skill alternatives are not available, then the problem of labor absorption is much more severe.

A second element has to do with what I have called in another context the "degree of X-inefficiency" in different occupations.[3] This aspect usually is ignored in considerations of this sort, although it is highly significant in determining the outcome. Two elements may be mentioned here. First, the average degree of X-inefficiency will determine labor demand--the higher the X-inefficiency, the higher is the capacity for absorption. Second, high degrees of X-inefficiency may stimulate the introduction of capital-intensive techniques so that labor is displaced to a greater degree than would otherwise be the case; that is, even if costs per man-year may appear to be low, costs per unit of effort may be high compared to the substitution of capital-intensive machinery for labor.

FIGURE 1

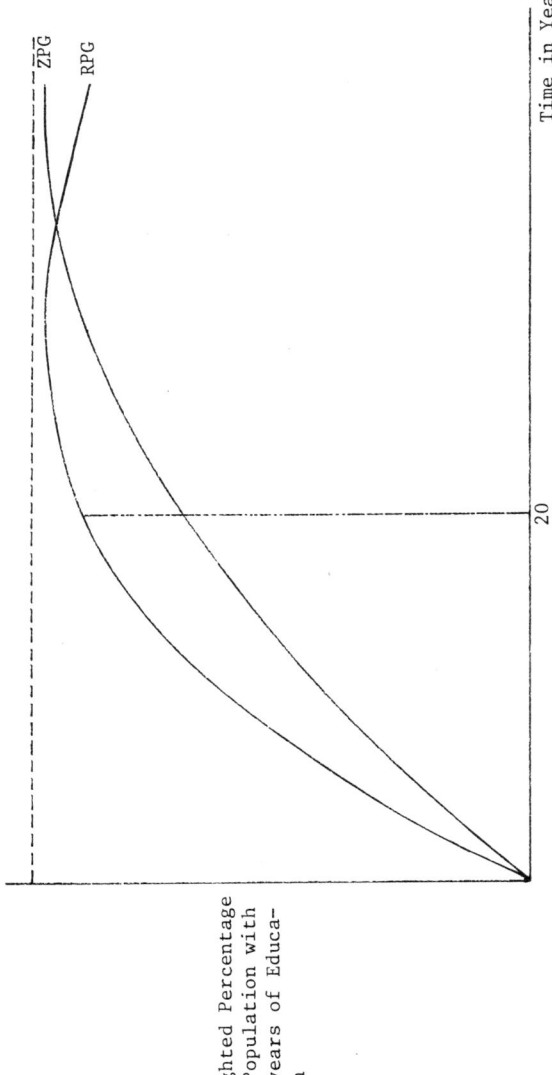

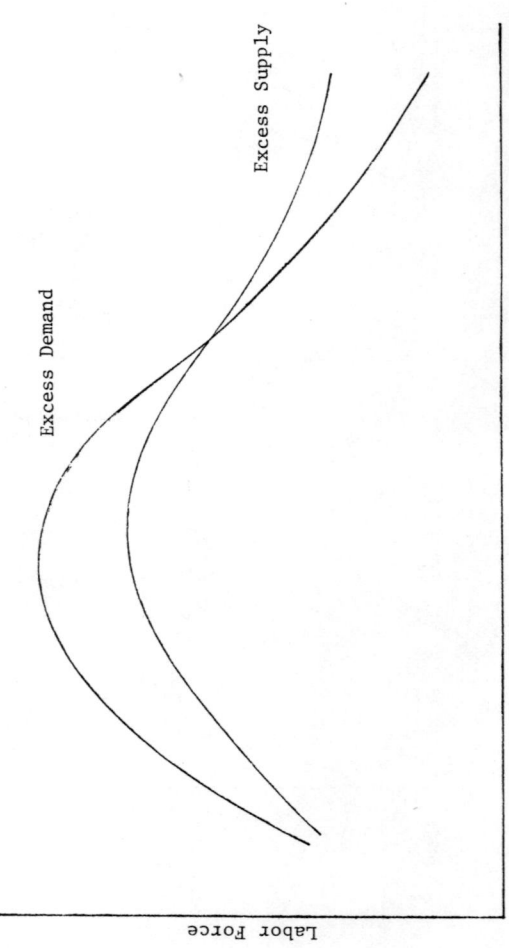

FIGURE 2

REFERENCES

1. I am indebted to Mrs. Inés Artis Basualdo of Buenos Aires for help in interpreting the Ministry's paper and indirectly in the preparation of these comments.

2. Harvey Leibenstein, "The Impact of Population Growth on Economic Welfare-Nontraditional Elements," in R. Revelle (ed.), Rapid Population Growth: Vol. II Research Papers (Baltimore: National Academy of Sciences, 1971), pp. 175-99. For an alternative view see Gavin W. Jones, "Effects of Population Change on the Attainment of Educational Goals in the Developing Countries," in R. Revelle (ed.), Rapid Population Growth: Vol. II Research Papers (Baltimore: National Academy of Sciences, 1971), pp. 315-67.

3. Harvey Leibenstein, "Efficiency Wages, X-Efficiency and Urban Unemployment," in W. Sellekaerts (ed.), Economic Development and Planning (London: Macmillan Press, Ltd., forthcoming); Harvey Leibenstein, "The Urban Unemployment Absorption Problem: An X-Efficiency Analysis," (Cambridge: HIER Discussion Series, Harvard University, May, 1973); Harvey Leibenstein, "Allocative Efficiency vs. 'X-Efficiency,'" American Economic Review (Vol. 56, No. 3, June, 1966), pp. 392-415; and Harvey Leibenstein, "Organizational or Frictional Equilibria, X-Efficiency, and the Rate of Innovation," Quarterly Journal of Economics (Vol. 83, No. 4, November, 1969), pp. 600-23.

ANALYSIS

John Saunders
Mississippi State University

The paper by our Venezuelan colleagues asks some important questions: What proportion of resources will be allocated to education as a whole? Within the educational sector, how will resources be distributed among competing needs such as teacher salaries, teaching materials, and school construction? What allocation of resources will be made with regard to different segments of the population such as rural and urban, socioeconomic standing, and geographic regions? In this analysis I would like to find a partial answer to the first of these questions by examining the twin effects of increasing costs of, and demand for, educational services.

Using data presented by León, Piñango, and Vogeler in Tables 8 and 9, I have estimated expenditures for primary, secondary, and higher education; the number of students enrolled in each category; and expenditure per student in 1963 and 1972. In 1963 expenditures per student were 619 bolívares, whereas in 1972 that figure was 1,115 bolívares, an increase of 80 percent (see Table 1). During the same period, cost per student in primary and secondary education combined increased from 497 to 747 bolívares, or approximately 50 percent. Particularly striking is the small increase in the cost per student in secondary schools, only 9 percent according to the data provided by the authors. Also striking is the sharp discrepancy between cost per student in primary schools and in institutions of higher education. Costs in the latter were 1,000 percent or more above those in the former. Unfortunately, the financial data are not adjusted for inflation, so that it is not possible to assess the real increases in expenditures. The fact, however, that the Ministry of Education's share of the budget increased from 13.1 percent in 1968 to 17.5 percent in 1972 seems to indicate that real increases in expenditures per student have occurred.

More central to this discussion are the future demands that educational services will make upon resources. I have attempted, within the limitations of the data at hand, to assess the impact of the growth of the school-age population upon funding. The relatively high population growth rate of Venezuela will result in a 1985 population of 17,400,000 as compared to 10,722,000 in 1971. In 1971, 29.1 percent of the population was between ages 5 and 14. If this proportion is assumed to remain constant, in 1985 there will be over 5 million peopl in this age bracket. Although the population aged 5-14 does not correspond exactly to the school-age population, it represents a reasonable approximation of the number of people eligible, by virtue of age, to enroll in primary or secondary school.[1]

According to León, Piñango, and Vogeler, the mean annual national budget growth for the period 1968-1972 was 10.2 percent. A linear projection of the national budget to 1985, at annual increments of 10.2 percent based on a 1972 budget of 12.841 billion **bolívares**, produces a 1985 budget of 29.868 billion bolívares. A similar projection of average cost per primary and secondary student yields a cost of 1,738 **bolívares** per student. The annual cost of educating 5,063,000 students in 1985, at an average cost of 1,738 **bolívares** each, would be 8.799 billion **bolívares**, which represents 29 percent of the national budget.

Although not every child of school age will attend school, even in 1985, a recent survey strongly suggests that almost every child will want to attend school.[2] Furthermore, 81 percent of the population aged 7-14 in 1971 actually was enrolled in school. Thus, it is reasonable to expect that rising educational needs and aspirations of a rapidly expanding population will pressure the government for an increasing share of the national budget pie.

Under these conditions, the most critical issue in resource allocation priorities is the distribution of resources among sectors. Is education to be favored in detriment of agriculture? Is education to be denied in favor of health? In which segment of the educational sector will investment yield the highest returns? Adult education? Vocational education? Higher education? What proportion of resources should be invested in which sectors and their programs so as to reduce population growth rates, and thus the source of further disequilibria?

In Venezuela and elsewhere the economic sectors which concentrate most of the demand for public funding, such as education, public health, agriculture, transportation, housing, and the military are each considered in some way essential to national welfare. Population growth plays an important role in determining the demand for resources allocated in most of these sectors. A reduction in the population growth rate would facilitate the solution of many social and economic problems, and permit a more rational and efficient allocation of resources. Therefore, the demographic facts of life for Venezuela confront policymakers with hard choices in long-range planning which must and will be made either by omission or by commission.

TABLE 1

EXPENDITURE, STUDENTS AND EXPENDITURE PER STUDENT BY EDUCATIONAL LEVEL
IN VENEZUELA, 1963 AND 1972

Level of Education	Year						1963-1972 Percentaje Change in Bolívares per Student
	1963			1972			
	Expenditure (Million Bolívares)	Students (Thousand)	Bolívares per Student	Expenditure (Million Bolívares)	Students (Thousand)	Bolívares per Student	
Primary	287	748	384	638	1,078	592	54
Secondary	170	171	994	545	505	1,079	9
Subtotal	457	919	497	1,183	1,583	747	50
Higher	129	28	4,607	695	101	6,881	49
Total	586	947	619	1,878	1,684	1,115	80

REFERENCES

1. Completion of primary and secondary education in Venezuela usually requires 11 years, from ages 7 through 17. The addition of ages 5 and 6 at the lower end and the exclusion of ages 15, 16 and 17 at the upper end largely cancel out.

2. M. Arnal and J. Rivas, "Aspiraciones y Expectativas Educacionales de los Alumnos de Tercer Año de Ciclo Básico Común," Ciclo Diversificado (Caracas: Ministerio de Educación, 1972).

VIII

BRAZIL: HEALTH, POPULATION, AND HUMAN PRODUCTIVITY

Mario Machado de Lemos
Minister of Health
Brasilia, Brazil

Allocation of human resources within the health sector is a function of prevailing attitudes toward health-related goods and services. It is imbedded in interrelated social, cultural, and economic forces. To the extent that the health system is open, its institutions reflect the total social system. It seems significant that health-care institutions in Brazil are dispersed, isolated, and often poorly organized. Quantitative data are scarce, unrealiable, and unsuitable for analyzing input-output relationships and for evaluating institutional performance and productivity in general.

The Brazilian government recently launched a program designed to expedite economic and social development. Within this program, the Ministry of Health (<u>Ministério da Saúde</u>) has defined policy priorities for health. Human resources have been placed at the top of these priorities.

HUMAN-RESOURCE PLANNING

An analysis of the situation in the health sector in Brazil reveals the existence of serious organizational obstacles, particularly in administration, information, and research. The Ministry of Health currently is trying to evaluate the applicability of alternative methodologies that could be used for programming of human resources in the field of health. The method eventually adopted could be based on either arduous, lengthy, and costly, or on simplified procedures. The choice will depend fundamentally on the quality of available data. Since programming of short-term human resources tends to be inoperative when it involves professionals requiring long-term training, programming cannot always be adjusted to the period established for the life of the health plan without substantially jeopardizing the effectiveness of the plan. Even if the program is medium- or long-range in nature, periodic adjustments contingent on the progressive accumulation of new information must be anticipated.

A commonly used method for programming human resources consists of establishing constant ratio goals between the number of professionals and indicators such as population or number of beds. This method assumes that a stable ratio will be maintained over time, an assumption that is not reasonable for long-term planning. A second commonly used method is for decision makers to adopt norms and patterns established in other countries. Differentials in the health situation and incidence of disease pose serious restrictions in the applicability of this method.

A third common method is to establish international or national analogies in terms of per-capita GNP or identification of prototypes in the country itself. Using an international analogy in terms of per-capita GNP, one may conclude that the number of physicians in Brazil in 1980 will probably reach levels observed in more-developed countries. Within the limitations of available resources, the Ministry of Health plans to start a program of identification of national prototypes in the near future. Such a program will require quantification of data and development of simulation models to determine personnel and management needs of health institutions.

Considering the time constraints, the quality of available data, and the relative scarcity of financial resources for making human-resource projections, the Ministry of Health has attempted to evaluate the current situation in Brazil by estimating the composition ratios that these resources must attain by 1980, according to the proportions presented and approved at the Third Special Meeting of the Ministers of Health of the Americas held in Santiago, Chile in October, 1972. The ratio goals established for 1980 include 8 physicians, 2.2 dentists, 4.5 nurses, and 14.5 nurse's aides per 10,000 people; 8.7 pharmacists per 100 physicians; and a composition of 38 percent of university-level personnel, 20 percent technical personnel, and 42 percent auxiliary personnel in the health sector.

ASSESSMENT OF THE SITUATION

Research conducted by the Ministry of Health suggests that the accelerated economic growth experienced by Brazil in recent years has produced a substantial modification in the structure of the demand for health-related goods and services. While in the 1960's population increased at a rate of 2.7 percent per year, GNP increased at an increasing rate, surpassing 10 percent per year toward the end of the decade. In 1969 there were approximately 29,091,000 persons employed in Brazil. Although the annual growth rate of employment in industry decreased from 2.9 to 2.6 percent during the 1960's, the institutional health system created 211,850 jobs during the same period, which represents an increase of over 21 percent per year. Such an increase in employment was probably due to an increase in the number of beds in hospitals and clinics.

Statistics indicate that in 1970 there were in Brazil 97,864 university-level professionals in the field of health, of whom 49 percent were physicians, 26 percent were dentists, 15 percent were pharmacists, 3 percent were veterinarians, and 7 percent were nurses. This implies that, on the average, for every 10,000 people there were 5.1 physicians, 2.7 dentists, 1.5 pharmacists, 0.3 veterinarians, and 0.7 nurses.

These professionals are distributed very unevenly throughout the nation and are mostly concentrated in the Southeast, South, Center-West, and North, where most of the population is concentrated. As would be expected, personnel in health-related professions are concentrated in state capitals.

In 1970 the institutional health system supplied a total of 311,747 jobs or 33 per 10,000 population, most of which (72 percent) were in hospitals. Approximately 15 percent of the jobs were supplied by official public health services, and the remaining 13 percent were supplied by parahospital establishments. It is estimated that 92,589 of the jobs provided by the institutional health system were held by university-level personnel. The occupational structure of the health sector varies widely among regions: In 1970 these ratios were 10 technicians and 364 assistants per 100 professionals in the North, 7 technicians and 283 assistants per 100 professionals in the Northeast, 9 technicians and 197 assistants per 100 professionals in the Southeast, 11 technicians and 160 assistants per 100 professionals in the South, and 11 technicians and 222 assistants per 100 professionals in the Center-West. The greatest proportional use of auxiliary personnel takes place in the North, Northeast, and Center-West, where per-capita income is lower than in the rest of the country (see Table 1).

The distribution of manpower in the institutional health system in 1961 was 52 percent professionals, 4 percent technicians, and 44 percent assistants. In 1970 the distribution changed to 30 percent professionals, 3 percent technicians, and 67 percent assistants. This tendency toward greater participation of auxiliary personnel took place throughout the nation (see Table 2), although it did not adjust to changes in the level of income experienced by the different regions (see Table 3).

Approximately 57 percent of the jobs created during the 1960's were located in state capitals. The number of health-related jobs in state capitals between 1961 and 1970 increased from 34.7 to 82.8 per 10,000 population, whereas in the interior of the country it increased from 8.7 to 19.3 per 10,000 population (see Table 4). About 45 percent of the 3,957 municipios in Brazil do not have a resident physician; these municipios, however, contain only 14 percent of the total population.

In 1972 there were 196 centers of higher education for training of human resources in the field of health in Brazil. Of these centers, 73 specialized in medicine, 49 in odontology, 26 in pharmacy, 16 in veterinary science, and 32 in nursing. In 1971 these schools had a total of 16,480 openings for which there were 107,340 candidates. These centers granted in 1970 7,764 degrees in the area of health: 44 percent in medicine, 23 percent in odontology, 16 percent in pharmacy, 7 percent in veterinary science, and 10 percent in nursing. The number of schools for health-related professional training increased from 116 in 1961 to 196 in 1972. In the case of medical schools the expansion was in the order of 150 percent. The number of graduates in health-related professions doubled between 1964 and 1970. It is projected that after 1975 an average of 8,200 physicians will be graduated every year, which implies that by 1980 the number of physicians will reach 102,000, or approximately 8 per 10,000 population.

Until recently, as a result of social pressure and cultural patterns, the institutional system of formal education in the field of health was basically oriented toward university training, with little attention being paid to technical training. Since 1971 training programs at the auxiliary level have been offered. Just during the first year of operation more than 12,000 certificates were issued after completion of courses in the areas of nursing, odontology, hospital administration, basic sanitation, and paramedicine.

POLICY GUIDELINES

Within a multidisciplinary-analysis framework, the Ministry of Health has defined the following human-resource policies as of top priority:

1. Establish technical and programming liason among institutions training and using human resources in the field of health.

2. Generate and update information on human-resource training, supply, distribution, and utilization.

3. Establish normative orientation and minimum patterns for utilization of manpower in the institutional health system.

4. Stimulate human-resource training programs.

5. Promote a more equitable geographic distribution of human resources.

6. Train local auxiliary personnel in providing first-aid health services in emergency cases.

HUMAN-RESOURCE PROGRAMS IN THE FIELD OF HEALTH

If present population and urbanization trends continue, the population of Brazil will reach 125 million people in 1980. Approximately two-thirds of this population will be concentrated in urban areas. The rate of economic growth, however, is expected to continue surpassing the population growth rate. Projections of per-capita GNP for 1980 are in the order of US$1,000. Such an increase in per-capita GNP, coupled with large migrations into the interior of the country, will lead to rising expectations in health as well as in other sectors.

In order to adjust the institutional health system to the economic and social situation projected for Brazil at the end of the 1970's, the Ministry of Health has established several basic formulations. The following programs deserve special mention:

Physicians

Projections indicate that in 1980 there will be in Brazil approximately 102,000 physicians, i.e., 8.2 per 10,000 population. Therefore, the goal of 8 physicians per 10,000 population recommended at the Third Special Meeting of the Ministers of Health of the Americas will be surpassed. The Ministry of Health currently is undertaking complementary action to accelerate physicians' migration into the interior of the country by means of alternative incentive mechanisms.

Dentists

At the end of this decade a supply of 60,000 dentists is projected for Brazil, which amounts to an average of 4.8 dentists per 10,000 population. This projection widely exceeds the 2.2 dentists per 10,000 population recommended at the Santiago meeting. Measures also are being taken to promote migration of dentists into the interior of the country.

Pharmacists

Forecasts indicate that the demand for pharmacists will be reasonably met by 1980, since approximately 20,000 pharmacists will have obtained adequate training.

Veterinarians

The demand for veterinarians in Brazil is largely determined by the agricultural sector, particularly in the areas of animal husbandry and hygiene. A supply of approximately 13,000 veterinarians is projected for 1980. This projection adequately meets the ratio recommended at the meeting of the Ministers of Health in Santiago. There will be a deficit, however, of veterinary assistants. In order to decrease the magnitude of such deficit, the Ministry of Health is planning to train at least 1,500 veterinary assistants per year throughout the rest of the decade.

Nurses

A serious deficit of nurses and nurse's aides is anticipated for 1980. While a minimum of 56,000 nurses and 180,000 nurse's aides was recommended at the Santiago meetings, projections indicate that the supply in these health-related professions will be 16,000 and 70,000, respectively. In order to correct this deficit, the Ministry of Health is trying to intensify and accelerate training of auxiliary personnel.

TABLE 1

PERCENTAGE DISTRIBUTION OF POPULATION, NATIONAL INCOME, HOSPITAL BEDS, AND UNIVERSITY-LEVEL PROFESSIONALS IN THE FIELD OF HEALTH BY GEOECONOMIC REGION IN BRAZIL, 1970

Region	Population	National Income	Hospital Beds			University-Level Professionals			
			Total	Public Sector	Private Sector	Physicians	Dentists	Pharmacists	Veterinarians
North	3.7	2	4	7	3	2	2	2	2
Northeast	28.7	15	21	21	20	16	11	11	18
Southeast	43.5	63	59	55	60	66	65	61	47
South	18.9	17	12	11	14	13	18	19	25
Center-West	5.2	3	4	6	3	3	4	7	8
Total	100.0	100	100	100	100	100	100	100	100

Sources: Instituto Brasileiro de Estatística, Anuario Estatístico do Brasil, 1971 (Rio de Janeiro) and Ministério da Saúde, "Levantamento sobre Profissionais da Saúde," (Rio de Janeiro: Departamento de Recursos Humanos para a Saúde, 1971).

TABLE 2

VARIATION IN HEALTH-RELATED JOBS BY OCCUPATIONAL LEVEL AND URBAN-RURAL LOCATION IN BRAZIL, 1961-1970

Occupational Level	Total			Urban-Rural Location						
				State Capitals			Countryside			
	1961	1970	Difference	1961	1970	Difference	1961	1970	Difference	
	(Number)		(Percentage)	(Number)		(Percentage)	(Number)		(Percentage)	
Professional level										
Physicians	35,992	70,853	97	19,606	40,551	107	16,386	30,302	85	
Dentists	4,858	7,858	62	2,826	4,107	45	2,032	3,751	85	
Pharmacists	1,022	2,554	150	393	2,176	454	629	378	-40	
Nurses	8,932	8,152	-9	4,838	4,973	3	4,094	3,179	-22	
Social workers	1,100	2,056	87	739	1,372	86	361	684	89	
Nutritionists	457	1,086	138	256	809	216	201	277	38	
Subtotal	52,361	92,559	77	28,658	53,938	88	23,703	38,571	63	
Technical level										
Laboratory technicians	1,451	3,698	155	754	2,270	201	697	1,428	105	
X-Ray technicians	1,419	3,254	129	538	1,929	202	781	1,325	70	
X-Ray assistants	1,139	2,454	115	459	1,051	129	680	1,403	106	
Subtotal	4,009	9,406	135	1,851	5,250	184	2,158	4,156	93	
Assistant level										
Nurse's aides	...	26,631		...	18,820		...	7,811		
Sanitary assistants	1,942	1,931	-1	777	641	-18	1,165	1,290	11	
Nurse's assistants	...	5,857		...	3,258		...	2,599		
Attendants	...	69,841		...	35,814		...	34,027		
Midwives	...	2,381		...	985		...	1,396		
Watchmen	6,049	9,162	51	1,836	2,443	33	4,213	6,719	59	
Other assistants	8,931	93,979	952	3,424	47,866	1,298	5,407	46,113	753	
Other personnel	20,523	...		9,759	...		10,764	...		
Subtotal	37,445	209,782	460	15,796	109,827	595	21,549	99,955	364	
Total	93,815	311,747	232	46,305	169,065	265	47,410	142,682	201	

Instituto Brasileiro de Estatística, Anuarios Estatísticos do Brasil, 1963-1972 (Río de Janeiro).

PERCENTAGE DISTRIBUTION OF THE OCCUPATIONAL STRUCTURE IN SELECTED STATES OF BRAZIL AND THEIR RESPECTIVE CAPITALS BY OCCUPATIONAL LEVEL, 1961-1970 AND PER-CAPITA INCOME IN 1968

Occupational Level	State													
	Pará		Piauí		Bahia		Rio de Janeiro		São Paulo		Paraná		Federal District	
	1961	1970	1961	1970	1961	1970	1961	1970	1961	1970	1961	1970	1961	1970
University	51	29	34	25	40	26	49	31	53	27	54	30	68	36
Technical	3	3	2	3	3	2	3	3	4	3	6	3	4	4
Assistant	46	68	64	72	57	72	48	66	43	70	40	67	28	60
Total	100	100	100	100	100	100	100	100	100	100	100	100	100	100
Per-capita income (Cruzeiros)	532.32		237.91		455.91		843.26		1,630.56		745.73		647.79	

Occupational Level	State Capitals													
	Belém		Terezina		Salvador		Niterói		São Paulo		Curitiba		Brasília	
	1961	1970	1961	1970	1961	1970	1961	1970	1961	1970	1961	1970	1961	1970
University	65	33	32	29	46	29	72	30	61	30	67	31	68	36
Technical	4	3	2	3	3	2	4	3	5	3	5	2	4	4
Assistant	31	64	66	68	51	69	24	67	34	67	28	67	28	60
Total	100	100	100	100	100	100	100	100	100	100	100	100	100	100

Source: Instituto Brasileiro de Estatística, Anuario Estatístico do Brasil, 1972 (Rio de Janeiro).

TABLE 4

INCIDENCE OF JOBS IN THE FIELD OF HEALTH PER 10,000 POPULATION BY OCCUPATIONAL LEVEL
AND URBAN-RURAL LOCATION IN BRAZIL, 1961-1970

Occupational Level	Urban-Rural Location					
	Total		State Capitals		Countryside	
	1961	1970	1961	1970	1961	1970
Professional level	7.14	9.79	20.54	26.45	3.99	5.21
Physicians	4.91	7.50	14.05	19.86	2.76	4.09
Dentists	0.66	0.83	2.03	2.01	0.34	0.51
Pharmacists	0.14	0.27	0.28	1.07	0.11	0.05
Nurses	1.22	0.86	3.47	2.44	0.69	0.43
Social workers	0.15	0.22	0.53	0.67	0.06	0.09
Nutritionists	0.06	0.11	0.18	0.40	0.03	0.04
Technical level	0.54	0.99	1.33	2.56	0.36	0.56
Laboratory technicians	0.20	0.39	0.54	1.11	0.12	0.19
X-Ray technicians	0.19	0.34	0.46	0.94	0.13	0.18
X-Ray assistants	0.15	0.26	0.33	0.51	0.11	0.19
Assistant level	3.13	22.29	5.89	53.79	3.50	13.48
Nurse's aides	...	2.82	...	9.22	...	1.05
Sanitary assistants	0.26	0.20	0.56	0.31	0.20	0.17
Nurse's assistants	...	0.72	...	1.60	...	0.35
Attendants	0.83	7.39	1.55	17.54	0.66	4.59
Midwives	...	0.25	...	0.48	...	0.19
Watchmen	0.82	0.97	1.32	1.20	1.71	0.91
Other assistants	1.22	9.94	2.46	23.44	0.93	6.22
Total	10.81	33.07	27.76	82.80	7.85	19.25

*Anuário Estatístico, 1963-1971 (Rio de Janeiro).

ANALYSIS

Sheldon J. Segal
The Population Council
New York, New York

In his paper, the Minister has described Brazil's remarkable achievements in health-manpower development during the recent past. In 1960 Brazil was graduating 1,342 medical doctors per year; today the number has more than tripled. The ratio of physicians per 10,000 population has improved from 3.7 in 1960 to the present level of 5.1, and can be projected to 8.2 by 1980. Similar gains can be cited with respect to other categories of health personnel and in terms of health facilities for both services and training. The number of medical schools, for example, has increased by 150 percent during 1960-1970, and additional ones are on the drawing board. It is clear that the health component is not only keeping pace with other fields in Brazil, but is probably one of the leading elements in its consistent economic and social progress.

The magnitude of this achievement, as well as the challenges ahead, are best viewed in light of the characteristics of population growth, population distribution, and age structure in Brazil. Brazil now has a population of approximately 101 million people, a birth rate of 38 per 1,000 population, and a death rate of 10 per 1,000 population. This implies an annual growth rate of 2.8 percent, a rate which will double the population every 25 years. Such a rate of growth and the dramatic rush toward urbanization already pointed out by the Minister have special meaning for those responsible for the country's health care.

Some of the basic demographic features of a number of countries, including Brazil, are presented in Table 1. This table contains a list of countries which happen to begin with the same letter of the alphabet, including examples from Eastern Europe, Western Europe, and from each of the developing continents. It can be observed from this table that the current crude death rate of Brazil is lower than that of other developing countries; however, while Brazil's crude death rate can be directly compared to that of Burundi, Burma, and Bolivia, it can be misleading to compare it with the death rates of Belgium and Bulgaria because of the differences in age structure. Brazil has a relatively young population and high infant mortality compared to Belgium or Bulgaria. Consequently, if the death rate for Brazil were adjusted to a structure equivalent to that of Bulgaria, Brazil's adjusted death rate would be about 15 per 1,000 population. In spite of the fact that the crude birth rate of Brazil is significantly lower than that of the other developing countries included in Table 1, its annual rate of growth is considerably higher than that of the other countries.

How will these demographic indicators change in Brazil over the next 30 to 40 years? Although it is impossible to project the demographic future of any country with certainty, three projections have been made: a high-population projection, a medium-population projection, and a low-population projection. In all three projections mortality is assumed to decline linearly to the mortality levels currently prevalent in more-developed countries. Regarding the future course of fertility, it is assumed in the high-population projection that the fertility level of 1970 will remain constant over the next 40 years. For the medium projection it is assumed that the net reproduction rate of 2.2 in 1970 will decline linearly to 1.1 over the next 40 years. Under this assumption the current annual growth rate of 2.8 percent will decline to 1.2 percent, that is, a decline of about 57 percent over 40 years, or an average decline of about 1.4 percent per year. For the low projection the net reproduction rate is assumed to decline to 1.1 over the next 30 years. (The net reproduction rate of 1.1 is slightly more than is necessary for replacement.) Under the low-population projection the decline in the growth rate over the next 30 years is equivalent to an average annual decline of about 1.8 percent. This annual rate of decline in growth is slightly lower than that observed in Chile during 1960-1970.

These projections represent three realistic alternatives for the demographic future of Brazil. Even from these gross population numbers it is evident that the alternatives yield different planning tasks with respect to resource development and allocation in the health field over the next 20 to 40 years. For example, based on these projections, in 27 years the total population requiring health services could vary from 175 to 232 million persons, a difference that could have substantial impact on current plans for the construction of medical schools and the establishment of clinic networks. These differences are illustrated in Figure 1.

The projections of total population do not reveal shifts in the underlying age structure of the total population. Differences in age structure will yield different needs for health services and thus different policies for health planning. Figure 2 illustrates the dependency ratios that will result under the high, medium, and low projections. The dependency ratio is the ratio of dependents (children below age 15 and adults above age 65) to potential wage earners (persons between ages 15 and 65). In Brazil in 1970, for every 100 potential wage earners there were 82 dependents for their support. Each of these groups requires different types of health services. In the case of the high projection, little change in the proportions of children and old people will take place over the years ahead. In the cases of the medium and low projections, however, very significant changes in these proportions occur, primarily due to marked declines in the proportion of children below age 15. Table 2 indicates one of the health-related consequences of this shift. The infant mortality rate for Brazil has been estimated at 102 deaths per 1,000 live births. This rate is considerably lower than in other developing countries, where the rates frequently exceed 150, but it is between 5 and 10 times higher than in most developed countries. Table 2 also shows that 39 percent of all annual deaths in Brazil are deaths of infants under one year of age. This statistic suggests that reduction of infant mortality should be a major health priority for Brazil.

Table 3 lists the principal causes of death among children under 5 years of age in the state of São Paulo in 1962. Diarrhea and nutritional deficiency during the perinatal period, gastritis and enteritis, influenza, and pneumonia account for 20 percent of child deaths. Hence, allocation of resources to combat infant mortality should particularly focus on these causes. In the state of São Paulo, one of the most heavily industrialized and urbanized areas in Brazil, 35 out of every 100 deaths that occur are children under 5 years of age. The situation in other parts of the country implies that morbidity and mortality in this age group constitute even higher proportions of the total rates.

In addition to crucial improvements in sanitation and nutrition that will be required for significant reductions in infant and child mortality, wide-scale preventive and curative health programs are needed, including making immunization available. Table 4 shows the level of activity toward meeting such needs in 1968. This level of preventive health-care services for infants, however, falls short of meeting the needs of the entire population in this age group.

The efforts of the Ministry of Health to close the gap will be profoundly influenced by which of the three demographic alternatives prevails in the future. Figure 3 illustrates the number of children under 5 years of age at various years between 1970 and 2010 for the three population projections. Clearly, if it is anticipated that the current level of fertility is maintained over the foreseeable future, then a major development of health services directed to meet the needs of this special age group will be required. Alternatively, if fertility declines appreciably over the next two or three decades, development of these services could plateau somewhere around 1990.

Table 5 presents the infant mortality rates for seven of Brazil's state capitals, ranging from a low of 46.7 deaths per 1,000 live births in Porto Alegre to a high of 182.9 deaths per 1,000 live births in São Luis. These statistics make it apparent that the current provision of services to combat infant mortality is extremely uneven, and consequently planning for the allocation of health resources over the next decades in Brazil cannot be meaningfully based on the kind of total population projections described above. Rather, it will be necessary first to examine the demographic features of each of these areas and then correlate them with the levels of health services currently provided in order to determine what future demands will be. Only in this manner can courses of action be identified and set to reduce infant mortality significantly on a nationwide basis in the years ahead.

Table 5 also indicates that the current level of infant mortality in Brazil is uncertain. Estimates vary from 70 to 150 deaths per 1,000 live births. The major cause of differences in these estimates lies in the degree to which they are based on data from incomplete registration systems in parts of Brazil. The lack of adequate data to provide a reliable measure of infant mortality in turn makes it difficult to adequately gauge any demographic impact of declining infant mortality. Depending on the current infant mortality rates, a reduction to a level of 50 or 25 deaths per 1,000 live births would yield either slight or very appreciable increases in the annual growth rate. In other words, the desired success in meeting the major health priority of reducing infant deaths will have demographic consequences of its own which will in turn affect further health planning. It is difficult, however, to plan for the resulting consequences in the absence of adequate statistics concerning the current mortality levels.

Let me emphasize the point of these remarks. A reduction in infant mortality levels is essential. But so, too, is further planning to meet the consequences of this reduction. The resulting increase in the annual growth rate of the population due to an increase in average family size will further influence planning for health resources. Among the consequences will be an increased demand for family-planning services. Such demand probably exists to some degree already in Brazil. For example, as Table 6 indicates, in 1961 the majority of women in Rio de Janeiro wanted no more children. If this is taken as an index of existing demand for family-planning services, it can be concluded that such demand is present among all women irrespective of the number of living children they already have, and that the demand for family-planning services increases with the number of living children, to the extent that four-fifths of women having 3 or more children want no more.

The field of public health has seen a quiet transformation of attitudes in the last decade, a transformation that has brought official, government-supported programs of family planning to a large portion of the world's population. Governments, which have traditionally accepted their responsibility for other health programs, now are providing support for programs designed to enable individual couples to regulate their fertility as they voluntarily wish. The movement began in India and has spread rapidly through Asia. Today, most countries in Asia provide family-planning programs, almost invariably within the context of a national program to slow down the rate of population growth. In Africa family-planning programs also are widespread, frequently introduced for their inherent health benefits or to provide individual choice to those dependent on government-subsidized health care. It is sometimes overlooked that the freedom of choice with respect to fertility can be thwarted by ignorance, poverty, or failure to have access to information or services. In this sense, the poor are less able to have the number of children they want than those who are more affluent. For the medically indigent, whether or not they have access to modern methods of fertility regulation and the freedom to choose their use depends on the availability of such services as part of the national health program. This factor, more than policies to reduce the rate of population growth, has prompted the introduction of family-planning services in many Latin American countries. Most of the world's population now lives in countries which have extended the function of national health services to include fertility programs. In 1973 this category included 94 percent of Asia's population, 58 percent of the people of Africa, 36 percent of Latin Americans, 100 percent of North Americans, virtually all Eastern Europeans, and about 50 percent of the people of Western Europe, mostly in the northern countries. Is this review of facts intended to suggest a course of action for Brazil, the subject of this discussion? If so, the course of action suggested is fact-finding and the analysis and monitoring of demographic information is essential as a basis for establishing priorities for health in Brazil.

TABLE 1

DEMOGRAPHIC FEATURES OF SELECTED COUNTRIES, 1973

Country	Population (Millions)	Crude Birth Rate (per 1,000)	Crude Death Rate (per 1,000)	Annual Rate of Growth (Percentage)	Number of Years to Double
Burundi	3.9	48.0	25.0	2.3	30
Burma	29.8	40.0	17.0	2.3	30
Bolivia	5.0	44.0	19.0	2.5	29
Brazil	101.3	38.0	10.0	2.8	25
Belgium	9.8	13.8	12.0	0.2	347
Bulgaria	8.7	15.3	9.8	0.6	117

Source: Population Reference Bureau, "1973 World Population Data Sheet," (Washington, D.C.: 1973).

TABLE 2

DEMOGRAPHIC FEATURES OF SELECTED COUNTRIES, 1973

Country	Life Expectancy at Birth (Years)	Population under 15 Years of Age (Percentage)	Crude Death Rate (per 1,000)	Infant Mortality Rate (per 1,000)	Infant Deaths over Total Deaths (Percentage)
Burundi	–	47	25.0	150	29
Burma	48	40	17.0	–	–
Bolivia	44.46	42	19.0	–	–
Brazil	58.63	43	10.0	102*	39
Belgium	68.74	24	12.0	19.8	2
Bulgaria	69.73	23	9.8	25.8	4

*1970 estimate.

Source: Population Reference Bureau, "1973 World Population Data Sheet," (Washington, D.C.: 1973).

TABLE 3

MAJOR CAUSES OF DEATH AMONG CHILDREN UNDER 5 YEARS
OF AGE IN THE STATE OF SÃO PAULO, BRAZIL, 1962

Principal Causes	Deaths (per 100,000)	Deaths out of Child Deaths (Percentage)	Deaths out of Total Deaths (Percentage)
Diseases of early infancy (diarrhea, nutritional deficiency, etc.)	607	27.3	9.5
Gastritis and enteritis	388	17.5	6.1
Influenza and pneumonia	263	11.9	4.2
Congenital malformations	79	3.6	1.3
All other	-	39.7	13.9
Total	-	100.0	35.0

Source: Pan American Health Organization, "Health Conditions in the Americas," (Washington, D.C.: Publication No. 138, 1966).

TABLE 4

INFANT PREVENTIVE HEALTH CARE IN BRAZIL, 1968

Type of Vaccination	Vaccinations	
	(Millions)	(Percentage)
Smallpox	1.28	36
Diphtheria	0.87	24
Polio	2.56	71
Measles	0.03	1

Source: Instituto Brasileiro de Estatística, "Anuario Estatístico do Brasil," (Rio de Janeiro: 1970).

TABLE 5

INFANT MORTALITY RATES IN SELECTED STATE CAPITALS
OF BRAZIL, 1969

City	Infant Mortality (per 1,000)
Brasilia	107.8
Curitiba	75.4
Porto Alegre	46.7
Recife	165.3
Rio de Janeiro	52.9
Salvador	83.7
São Luis	182.9

Source: Instituto Brasileiro de Estatística, "Anuario Estatístico do Brasil," (Rio de Janeiro: 1970).

TABLE 6

PERCENTAGE OF WOMEN WANTING NO MORE
CHILDREN, BY NUMBER OF LIVING CHILDREN
IN RIO DE JANEIRO, 1961

Number of Living Children	Women (Percentage)
1	24
2	54
3	76
4	83
5	82
6 or more	82
Average all respondents	61

Source: Dorothy Nortman, "Population and Family Planning Programs," in Population Council, Reports on Population/Family Planning (No. 2, September, 1973).

FIGURE 1

THREE POPULATION PROJECTIONS FOR BRAZIL, 1970-2010

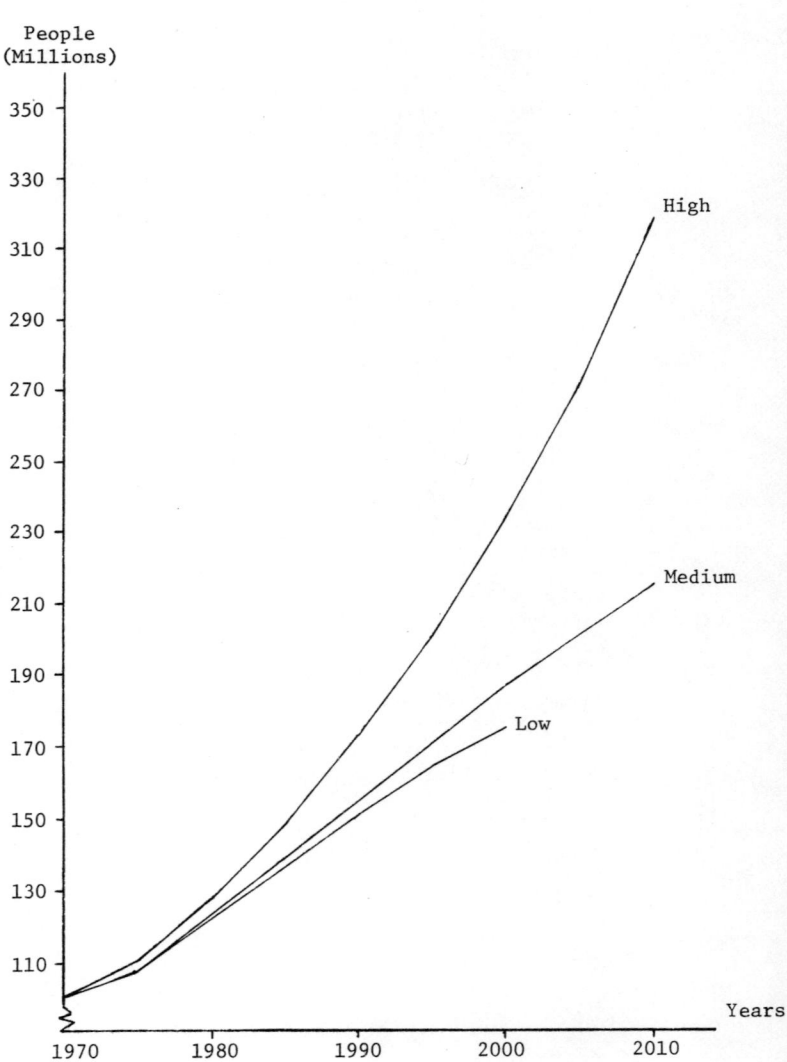

FIGURE 2

DEPENDENCY RATIOS OF THREE POPULATION PROJECTIONS FOR BRAZIL, 1970–2000

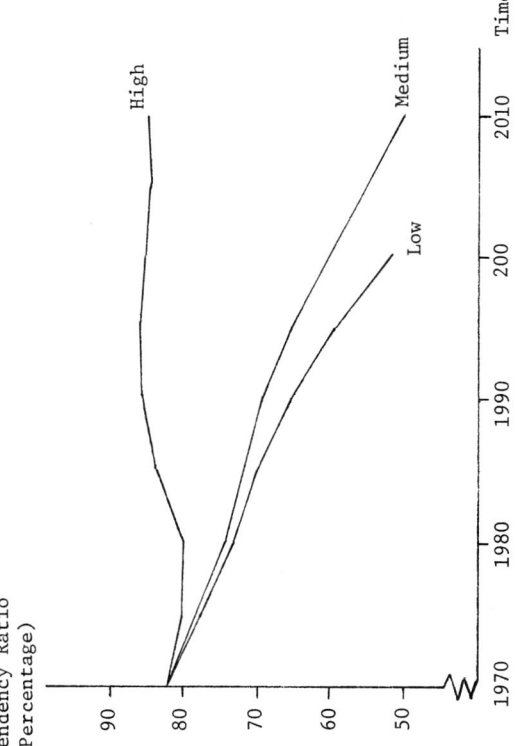

FIGURE 3

POPULATION UNDER 5 YEARS OF AGE IN THREE POPULATION
PROJECTIONS FOR BRAZIL, 1970-2010

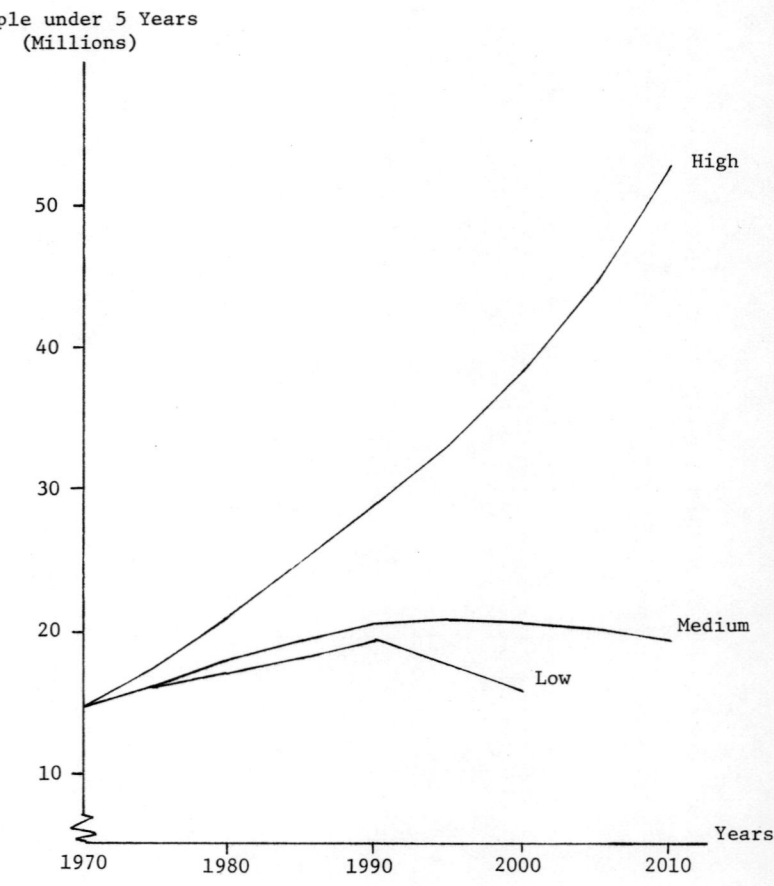

IX

COLOMBIA: SALUD, POBLACION Y PRODUCTIVIDAD HUMANA

José María Salazar
Ministro de Salud Pública
Bogotá, Colombia

Este documento presenta un análisis de la población colombiana y su evolución a partir del Censo de 1964. En el mismo se pone de relieve la situación de salud del país, así como los recursos con que cuenta el sector.

ASPECTOS DEMOGRAFICOS

La Realidad Demográfica y sus Interrelaciones con la Salud

Las relaciones recíprocas entre la realidad demográfica y la salud pueden analizarse bajo tres perspectivas diferentes. La primera consiste en analizar la salud como una variable independiente en relación al fenómeno demográfico, aunque éste depende de aquélla. Dicho enfoque estudia solamente las influencias de los programas y la situación de salud sobre tamaño, composición y cambios de la población. Cabe anotar, por ejemplo, que el actual crecimiento demográfico del país se debe en gran parte a los adelantos logrados en los programas de salud, ciencia y tecnología médica en los últimos años. La segunda perspectiva analiza el impacto que la evolución demográfica tiene sobre la salud y la atención médica, mientras que el tercer enfoque incluye las relaciones de dependencia que guardan la salud y el fenómeno demográfico con respecto al desarrollo económico y social de un país.

Este último planteamiento es un criterio básico, tanto para la política de salud como para la poblacional, en el actual Plan de Desarrollo del Gobierno. Dicho plan considera que la disminución del ritmo de crecimiento poblacional y el mejoramiento de los niveles de salud se relacionan estrechamente con los cambios que ocurren en la estructura económica y social. Ello implica que la evolución demográfica y de salud de Colombia requiere esfuerzos apropiados para lograr transformaciones estructurales tales como una mejor distribución del capital y del ingreso y una mejoría sustancial, tanto cualitativa como cuantitativa, en los niveles educativos de la población colombiana.

Población Total

La población total, según el Censo de 1964, fue de 17,484,508 habitantes. Estimaciones para 1972 eran en el orden de 22,500,000 habitantes. De acuerdo con los últimos censos, las tasas intercensales de crecimiento exponencial muestran un acelerado ritmo, como puede observarse a continuación.

Período	Tasas por 1,000
1918-1938	20.17
1938-1951	21.89
1951-1964	31.46

Estas tasas implican que la población se duplica en períodos cada vez más cortos (ver Gráfico 1).

Composición de la Población Según Grupos Quinquenales de Edad y Sexo

Puede observarse en el Cuadro 1 y el Gráfico 2 que el mayor incremento de población entre 1951 y 1964 ocurrió en los grupos menores de 15 años.

Menores de 1 año. A partir de 1951 este grupo presentó los siguientes incrementos:

Censo 1951	3.65%
Censo 1964	3.60%
Estimación 1972	3.90%

Primera infancia (1-4 años). Este grupo presentó los siguientes incrementos a partir de 1951:

Censo 1951	13.20%
Censo 1964	14.04%
Estimación 1972	14.10%

Edad escolar (5-14 años). La evolución de este grupo a partir de 1951 ha sido la siguiente:

Censo 1951	25.87%
Censo 1964	28.99%
Estimación 1972	29.60%

Edad activa (15-64 años). La proporción de la población en edad activa, según el Censo de 1964, fue de 60.47 por ciento, mientras que la población económicamente activa ascendió a 48.17 por ciento de la población total.

Vejez (65 años y más). Este grupo ha variado poco en el período intercensal 1964-1972. Su participación en el volumen total de la población se ha mantenido alrededor de 2.9 por ciento. En la actualidad, el Ministerio de Salud Pública adelanta proyectos coordinados con otros sectores a fin de otorgar atención especial a este grupo, con el propósito de rehabilitarlo, mejorando así su capacidad productiva.

Determinantes de la Evolución de la Población

Natalidad. Diversos estudios estiman que la tasa bruta de natalidad ha variado muy poco durante el presente siglo. La misma fue de 46.5 por 1,000 en el período 1398-1951 y ascendió levemente a 47.2 por 1,000 en el período 1951-1964. Este ligero aumento en la natalidad puede atribuirse a la mejor atención médica recibida por la madre en las últimas décadas. Las tasas brutas de natalidad en Colombia, a pesar de ser altas, tienden a subestimar la fecundidad, al estar fuertemente influenciadas por la estructura etaria de la población. Un indicador más adecuado de la fecundidad en Colombia es la tasa de fecundidad, pues se refiere a la población femenina en edad fértil y no a la población total como sucede con la tasa de natalidad. La tasa general de fecundidad en 1964 fue de 213.2 por 1,000.

Mortalidad y esperanza de vida al nacer. La mortalidad en Colombia ha disminuido progresivamente durante las últimas décadas, de 16.2 por 1,000 en 1935 a 14.7 en 1945, 12.2 en 1955, 10.8 en 1960 y 9.8 en 1965. Los cambios en la esperanza de vida al nacer pueden observarse en el Cuadro 2. Los resultados presentan un aumento promedio de 7 años en la esperanza de vida durante el período 1951-1965, siendo levemente mayor la ganancia en el sexo masculino.

Movimientos migratorios. Los movimientos migratorios de origen externo han desempeñado un papel secundario en el crecimiento demográfico del país, puesto que la emigración y la inmigración externa se compensan. En cambio, el proceso de redistribución interna de la población ha adquirido nuevas y amplias dimensiones. Las características y motivaciones de los desplazamientos geográficos son diferentes en distintas regiones de Colombia, ya que la redistribución poblacional es a su vez causa y consecuencia del proceso económico y social por el que atraviesa la nación.

Quizás la expresión más característica y de mayores implicaciones en los cambios económicos y sociales de un país en vías de desarrollo como Colombia la constituye el proceso de urbanización. Mientras que la población urbana en 1951 era sólo 38.9 por ciento del total, ésta alcanzaba 52.8 por ciento en 1964. Se calcula que para el año 2000 80 por ciento de la población colombiana estará concentrada en las ciudades.

Tasa bruta de reproducción. Según información suministrada por el Departamento Administrativo Nacional de Estadística, la tasa bruta de reproducción en 1964 fue aproximadamente igual a la de 1951: 2.94 por 1,000 en 1951, 3.00 por 1,000 en 1957 y 2.93 por 1,000 en 1964. Colombia presenta un rápido crecimiento poblacional debido a altas tasas de fecundidad y a un rápido descenso en la mortalidad. De continuar en vigencia las circunstancias actuales, la población habrá de duplicarse en sólo 21 años.

ASPECTOS DE SALUD

Indicadores de Cobertura

Existe en Colombia un total de 44,691 camas para una población estimada en 22.5 millones de habitantes, lo cual implica una relación de 2 camas por cada 1,000 habitantes. El sector oficial[1] controla 74.5 por ciento de las camas hospitalarias, el sector del seguro social controla 11.8 por ciento y el sector privado el 13.7 por ciento restante.

En 1972 se realizaron 18,804,505 consultas médicas para 6,591,652 personas, de las cuales el sector oficial cubrió 60.7 por ciento de la población, el sector de seguridad social 35.4 por ciento y el sector privado 3.9 por ciento. La cobertura total alcanzada fue de 28.1 por ciento con respecto a la población total.

Según la evaluación de las actividades odontológicas desarrolladas por los servicios seccionales de salud en 1972, la cobertura en atención odontológica ofrecida por los sectores oficial y de seguridad social comprendió 12.4 por ciento del total de la población colombiana, porcentaje que ha variado muy poco en los últimos años, a pesar de haberse incrementado los servicios.

Para mejorar la situación odontológica de la población colombiana, el Ministerio de Salud Pública ha proyectado la implantación de un sistema preventivo con base en la utilización de las sales de flúor y la próxima instalación de 254 nuevos equipos, así como la adquisición de otros 100 equipos transportables para cubrir los centros poblacionales menores de 5,000 habitantes. Por último, se prepara la formación de 600 auxiliares de odontología social, quienes prestarán servicios de atención odontológica delegada en zonas rurales.

Estas proyecciones, quizás un tanto ambiciosas, plantean al Ministerio de Salud Pública un gran reto, difícil de lograr dentro de los esquemas tradicionales de prestación de servicios. Dichas proyecciones alcanzarían una cobertura del 80 por ciento, lo cual obliga a trabajar dentro de un sistema de regionalización de la atención médica y odontológica que permita fijar funciones a cada nivel y delegar en personal técnico y auxiliar actividades que han de contar con la debida supervisión de niveles superiores.

Requerimiento de Materiales y Equipos para Atender el Nivel Presente de Demanda de Servicios

El Ministerio de Salud Pública ha creado recientemente el Grupo de Dotación y Mantenimiento de Hospitales, el cual fija normas sobre requerimientos de equipos para cada nivel de atención médica. Como primer paso, se espera dotar completamente 7 hospitales nuevos y complementar la dotación de otros 75 hospitales con un costo total de 220 millones de pesos. Además, se ha adquirido dotación para 80 laboratorios clínicos, 265 centros de salud y 850 puestos de salud. Para el desarrollo de programas de odontología se ha adquirido equipos por valor de 21 millones de pesos, los cuales están en proceso de distribución. Finalmente, se espera que la creación del Centro Nacional de Mantenimiento logre la normalización del mantenimiento preventivo de los hospitales, así como la recuperación de equipos que en la actualidad se encuentran fuera de servicio.

RECURSOS HUMANOS PARA LA SALUD EN COLOMBIA

El país cuenta actualmente con el siguiente personal en el área de salud:

10,625 médicos en total
3,188 médicos especializados
2,450 enfermeras profesionales
9,664 auxiliares de enfermería certificadas
11,523 auxiliares de enfermería no certificadas (ayudantes)
2,025 promotoras rurales de salud
2,880 odontólogos
597 auxiliares de consultorio odontológico
114 auxiliares de higiene oral
20 auxiliares de odontología social
1,865 laboratoristas clínicos
62 ingenieros sanitarios
1,456 promotores de saneamiento

Estos recursos, cuya relación por cada 10,000 habitantes se muestra en el Cuadro 3, se encuentran repartidos en 4 niveles de regionalización, a saber, nivel rural, nivel local, nivel regional y nivel universitario.

Nivel Rural

Este nivel lo componen 844 puestos de salud, en los que se ubican 844 auxiliares de enfermería y 2,025 promotoras rurales de salud, lo cual constituye una relación de 2.4 promotoras rurales por cada auxiliar de enfermería.

Nivel Local

El nivel local se divide a su vez en dos subniveles: subnivel local A y subnivel local B. El subnivel local A está compuesto por un conjunto de servicios ubicados en cabeceras municipales con más de 3,000 habitantes. En este nivel se realiza labores de diagnóstico y tratamientos ambulatorio y hospitalario en medicina general, urgencias y rehabilitación. El nivel local B abarca poblaciones intermediarias entre el subnivel local A y el nivel regional. Además de ofrecer las mismas dotaciones básicas del subnivel A, el subnivel B cuenta con instalaciones quirúrgicas para cirugías de urgencia y electiva. Componen el nivel local 361 instituciones con 9,819 camas hospitalarias. En ellas se ubican 541 cargos médicos generales, 42 cargos de enfermeras profesionales y 2,006 cargos de auxiliares de enfermería. La relación médico/auxiliar de enfermería a este nivel es de 1/4.44.

Nivel Regional

Este nivel incluye algunas especialidades médicas y acepta dos modalidades, una mínima o regional A, ubicada en la sede de las áreas programáticas, y la regional B o central, ubicada en las capitales departamentales que carecen de facultades de medicina. Este nivel está compuesto por 96 instituciones hospitalarias con 9,797 camas, 1,315 cargos médicos generales, 134 cargos de enfermeras y 3,379 cargos de auxiliares de enfermería. Las relaciones establecidas a este nivel son de 0.19 enfermeras profesionales y 4.59 auxiliares de enfermería por cada médico y 0.83 auxiliares de laboratorio por cada laboratorista clínico.

Nivel Universitario

El nivel universitario se encuentra localizado en ciudades que tienen facultades de medicina. Lo componen 11 hospitales ubicados en 7 ciudades, con un total de 5,432 camas. Cuenta con 1,495 cargos médicos generales, 205 cargos de enfermeras generales y 2,967 cargos de auxiliares de enfermería. Las relaciones interprofesionales con respecto a las cabezas de equipo son de 0.19 enfermeras y 2.80 auxiliares de enfermería por cada médico, 0.9 auxiliares de consultorio por cada odontólogo y 1.14 auxiliares de laboratorio por cada laboratorista clínico.

Déficit de Recursos Humanos

Las diferencias entre disponibilidad de recursos humanos en el área de salud y los requerimientos que la demanda actual de servicios presenta en los sectores oficial y de seguro social pueden observarse en el Cuadro 4. Dentro de las nuevas políticas de mayor cobertura y mejor calidad de servicios, las cifras de la tercera columna manifiestan un déficit de recursos humanos bajo la hipótesis de rendimiento establecida en los módulos hospitalarios para los diferentes niveles de regionalización.

RECURSOS FINANCIEROS PARA LA SALUD

En 1969 integraban los sectores de salud y seguridad social las siguientes instituciones:

Sector de Salud

1. Ministerio de Salud Pública.
2. Instituto Colombiano de Bienestar Familiar.
3. Instituto Nacional de Fomento Municipal.
4. Corporación Proveedora de Instituciones de Asistencia Social.
5. Instituto Nacional para Programas Especiales de Salud.
6. Instituto Nacional de Cancerología.

Sector de Seguridad Social

1. Instituto Colombiano de Seguros Sociales.
2. Caja Nacional de Previsión Social.
3. Caja de Sueldos de Retiro de las Fuerzas Armadas.
4. Caja de Sueldos de Retiro de la Policía Nacional.
5. Hospital Militar Central.
6. Caja de Previsión Social del Ministerio de Comunicaciones.

A partir de 1971 entró a formar parte del sector de seguridad social la Caja de Previsión Social de la Superintendencia Bancaria. En 1972 el Fondo Nacional Hospitalario fue incorporado al sector de salud. La Corporación Proveedora de Instituciones de Asistencia Social fue liquidada en 1973.

Gasto del Estado en el Sector de Salud

Entre 1969 y 1972 la asignación de recursos financieros del estado al campo de salud se duplicó, variando de 3,271 millones de pesos en 1969 a 4,471 millones en 1970, 5,686 millones en 1971 y 6,703 millones en 1972. Dichos egresos corresponden a un promedio de 159.8 pesos por habitante en 1969, 211.7 en 1970, 260.9 en 1971 y 298.0 en 1972.

El presupuesto total del gobierno colombiano se ha incrementado durante el mismo período, pasando de 27,729 millones de pesos en 1969 a 35,117 millones en 1970, 43,341 millones en 1971 y 52,219 millones en 1972. Estas cifras implican que el porcentaje del egreso total asignado a los sectores de salud y de seguridad social han permanecido estables en el orden del 13 por ciento.

El gobierno colombiano considera que la inversión en salud constituye uno de los mecanismos más significativos en el proceso de disminución de desigualdades sociales, a través de una sana política de redistribución del ingreso. A fin de dar cumplimiento a las políticas de salud trazadas en función del desarrollo económico y social, ha sido necesario replantear los criterios que en el pasado sustentaron la asignación de recursos al sector, así como la distribución interna de los mismos, con el propósito de que esto contribuya positivamente a mejorar el bienestar social y a elevar la productividad de los colombianos. Sobre estas bases se ha elaborado un plan de inversiones para los próximos 3 años, el cual contempla un incremento presupuestal progresivo para el sector de salud con respecto a los egresos totales del estado. Partiendo de la proporción de 13 por ciento en 1972, la misma se elevó a 15.4 por ciento en 1973, a 18.6 por ciento en 1974 y se proyecta en 19.0 por ciento para 1975.

CUADRO 1

POBLACION POR GRUPO DE EDADES Y SEXO EN COLOMBIA, 1951-1964

Grupo de Edades	1951		1964	
	Hombres	Mujeres	Hombres	Mujeres
Total	5,579,259	5,649,250	8,614,652	8,870,327
Menores de 1 año	209,740	200,862	318,769	311,725
de 1 a 4 años	741,593	720,885	1,243,488	1,211,765
de 5 a 9 años	794,410	768,958	1,418,522	1,382,217
de 10 a 14 años	684,054	657,753	1,148,494	1,120,549
de 15 a 19 años	545,073	605,411	836,284	929,756
de 20 a 24 años	532,423	550,555	671,272	746,103
de 25 a 29 años	409,300	447,242	549,667	616,153
de 30 a 34 años	342,250	337,311	500,217	530,081
de 35 a 39 años	317,645	334,197	443,163	481,243
de 40 a 44 años	248,475	239,771	359,926	358,742
de 45 a 49 años	193,630	196,659	291,251	300,973
de 50 a 54 años	183,052	175,580	262,251	256,047
de 55 a 59 años	110,369	105,721	167,127	164,475
de 60 a 64 años	107,313	116,939	163,818	176,149
de 65 a 69 años	61,523	63,339	92,211	97,338
de 70 a 74 años	45,952	57,175	68,296	80,691
de 75 a 79 años	23,794	27,398	39,394	44,794
de 80 a 84 años	16,629	24,807	23,652	33,480
de 85 a más años	12,034	18,687	16,850	28,046

Fuente: Departamento Administrativo Nacional de Estadística, "XII-XIII Censo Nacional de Población, 1951-1964", (Bogotá).

CUADRO 2

ESPERANZA DE VIDA AL NACER POR SEXO EN COLOMBIA
1951-1965

Año	Sexo			
	Hombres		Mujeres	
	Esperanza de Vida	Ganancia en la Esperanza de Vida	Esperanza de Vida	Ganancia en la Esperanza de Vida
1951	51.37	-	54.86	-
1957-1958	55.04	3.67	58.59	3.73
1963-1965	58.58	3.54	61.81	3.22
1951-1965	-	7.21	-	6.95

Fuente: Ministerio de Salud Pública, información inédita.

CUADRO 3

RELACION ENTRE RECURSOS HUMANOS ASIGNADOS AL CAMPO DE SALUD
Y POBLACION EN COLOMBIA, 1972

Tipo de Personal	Relación de Recursos Humanos (por 10,000 Habitantes)
Médicos generales	4.73
Médicos especializados	1.42
Enfermeras profesionales	1.09
Auxiliares de enfermería certificadas y no certificadas	9.42
Promotoras rurales de salud	1.91*
Odontólogos	1.28
Auxiliares de odontología	0.28
Auxiliares de odontología social	-
Laboratoristas clínicos	0.83
Ingenieros sanitarios	-
Promotores de saneamiento	0.65

*Este índice se refiere a la población rural.

Fuente: Ministerio de Salud Pública, información inédita.

CUADRO 4

ESTADO ACTUAL Y NECESIDADES DE PERSONAL EN LOS SECTORES OFICIAL Y DE SEGURO SOCIAL SEGUN NIVEL DE REGIONALIZACION EN COLOMBIA, 1970

Tipo de Personal	Utilización Actual					Necesidades Actuales					Déficit				
	Rural	Local	Regional	Universitario	Total	Rural	Local	Regional	Universitario	Total	Rural	Local	Regional	Universitario	Total
Médico general	-	451	354	346	1,151	-	671	490	272	1,433	-	220	136	-	356
Médico de salud pública	-	-	7	5	12	-	-	96	11	107	-	-	89	6	95
Médico especialista	-	-	376	712	1,088	-	-	923	513	1,436	-	-	547	54*	601
Odontólogo general	-	-	56	11	67	-	-	122	68	190	-	-	66	57	123
Enfermera profesional	-	-	134	205	339	-	-	327	208	535	-	-	193	3	196
Laboratorista clínico	-	-	127	128	255	-	-	96	27	123	-	-	-	-	-
Auxiliar de enfermería	844	2,006	3,379	2,967	9,196	4,067	3,681	3,679	2,037	13,464	3,223	1,675	300	-	5,198
Auxiliar hospitalario polivalente	-	-	-	-	-	-	310	-	-	310	-	310	-	-	310
Auxiliar de laboratorio	-	-	105	146	251	-	-	384	109	493	-	-	279	-	279
Auxiliar de consulta odontológica	-	-	-	10	10	-	-	122	68	190	-	-	122	58	180
Auxiliar de higiene oral	-	20	74	6	100	-	341	122	22	485	-	321	48	16	385
Auxiliar de odontología social	-	20	-	-	20	-	361	-	-	361	-	341	-	-	341
Promotora rural	2,000	-	-	-	2,000	18,333	-	-	-	18,333	16,333	-	-	-	16,333

*Aunque aparentemente y en términos globales sobran especialistas, los recursos son escasos, sobre todo en los campos de la anestesiología, patología y radiología.

Fuente: Ministerio de Salud Pública, información inédita.

GRAFICO 1

CRECIMIENTO Y DUPLICACION DE LA POBLACION DE COLOMBIA, 1916-1991

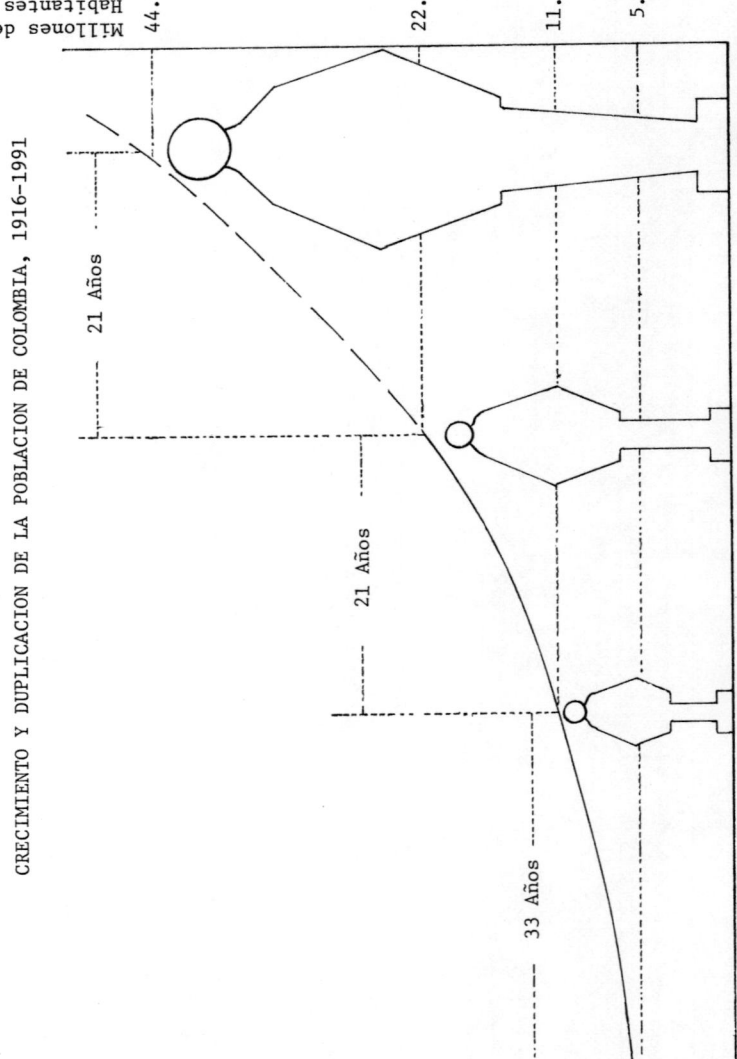

Fuente: Centro Latinoamericano de Demografía, Boletín Demográfico (Santiago, Chile: Año 2, No. 4, Julio, 1969).

GRAFICO 2

PIRAMIDE DE EDAD DE LA POBLACION DE COLOMBIA, 1951-1964

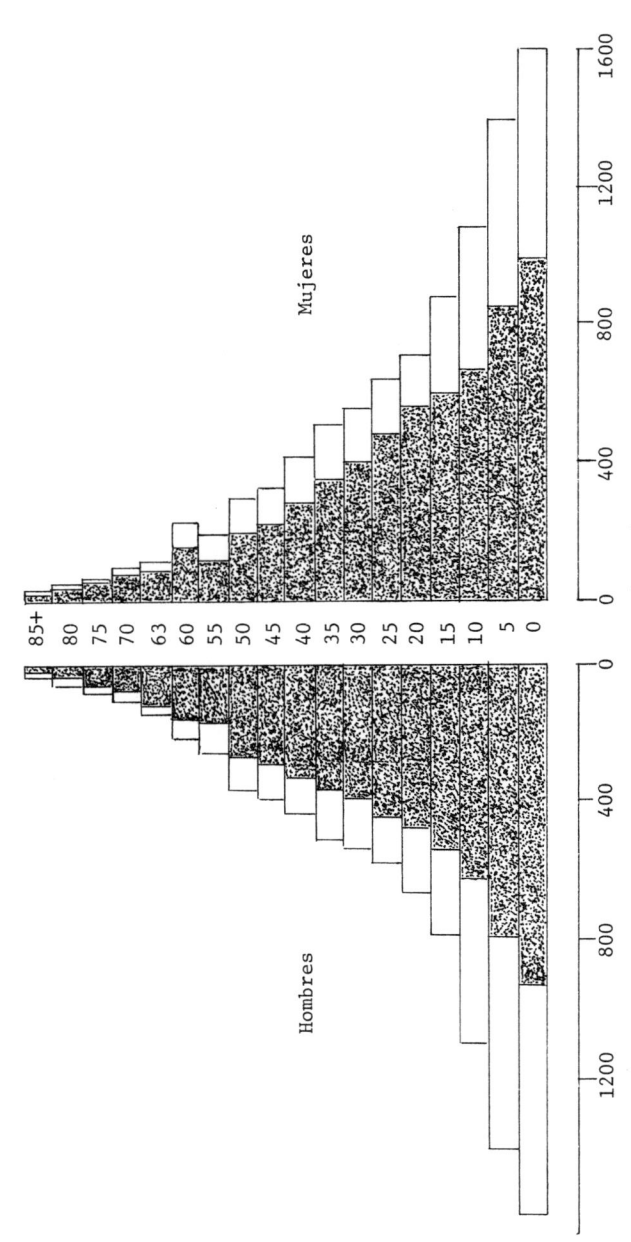

Fuente: Departamento Administrativo Nacional de Estadística, "XII Censo Nacional de Población, 1951" (Bogotá: 1958) y "XIII Censo Nacional de Población, 1964," (Bogotá: 1967).

REFERENCIA

1. El sector oficial comprende instituciones total o parcialmente financiadas por el estado. El sector de seguridad social, pese a recibir contribuciones financieras estatales, se considera como sector independiente.

ANALISIS

Jorge Villarreal
Federación Panamericana de Asociaciones de Facultades de Medicina
Bogotá, Colombia

Las interrelaciones entre las estadísticas poblacionales y aquéllas que atañen a la fuerza de trabajo, la educación y la salud son significativas y no meros accidentes. Dichas estadísticas señalan estrechas conexiones de relación, sean éstas de concomitancia o de causalidad, que complican la urdimbre de la vida social de cualquier comunidad y por ende el estudio científico de la misma. Por lo tanto, es suficientemente seguro partir del supuesto que el volumen de la población y la velocidad de su crecimiento condicionan en alto grado la prestación de servicios de salud y la cobertura y eficacia de los mismos.

La población, como bien diría Marx, constituye el dato básico de cualquier examen, investigación o programa que trate de conocer o cambiar la situación actual.[1] En otras palabras, el volumen y el ritmo de crecimiento de la población introducen variaciones esenciales en la estructura y magnitud de los lineamientos sociales, políticos y económicos, determinando en última instancia su factibilidad. Como consecuencia, el estado de salud de la población afecta sensible y directamente cualquier programa que tienda a obtener la plena realización de las personas o de las sociedades en lo material y en lo espiritual.
Un alto nivel de salud es requisito esencial para el desarrollo social y económico de cualquier región o país. Siguiendo esta línea de pensamiento, John Bryant asevera que "los programas de salubridad pública contribuyen al proceso de desarrollo aumentando tanto la calidad como el número de la fuerza de trabajo. Además, el desenvolvimiento económico avanza cuando los programas como los destinados a la extirpación del paludismo aumentan la superficie de las tierras destinadas al cultivo. Los buenos programas de salubridad tienden a mejorar las actitudes generales tales como el reconocimiento de que el cambio es posible, y fomentan el pensamiento innovador que no puede esperarse de los débiles o enfermos".[2]

La prestación de servicios de salud de buena calidad, en forma oportuna y con una cobertura adecuada, depende de dos factores primordiales: la disponibilidad de recursos económicos, técnicos y humanos y el número de individuos entre los cuales deben ser repartidos dichos recursos. Si los recursos son escasos y limitados, como lo son por naturaleza todos los que resultan de acciones humanas, resulta evidente que, dentro de ciertos límites, una población mayor y en rápido crecimiento lleva a que los recursos deban ser compartidos por un mayor número de personas. De ahí que si la población crece en forma exponencial, como ha ocurrido y continúa ocurriendo en la mayoría de los países latinoamericanos, mientras que los recursos no pueden hacerlo a un ritmo similar en forma indefinida, tarde o temprano habrá de producirse un colapso en el sistema,[3] lo cual resulta aún más dramático en el caso de la salud porque estos recursos, ya escasos, deben ser compartidos con otros sectores como educación, vivienda, producción agrícola, producción industrial y defensa nacional.

Aun suponiendo una estructura óptima de los servicios de salud, una prestación de los mismos que supere los esquemas convencionales y una asignación de recursos también óptima dentro del equilibrio intersectorial referido anteriormente, si la población continúa creciendo a un ritmo exponencial y galopante, a una tasa que se acerca al 3.5 por ciento anual, la capacidad de los servicios nunca podrá ofrecer una cobertura aceptable y las grandes masas marginales permanecerán en sus condiciones de deprivación y carencia. De esta situación se desprende la necesidad de implementar políticas que mantengan la población dentro de límites racionales, compatibles con los recursos disponibles, y reduciéndose su crecimiento a un ritmo menos vertiginoso, a fin de llenar los vacíos de servicios de toda índole que han sido producto de la pobreza, la injusticia y la ignorancia.

La cobertura de los servicios de atención médica en Colombia en 1972 alcanzaba apenas 28.1 por ciento de la población total, a pesar de que el incremento en los recursos financieros asignados al sector entre 1969 y 1972 fue de 105 por ciento. En lo que respecta al empleo, la situación también es alarmante. Según un informe reciente, durante el período 1951-1964 Colombia manifestó una disminución persistente de las tasas globales de participación en la fuerza de trabajo. Se calcula que en 1970 se habrían presentado por primera vez al mercado de trabajo cerca de 220,000 personas. Para el mismo año se estimó que se crearía cerca de 156,000 empleos tanto en la zona urbana como en la rural. Se esperaba, sin embargo, que gran parte de los aspirantes urbanos que lograran incorporarse irían como subempleados al comercio, al transporte y a la construcción.[4]

Desgraciadamente, el panorama educacional no es más alentador. El documento citado en el párrafo anterior aduce una comparación que resulta de una elocuencia apabullante. En 1964 los niños de 5 a 14 años de edad representaban 29 por ciento de la población, mientras que en Inglaterra este grupo de edad representa solamente 14.3 por ciento; de ahí que Colombia requiera proporcionalmente 2.02 veces más maestros que Inglaterra. Por otra parte, en Colombia hay proporcionalmente menos adultos que en Inglaterra. En tales circunstancias, uno de cada 9 adultos "aptos" en Colombia, y uno de cada 110 en Inglaterra, deberían dedicarse a la enseñanza, si se quiere dar educación completa a todos los niños de 5 a 14 años.[5] Aunque Colombia ha realizado espectaculares esfuerzos por aumentar su presupuesto educacional, la cruda realidad es que sus tasas de analfabetismo y de ausentismo escolar son abrumadoramente altas.

Al analizar la ponencia del Dr. Salazar Bucheli y relacionarla con las tasas de mortalidad infantil (89.9 por 1,000 en los últimos años) y de mortalidad materna, se impone como programa prioritario el diseño de una amplia campaña de atención materna e infantil, campaña que se hace aún más urgente si se confronta los altos índices de desnutrición que aquejan a la población, especialmente a los menores de 15 años. Dicha campaña, además de la protección que implica para vidas valiosas y para elevar la calidad de las nuevas generaciones, presenta la ventaja que, al reducir la mortalidad infantil, se crea condiciones propicias para que las parejas, y concretamente la mujer, adopten una actitud menos fatalista ante el acto reproductivo. La evidencia parece indicar que, mientras los índices de mortalidad infantil se mantengan tan altos como los que imperan en países en vías de desarrollo, las campañas de planificación familiar habrán de afrontar un grave escollo.[6] Si la pareja ve morir a su alrededor un alto porcentaje de los nacidos vivos, tiende a prever las consecuencias de esta situación aumentando el número de partos, a fin de que con la compensación de las muertes se logre un balance favorable.

De lo anteriormente expuesto se desprende que en cualquier asignación de recursos dentro del área de salud, las campañas de atención materna e infantil deben asumir una primera prioridad. Dichas campañas van dirigidas a un alto porcentaje de la población, la cual se encuentra desprotegida en su gran mayoría. Todavía más importante resulta el hecho de que las campañas de atención materna e infantil tienden a proteger la salud de la madre y a prevenir los riesgos que inciden sobre la vida de los recién nacidos y de los niños, riesgos que implican no solamente la posible muerte de un ser humano, sino la disminución de su capacidad física e intelectual en etapas posteriores de su vida. Por último, a través de estas campañas puede ejercitarse acciones que tiendan a hacer más positivas y racionales las actividades de la comunidad, así como de cada uno de sus componentes, frente a los fenómenos de la reproducción.

Una segunda prioridad en la distribución de recursos podría asignarse a los programas de educación en el área de salud a nivel de la comunidad y en general. Debe recordarse en todo momento que la salud no es una variable independiente, sino el producto de la interrelación de múltiples factores. Por lo tanto, es necesario ejercitar acciones paralelas y simultáneas en aquellos sectores más íntimamente ligados a la calidad de la vida humana. Según recientes recomendaciones del Departamento Nacional de Planeación, "el proceso de desarrollo... busca como finalidad el bienestar individual y colectivo y, en consecuencia, debe aumentar el nivel de salud. Por lo anterior, el nivel de salud se concibe, en primer término, como una resultante de la estructura económica, del nivel cultural y del grado de bienestar de la sociedad. En consecuencia, la elevación del grado de salud requiere una acción integral que comprenda la utilización al máximo de las fuerzas productivas, la elevación de los niveles culturales y el ofrecimiento de servicios oportunos y eficientes".[7] Estas directrices cobran aún más importancia cuando se toma en consideración que el nivel de educación está íntimamente ligado con la tasa de crecimiento poblacional.

Coincidimos con el Dr. Salazar Bucheli en la necesidad de ampliar la cobertura general de los servicios en las áreas de fomento, protección y recuperación de la salud. Para esto debe hacerse esfuerzos no solamente financieros hacia la capacitación de recursos humanos, sino que debe concebirse nuevos diseños que conlleven estructuras más imaginativas y flexibles en la forma de prestación, descentralización y regionalización de servicios en la delegación de funciones y en la incorporación de nuevo personal a los servicios de salud.

Ya que las acciones en las áreas de salud y educación no son, ni pueden ser, suficientes para lograr un ritmo de crecimiento poblacional que disminuya la enorme presión que actualmente impera en la mayoría de los países latinoamericanos, resulta imperativo formular campañas específicas de planificación familiar y políticas globales de población que cumplan directamente esta finalidad. Las campañas de planificación familiar son un complemento necesario a las campañas de protección materna e infantil, pues introducen en la célula familiar el concepto de previsión, lo cual constituye la base de todo proceso de desarrollo y modernización. Los datos parciales del último censo de población de Colombia parecen indicar que las campañas de planificación familiar y otros factores, tales como el aumento de la cobertura del sistema educativo, han logrado disminuir la tasa anual de crecimiento poblacional, de cifras cercanas a 3.2 por ciento a cifras que oscilan alrededor de 2.95 por ciento.[8]

De los análisis conceptuales aducidos a través de esta expresión puede deducirse dos conclusiones de orden general que sirvan de orientación en cuanto a asignación de fondos para programas sociales. La primera conclusión es que las políticas sociales, y por ende aquéllas ligadas con la elevación de los niveles de salud, se encuentran estrechamente interrelacionadas con la situación general de la economía, correlacionándose a su vez entre sí. Por esta razón es imperativo examinar dichas interrelaciones mediante un enfoque interdisciplinario, a fin de dar solución al sistema.

La segunda conclusión de este análisos indica que la realización de programas sociales, dentro de un marco de asignación y eficiencia de recursos, se ve ampliamente favorecido por la disminución de la tasa de crecimiento demográfico. Por lo tanto, es deseable que la implementación de campañas de salubridad y la prestación de servicios de atención médica se realicen bajo una estructura de racionalidad demográfica, lograda merced a acciones sociales en diferentes sectores y a campañas específicas de planificación familiar.

REFERENCIAS

1. Maximilien Ruble, <u>Pages de Karl Marx pour une Critique Socialiste</u> (París: Payot, 1971).

2. John Bryant, <u>Mejoramiento Mundial de la Salud Pública</u> (México-Buenos Aires: Centro Regional de Ayuda Técnica, 1971), p. 109.

3. Donella H. Meadows <u>et al.</u>, <u>The Limits to Growth</u> (New York: Universe Book, 1972).

4. Departamento Nacional de Planificación, "Plan de Desarrollo, Políticas Sectoriales: Evaluación de Programas y Recomendaciones", (Bogotá: No. 4, 1971).

5. Departamento Nacional de Planificación (<u>op</u>. <u>cit</u>.).

6. Programa de Cuantificación y Análisis del Sector Salud, "Causas de Mortalidad por Edad y Sexo, Año de 1965", (Bogotá: 1974).

7. Departamento Nacional de Planeación, "La Política de Salud", (Bogotá: 1974).

8. El Tiempo (Bogotá: Enero 25, 1974).

MEXICO: SALUD, POBLACION Y PRODUCTIVIDAD HUMANA

Héctor Acuña
Secretaría de Salubridad y Asistencia
México, D.F., México

La salud es consecuencia de las más variadas interacciones entre el hombre y el medio ambiente que le rodea. En esta concepción ecológica, la especie humana es única entre sus competidores biológicos al poder cambiar y adecuar el medio ambiente a sus necesidades. Muchos de estos cambios, sin embargo, se realizan sin considerar su influencia en el contexto ecológico global. Por lo tanto, los mismos esfuerzos que realiza el hombre por satisfacer sus necesidades con mayor amplitud son causa de desbalances en la naturaleza, introduciendo nuevas presiones cuya influencia, en muchos casos, es aún desconocida.

Los cambios en los suelos, en el agua y en la atmósfera, los nuevos procesos industriales, los avances técnicos de explotación agropecuaria, los nuevos alimentos, los nuevos desechos y los cambios políticos y demográficos se manifiestan en patrones epidemiológicos, cuyos cambios deben interpretarse como indicadores de alteraciones en el equilibrio que debe guardar el hombre con el medio ambiente. Esta capacidad de inducir cambios ecológicos ha permitido establecer modificaciones que generalmente repercuten en una mejoría de las condiciones de vida, abatiendo los índices de enfermedad y muerte. Este fenómeno, a su vez, ha dado lugar a una expansión demográfica inusitada, particularmente en aquellos países que, por sus características evolutivas, pueden considerarse como menos desarrollados.

El crecimiento acelerado de la población que se observa en México, así como en otros países en vías de desarrollo, muestra un patrón de transición demográfica que no corresponde a los observados en países más desarrollados. En éstos últimos, la transición demográfica se generó como consecuencia de cambios en el nivel de desarrollo económico y social. El descenso en el ritmo de reproducción apareció como resultado de una decisión deliberada de la población, tomada ante cambios educacionales y patrones cotidianos de vida, la mayoría de los cuales se derivan de los procesos de industrialización y urbanización, con la participación creciente de la mujer en el trabajo y la desaparición de conceptos fatalistas hacia el nacimiento y la muerte infantil. El proceso de transición demográfica en los países más desarrollados se caracterizó por una primera fase de altas fluctuaciones, con mortalidad y natalidad elevadas, cuyo efecto se reflejó en un incremento poblacional lento y con gran dispendio de vidas; una segunda fase de expansión, en la que el descenso en las tasas de mortalidad, permaneciendo la natalidad alta, originó un crecimiento acelerado de la población y, finalmente, una tercera fase donde la natalidad declinó y se equilibró en fluctuaciones bajas, estabilizándose el incremento demográfico a un ritmo lento.

En los países en vías de desarrollo, por otra parte, la transición demográfica se presenta bajo diferentes circunstancias, ya que de la fase de altas fluctuaciones se ha pasado a la expansión acelerada, sin que se desarrollen los procesos de maduración económica y social ya descritos. La mortalidad ha disminuido considerablemente, sin que intervenga en ello la evolución de una sociedad agropecuaria a otra fundamentalmente industrializada. Más bien, en forma brusca, hacia la década del 40, la aplicación de tecnologías importadas para la salud logró abatir los altos índices de enfermedad y muerte, prolongando la esperanza de vida, sin dar tiempo a construir una infraestructura educacional y a cambiar las formas de vida. Como consecuencia, esta disminución en la mortalidad no ha tenido paralelo en las tasas de reproducción, prolongándose la etapa de expansión demográfica en forma alarmante, a un ritmo que dificulta dinamizar los procesos de desarrollo económico y social que inducirían al establecimiento de una fase de fluctuaciones bajas, como presentan los países más desarrollados.

Según se puede observar en el Cuadro 1, la población mexicana se ha triplicado en poco más de medio siglo. Las proyecciones demográficas prevén un aumento de más de 21 millones de habitantes, lo cual, sumado a los casi 49 millones censados en 1970, ofrece un panorama poblacional de 70 millones de habitantes para 1980. Este rápido crecimiento de la población mexicana, ilustrado en el Gráfico 1, es consecuencia de la lucha constante contra la insalubridad, la ignorancia y la pobreza, así como del incremento en cantidad y en calidad de servicios de salud y seguridad social.

Dentro de los planes de desarrollo integral del país, los planes de salud continúan gozando de alta prioridad, a pesar de que los índices de morbilidad y mortalidad han disminuido considerablemente. Como consecuencia, la esperanza de vida se ha incrementado hasta 64 años en 1970, cuando en 1940 apenas alcanzaba los 39 años (ver Cuadro 2).

Se observa en el Cuadro 3 que la mortalidad general, la cual alcanzaba tasas de 33.3 por 1,000 habitantes en 1910, ha disminuido a 9.9 en 1970, proyectándose a 7.8 para 1980. Por otra parte, la natalidad ha permanecido prácticamente constante desde 1930, con variaciones de 49.4 por 1,000 habitantes a 43.5 en 1970 (ver Cuadro 4).

Aunque la incidencia de enfermedades transmisibles ha descendido notablemente, dichas enfermedades aún se cuentan entre las principales causas de muerte (ver Cuadro 5). Junto a ellas cobran cada día mayor importancia enfermedades tales como el cáncer, la diabetes, los padecimientos cardiovasculares y los accidentes, cuyas incidencias se presentan en el Cuadro 6 y representan las consecuencias del uso y abuso de la tecnología actual, del ritmo acelerado de la vida moderna, del crecimiento de las grandes urbes y de la prolongación de la vida, haciendo por lo tanto de la salud en México una compleja mezcla de problemas infecciosos que tradicionalmente han afectado a la población con aquéllos que caracterizan a pueblos más desarrollados.

La trascendencia de la salud como patrimonio de la vida nacional y sus repercusiones en la corriente de desarrollo que caracteriza a México ha hecho necesario confrontar problemas y realizaciones a fin de ratificar las directrices que han demostrado su eficiencia, rectificar aquéllas que a la luz de los avances científicos y técnicos requieren nuevas orientaciones y explorar otras que solucionen los problemas presentes. Con este propósito, en julio de 1973 se realizó la I Convención Nacional de Salud, en cuyo desarrollo participaron los más diversos sectores de la administración pública y privada, así como de la comunidad misma. Esta convención permitió que los gobiernos de las 32 entidades federativas que integran el país presentaran sus respectivos planes de salud, cuya elaboración partió del análisis y sistematización de los problemas existentes, de los recursos especialmente creados para resolver tales problemas y de la fuente inagotable que representa la participación activa y organizada de los sectores sociales y de la población en general.

La convención permitió determinar las bases para la elaboración del Plan Nacional de Salud, que comprenderá estrategias de una primera etapa de 3 años (1974-1976) y de una segunda etapa de 7 años (1977-1983), determinándose las prioridades de acción que se formalizarán a través de una eficiente asignación de recursos dentro de las 20 áreas programáticas que se definieron. Durante la reunión se consideró indispensable reconocer que el acelerado crecimiento demográfico del país puede causar un desequilibrio económico y cultural cuyas consecuencias amenazan la salud y el desarrollo de la nación. Por ello se delineó, como de alta prioridad, planes que permitan orientar a la población, a través del núcleo familiar, para que, consciente de su responsabilidad social y con absoluto respeto a su individualidad, pueda decidir sobre su estructura familiar, tal como lo prevé la tesis de paternidad responsable que sustenta el estado mexicano, al mismo tiempo que se incrementan los programas de salud y asistencia a la madre y al niño.

Otro punto enfatizado en la I Convención Nacional de Salud fue la necesidad de orientar las políticas de los programas de salud hacia el mejoramiento de la nutrición mediante un programa nacional que permita asegurar una alimentación suficiente a la niñez y otros grupos de alto riesgo. El nivel de nutrición en los últimos años puede analizarse en en Cuadro 7. Se enfatizó también la necesidad de consolidar el control de las enfermedades transmisibles mediante programas permanentes de vacunación, actividades educativas y vigilancia epidemiológica, así como la necesidad de favorecer la recuperación de sistemas ecológicos deteriorados y asegurar un mejor uso de los recursos naturales, promover el mejoramiento del medio ambiente y combatir la contaminación del mismo.

Considerando que la patología actual y futura requiere atención médica de la más alta calidad, se recomendó la organización de un sistema nacional de hospitales mediante la adecuada coordinación de las capacidades instaladas por las diversas instituciones involucradas.

Estas instituciones son el Instituto Mexicano del Seguro Social, el Instituto de Seguridad y Servicios Sociales de los Trabajadores del Estado y la Secretaría de Salubridad y Asistencia. Alta prioridad en el sistema nacional de hospitales debe otorgarse a la expansión sistemática de las facilidades médicas en las áreas rurales del país.

Como uno de los medios de resolver la atención médica sanitaria en las 97,580 localidades rurales, se consideró necesario promover la construcción de casas de salud atendidas por voluntarias adiestradas que impartan asistencia médica elemental y de urgencias, colaboren con los programas de paternidad responsable, se coordinen con otros niveles para la derivación de enfermos y presten apoyo a las brigadas móviles y a los programas sanitarios a nivel local. Para tal fin, deberá considerarse como de alta prioridad el desarrollo de recursos humanos adaptados tanto a las condiciones epidemiológicas como a la capacidad económica del país, con el propósito de combatir el rápido crecimiento poblacional que representa un reto a la adjudicación de recursos materiales y humanos a este campo de trascendental importancia. La disponibilidad de los recursos humanos en el campo de salud puede analizarse en los Cuadros 8 y 9.

La producción nacional de recursos materiales preventivos, diagnósticos y terapéuticos destaca como factor de gran importancia los programas de producción de biológicos, medicamentos, equipo e instrumental con el fin de satisfacer la creciente demanda. Esto requiere un incremento en las actividades de investigación. Para ello es indispensable fortalecer la infraestructura de recursos humanos y de instalaciones que respondan no sólo a la cobertura teóricamente calculada, sino que se desarrollen dentro de una doctrina que garantice su plena ocupación y evite inversiones ociosas que entorpezcan alcanzar las metas previstas según los criterios de equidad social y proyección a los más apartados rincones del país. En este sentido, se recomendó mejorar los sistemas estadísticos y la planificación sanitaria nacional, así como la unificación de los principios y procedimientos técnicos.

En toda esta urdimbre programática, la participación de la comunidad representa por sí misma una meta y a la vez un procedimiento cuya incorporación multiplica el potencial y asegura sus resultados, ya que quien logra cambiar la concepción sobre la responsabilidad en el cuidado de la salud propia y colectiva ha avanzado un trecho significativo en el camino hacia una vida sana y productiva que ha de ser sustentación del progreso y bienestar del individuo, de la familia, de la comunidad y del país entero.

CUADRO 1

INDICADORES DEMOGRAFICOS DE MEXICO, 1895-1980

Censos		Habitantes	Incremento		Crecimiento Medio Anual
Número	Fecha	(Número)	(Número)	(Porcentaje)	(Porcentaje)
Primero	20 octubre 1895	12,632,427	–	–	–
Segundo	28 octubre 1900	13,607,259	974,832	7.7	–
Tercero	27 octubre 1910	15,160,369	1,553,110	11.4	1.09
Cuarto	30 noviembre 1921	14,334,780	-825,589	-5.4	-0.51
Quinto	17 mayo 1930	16,552,722	2,217,942	15.5	1.10
Sexto	6 marzo 1940	19,653,552	3,100,830	18.7	1.72
Séptimo	6 junio 1950	25,791,017	6,137,465	31.2	2.72
Octavo	8 julio 1960	34,923,129	9,132,112	35.4	3.13
Noveno	28 enero 1970	48,377,363	13,454,234	38.5	3.43
	Estimación 1980	70,100,000	21,722,637	44.9	3.67

Fuentes: Dirección General de Estadística y Censos, "I-IX Censos de Población", (México) y Secretaría de Salubridad y Asistencia, información inédita.

CUADRO 2

ESPERANZA DE VIDA AL NACER EN MEXICO,
1895-1970

Año	Esperanza de Vida al Nacer
1895	30
1900	28
1910	27
1921*	33
1930	36
1940	39
1950	50
1960	57
1970	64

*Aunque el Cuarto Censo de Población se levantó en 1921, la esperanza de vida anotada en el cuadro corresponde al año 1922, cuando se dispuso de datos para calcularla.

Fuente: Secretaría de Salubridad y Asistencia, información inédita.

CUADRO 3

MORTALIDAD GENERAL EN MEXICO, 1910-1980

Año	Defunciones (Número)	Población* (Miles)	Mortalidad (por 1,000)
1910	505,131	15,160	33.3
1922	364,832	14,444	25.3
1930	441,717	16,589	26.6
1940	458,906	19,763	23.2
1950	418,430	25,826	16.2
1960	402,545	34,923	11.5
1970	485,656	48,997	9.9
1980	550,000	70,100	7.8

*Corregida al 30 de junio del año correspondiente.

Fuente: Dirección General de Estadística, "III-IX Censos de Población", (México) y Secretaría de Salubridad y Asistencia, información inédita.

CUADRO 4

NATALIDAD EN MEXICO, 1930-1970

Año	Nacimientos	Población	Relación
	(Número)		(por 1,000)
1930	819,814	16,552,722	49.5
1940	875,471	19,653,552	44.5
1950	1,174,947	25,791,017	45.6
1960	1,608,174	34,923,129	46.0
1970	2,132,630	48,377,363	44.1

Fuente: Secretaría de Salubridad y Asistencia, información inédita.

CUADRO 5

INCIDENCIA DE LAS CUATRO PRINCIPALES ENFERMEDADES TRANSMISIBLES
COMO CAUSA DE DEFUNCION EN MEXICO, 1930-1970

Año	Enfermedad			
	Sarampión	Tuberculosis	Tosferina	Tétanos
	(Tasas Ajustadas por 100,000 habitantes*)			
1930	95.6	75.3	106.7	24.6
1940	62.1	55.0	59.6	15.3
1950	40.3	40.0	32.2	9.6
1960	26.2	28.3	16.6	6.3
1970	17.0	20.7	7.9	4.0

*Ajuste de una curva exponencial a las tasas observadas.

Fuente: Secretaría de Salubridad y Asistencia, información inédita.

CUADRO 6

SEIS PRINCIPALES CAUSAS DE DEFUNCION EN MEXICO, 1930-1970

Año	Causa de Defunción					
	Cáncer	Propias de la Primera Infancia	Enfermedades del Corazón	Violentas y Accidentales	Diarrea y Enteritis	Influenza y Neumonía
	(por 100,000)					
1930	14.6	66.2	39.6	109.6	460.0	375.3
1940	23.6	103.6	54.3	118.6	491.3	381.4
1950	28.8	97.9	71.8	94.6	280.7	271.2
1960	35.8	134.8	67.7	73.4	172.1	162.4
1970	37.6	51.5	68.4	40.7	141.7	170.8

Fuente: Secretaría de Salubridad y Asistencia, información inédita.

CUADRO 7

DISPONIBILIDAD DE CALORIAS Y PROTEINAS EN MEXICO, 1958-1969

Año	Nutrición por Persona por Día		
		Proteínas	
	Calorías	Animal	Total
1958	2,528	20.5	75.2
1959	2,320	20.6	69.4
1960	2,523	22.6	74.9
1961	2,501	20.3	74.4
1962	2,544	22.2	73.6
1963	2,674	21.4	76.5
1964	2,492	21.6	73.1
1965	2,662	23.3	78.1
1966	2,747	21.7	79.4
1967	2,625	22.9	76.0
1968	2,547	22.9	75.1
1969	2,619	22.7	72.0

Fuente: Instituto Nacional de Nutrición, información inédita.

CUADRO 8

RELACION ENTRE POBLACION Y NUMERO DE MEDICOS EN MEXICO, 1910-1970

Año	Médicos	Población	Relación
	(Número)		(por 10,000)
1910	2,566	15,160,369	1.7
1930	4,767	16,552,722	2.9
1940	6,664	19,653,552	3.4
1952	14,221	27,286,886	5.2
1957	18,058	31,426,190	5.7
1960	20,227	34,923,129	5.8
1970	33,981	48,377,363	7.0

Fuente: Secretaría de Salubridad y Asistencia, información inédita.

CUADRO 9

ENFERMERAS Y AUXILIARES DE ENFERMERIA EN MEXICO, 1970-1972*

Fuente	Año	Enfermeras	Auxiliares de Enfermería
Organización Mundial de la Salud	1970	9,000	40,000
Trabajo presentado en la Sociedad Mexicana de Salud Pública	1972	11,000	50,000
Trabajo presentado en el Congreso Mundial de Enfermería	1972	14,000	50,000

*Se estima que en el período 1970-1973 se graduaron aproximadamente 600 enfermeras por año en todo el país.

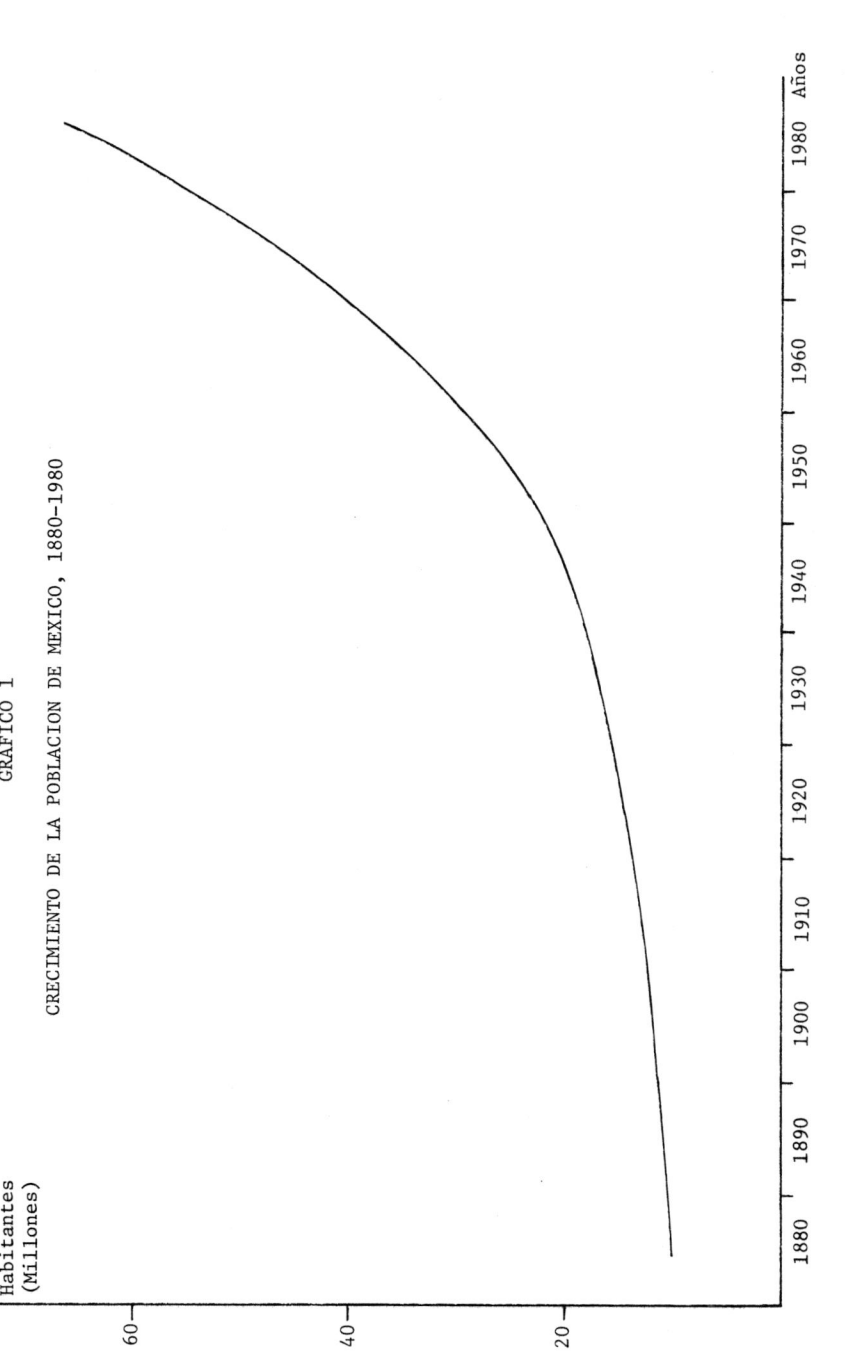

GRAFICO 1

CRECIMIENTO DE LA POBLACION DE MEXICO, 1880-1980

ANALISIS

Jorge L. Somoza
Centro Latinoamericano de Demografía
Santiago, Chile

Este análisis de la ponencia del Dr. Acuña tiene por objeto examinar las referencias de naturaleza demográfica que ella contiene, con el propósito de poner de relieve las deficiencias de los datos básicos, de presentar resultados de proyecciones recientes de la población mexicana y de sugerir la organización de estudios encaminados a mejorar el conocimiento actual de la situación demográfica y de salud.

CRECIMIENTO DE LA POBLACION Y MEDIO AMBIENTE

En los primeros párrafos del documento del Dr. Acuña surge a la luz un problema que cada día preocupa más a la opinión pública mundial. Este problema consiste en el equilibrio que debe existir entre el crecimiento de la población y el medio ambiente. En primer lugar, conviene dejar claramente establecido cómo trabajan normalmente los demógrafos en la elaboración de sus proyecciones de población. Tradicionalmente, la elaboración de dichas proyecciones se ha llevado a cabo mediante la utilización de variables exclusivamente demográficas. Se parte de la población en un momento dado, el punto inicial de la proyección, clasificada por sexo y grupos de edad. Se formula supuestos sobre cómo evolucionará la mortalidad de esa población en términos de tasas de mortalidad por sexo y grupos de edad. Se establece hipótesis sobre el comportamiento de la fecundidad, también expresada en un conjunto de tasas de fecundidad femenina por edad. Finalmente, se formula un supuesto sobre la migración internacional, expresado en términos del número de migrantes clasificados según sexo y edad que se anticipa. De tal modo se ha confeccionado las proyecciones disponibles para la población mexicana. Esta metodología, por lo tanto, no toma en consideración interrelación alguna en forma expresa entre variables demográficas y variables de naturaleza no demográfica.

En los últimos años ha surgido una reacción ante esta forma de proceder, buscándose relacionar el crecimiento demográfico con la evolución de variables tales como disponibilidad de recursos naturales no renovables, producción de alimentos y contaminación del medio ambiente como consecuencia de la industrialización.[1] Esta tarea se encuentra en una etapa inicial debido a la escasez de datos empíricos sobre los cuales establecer, por una parte, interrelaciones entre variables de diferente naturaleza y, por la otra, los fundamentos para adoptar supuestos razonables sobre posibles tendencias a largo plazo. Hasta el momento los resultados son burdos y frecuentemente criticados. Sin embargo, a medida que se conozca mejor las interrelaciones aludidas, habrán de mejorar los pronósticos.

En 1945 Paul Vincent introdujo el concepto "potencial de crecimiento de una poblacion".[2] Más recientemente, Jean Bourgeois-Pichat tomó esta idea y avanzó en el análisis y los procedimientos necesarios para calcular el total y las características de una población que resultarían si, en un momento dado, la fecundidad descendiera hasta alcanzar un nivel que compensara exactamente el efecto de la mortalidad.[3] Es decir, si una población experimenta niveles de fecundidad y de mortalidad que la conviertan potencialmente en una población estacionaria, ¿cuál sería el tamaño de tal población y cuándo se alcanzaría su estado estacionario? Estas ideas han cobrado actualidad recientemente frente al planteo, cada día más difundido, de que eventualmente toda población tenderá a constituirse en una población estacionaria.

La cantidad de personas en el momento actual con edades inferiores al límite de edad de procreación, así como su distribución por edades, constituyen las determinantes del tamaño final de la población estacionaria límite. En lo que respecta a México, el tamaño de la población total seguirá creciendo durante muchas décadas, aun si la tasa de fecundidad descendiera brusca y radicalmente, antes de alcanzar el nivel estacionario.

Primer ejemplo. Si en 1975 la fecundidad de México bajara al nivel de reemplazo establecido por su ley de mortalidad; en otras palabras, si cada mujer, en promedio, tuviera 2 niños y fracción en lugar de los 6.5 que arrojan las cifras presentes, entonces la población, que era de 50 millones de habitantes en 1970, continuaría aumentando durante muchos años, hasta oscilar en torno a un límite en el orden de 85 millones.[4] Este supuesto, cabe decir, es totalmente ilusorio, ya que la tasa de fecundidad nunca ha descendido tan repentina y dramáticamente en población alguna. Por lo tanto, la población de México, salvo situaciones catastróficas, nunca habrá de ser inferior a 85 millones de habitantes.

Segundo ejemplo. Si la fecundidad descendiera rápidamente hasta el año 2000, no ahora mismo como en el ejemplo anterior, y alcanzara en ese año el nivel de reemplazo, entonces, hacia el año 2050, la población mexicana oscilaría en torno a los 131 millones, permaneciendo aproximadamente estacionaria en el futuro.[5] Se supone en este caso, así como en el anterior, que una vez alcanzado el nivel de reemplazo la fecundidad no descienda más, aunque sí compensaría futuros descensos en la mortalidad.

Tercer ejemplo. Si la población evolucionara hasta el año 2000, según ha sido previsto por los demógrafos, alcanzando 123 millones de habitantes en ese año y, repentinamente, en el año 2000 la fecundidad bajara bruscamente al nivel de reemplazo, la población seguiría creciendo hasta superar los 200 millones y estabilizarse en una cantidad

superior a esa cifra. Aun esta última especulación, que conduce a una
cifra superior a los 200 millones, subestima enormemente el crecimiento que posiblemente se produzca, ya que proyecciones recientemente
elaboradas estiman que en el año 2000 la población mexicana todavía
mostrará un ritmo de crecimiento muy elevado, en el orden de 3 por
ciento anual, y un nivel de fecundidad muy por encima del nivel de
reemplazo.

Una conclusión que surge de estos tres ejemplos es que una población joven con alta fecundidad, como es la de México, está dotada de
un gran potencial de crecimiento que la obliga a crecer considerablemente y por largo tiempo, aunque su fecundidad descienda mucho y rápidamente. Imaginar que la población mexicana superará los 200 millones
de habitantes antes de mediados del siglo XXI es, por lo tanto, un
supuesto sumamente prudente.

COMPARACION ENTRE NIVELES DE TRANSICION DEMOGRAFICA EUROPEA Y LOS
QUE SE REGISTRAN EN AMERICA LATINA, PARTICULARMENTE EN MEXICO

El Dr. Acuña describe en su documento el proceso de transición
demográfica en los países europeos: la evolución desde una situación
de alta fecundidad y alta mortalidad hacia otra de niveles bajos de
ambas variables. Señala, además, la diferencia entre ese proceso y
el que se ha producido en los países en vías de desarrollo. Aunque
antes de iniciarse el proceso de transición en los países europeos la
fecundidad mostraba un alto nivel, la tasa global de fecundidad, es
decir, el número promedio de hijos por mujer al término del período de
vida fértil, era inferior a la que se registra hoy en muchos países
latinoamericanos, incluyendo a México. El orden de magnitud de dicha
tasa en Europa se calcula haya fluctuado alrededor de 5 hijos por
mujer en 1800,[6] mientras que la misma en México hoy, donde la fecundidad ha variado muy poco en las últimas décadas, asciende a 6.5 hijos
por mujer. Esta mayor fecundidad en México y otros países de Latinoamérica no es consecuencia de una mayor fertilidad de la población,
sino más bien obedece a que el matrimonio y las uniones son más gene-
ralizadas y más precoces que en Europa cuando su fecundidad era relativamente muy alta. Como consecuencia de lo anterior, la tasa de natalidad también alcanzaba niveles significativamente más bajos en la
Europa de 1800 (35-37 por 1,000) que en México hoy (42 por 1,000).

El descenso de la mortalidad ha sido también mucho más rápido en
América Latina que en Europa. Las bajas en las tasas de mortalidad
que Europa alcanzó en 100 ó 150 años se lograron en Latinoamérica en
unos 20 ó 25 años. Como resultado, la tasa de crecimiento, en una y
otra situación, ha sido diferente. En el momento de su máxima expansión demográfica, cuando un descenso en la mortalidad se adelantaba a
un descenso en la fecundidad, las poblaciones europeas crecían con
tasas en el orden de 1.5 por ciento, lo que implica una duplicación
del tamaño de población, aproximadamente, cada 50 años. En América
Latina, por otra parte, se registra tasas superiores al 3 por ciento,
con una duplicación en aproximadamente 23 años. Sin embargo, la etapa
de crecimiento acelerado parece haber sido rebasada en la mayoría de
los países latinoamericanos, aunque no así en el caso de México. Si
se confirma los supuestos sobre evolución futura de la fecundidad y

la mortalidad, su tasa de crecimiento natural, estimada actualmente en 33 por 1,000, puede superar los 34 por 1,000 en torno a 1985.

Por último, puede señalarse que, como consecuencia de la diferente fecundidad, la estructura por edades de la población es más joven en América Latina de lo que lo fue antes en Europa. Antes de iniciarse el ciclo demográfico analizado, la proporción de jóvenes menores de 15 años era aproximadamente 35 por ciento en una población europea típica, mientras que en América Latina esa proporción supera holgadamente el 40 por ciento. En México se estima que, en la actualidad, 46 por ciento de la población es menor de 15 años. De los índices demográficos anteriormente expuestos se desprende, por lo tanto, que el fenómeno de crecimiento de la población a que nos enfrentamos es un fenómeno singular desconocido en el pasado.

DESCENSO DE LA MORTALIDAD EN MEXICO

La evolución de la mortalidad mexicana puede estudiarse con índices que se apoyan en datos más o menos fehacientes a partir de 1930. Se estima que el nivel de mortalidad en 1930 era sumamente alto, con una esperanza de vida al nacer en el orden de 37 años. Esto implica que si anteriormente se había producido un descenso, no debió ser de gran importancia. A partir de esa fecha, y gracias a la información proporcionada por los censos de población y los registros de defunciones, es posible documentar el descenso, el cual puede analizarse en el Cuadro 1.

Puede observarse que en los 42.5 años que median entre 1930 y 1972-1973, la esperanza de vida aumentó de 36.86 a 63.22 años, o sea, un total de 26.36 años, lo que significa un aumento promedio de 0.62 por año. Esto constituye una experiencia extraordinaria. Nótese que el período en que tal aumento se aceleró estuvo comprendido entre 1950 y 1960, acercándose la ganancia anual a un año de vida por año. Desde 1960 en adelante el aumento ha perdido intensidad. La ganancia entre 1940 y 1960, en cambio, es una de las más espectaculares que se ha registrado en el mundo.

Pese a tal descenso en la mortalidad, la situación actual está lejos de ser satisfactoria si se la compara con la de países de mejor nivel sanitario. La esperanza de vida al nacer en Suecia, por ejemplo, supera los 74 años para ambos sexos. La importancia de esta diferencia de niveles entre Suecia y México se manifiesta en forma más evidente aún si se compara las muertes registradas en la población mexicana con las que hubieran ocurrido si la mortalidad hubiera sido la sueca. En torno a 1970, el valor resultante de ese cálculo asciende a 183,000 muertes esperadas con las tasas de mortalidad suecas, frente a 486,000 registradas, es decir, un exceso en el orden de 300,000. Cabe destacar que en México existe una concentración enorme en las muertes en los primeros años de vida.

Es oportuno recordar lo expuesto por el Dr. Acuña en el sentido de que las enfermedades transmisibles aún ocupan lugares significativos dentro de las principales causas de muerte. Aunque las muertes causadas por enfermedades infecciosas y parasitarias constituyen una parte importante del total, no son excesivas si se tiene en cuenta el nivel general de la mortalidad del país. Lo que resulta inesperado en la distribución de las muertes por causa en México es la relativamente baja incidencia de las muertas originadas por cáncer y enfermedades cardiovasculares.[7]

Los datos de México, que dicho sea de paso son de mejor calidad que los datos de la mayoría de los países latinoamericanos, resultan no obstante poco satisfactorios en lo que respecta a declaración de causas de defunción. Dicha deficiencia cobra especial importancia en un país que se ha propuesto reducir su mortalidad y en el que se traza programas de salud para alcanzar tal propósito. La planificación necesita de datos confiables y es menester hacer esfuerzos para mejorar las estadísticas de muerte, al mismo tiempo que debe establecerse una mayor comunicación entre las autoridades sanitarias y los demógrafos a fin de coordinar sus respectivos trabajos. Por último, se necesita emprender estudios sobre diferencias en la mortalidad en diversos sectores de la población e implantar algún tipo de estadística de morbilidad, quizás a través de encuestas por muestreo.

El propósito de reducir la mortalidad en México queda establecido explícitamente por la Ley General de Población de diciembre de 1973[8] y el Plan Decenal de Salud para las Américas, aprobado por los Ministros de Salud de los países de la región en una reunión auspiciada por la Oficina Sanitaria Panamericana en octubre de 1972. Este plan decenal establece metas muy claras para los próximos 10 años, proponiendo entre otras las siguientes:[9]

1. Reducir la mortalidad de la población menor de un año (tasa de mortalidad infantil) en un 40 por ciento, con rango de 30 a 50 por ciento.

2. Reducir la mortalidad de los niños de 1 a 4 años en un 60 por ciento, con rango de 50 a 70 por ciento.

3. Aumentar en 5 años la esperanza de vida al nacer en aquellos países donde el nivel actual de mortalidad sea inferior a 65 años.

Sería deseable que a través de Latinoamérica se estableciera una comunicación estrecha entre las autoridades sanitarias y los demógrafos. Los demógrafos consideramos que los médicos, generalmente, no otorgan a la estadística toda la importancia que ésta merece, careciendo, frecuentemente, de sentido crítico para examinar la validez de un dato antes de utilizarlo. Se publica, pues, información sobre defunciones que, por estar fuertemente afectadas por omisiones y otros errores, no representa fidedignamente la verdadera situación de la mortalidad de una población. Si un país se propone alcanzar metas en el campo de salud, debe prestar cuidadosa atención a los instrumentos estadísticos que le permitirán seguir el cumplimiento de sus programas. Debe contar con buenos datos de mortalidad y morbilidad. En México, donde los registros de muerte son de aceptable integridad, hace falta mejorar la calidad de la información, emprender estudios sobre diferencias en la mortalidad en diferentes sectores de la población e implantar algún tipo de estadística de morbilidad. Desafortunadamente, el documento del Dr. Acuña no menciona los aspectos estadísticos cuando se refiere a los planes de salud.

Los niveles de esperanza de vida al nacer que resultan de la proyección de la mortalidad hacia el año 2000, realizada por Cabrera y Alvarado, pueden apreciarse en el Cuadro 2. A medida que el valor de la esperanza de vida al nacer aumenta, alcanzando niveles relativamente altos, los incrementos posteriores resultan gradualmente más difíciles. Puede observarse que entre 1990-1995 y 1995-2000 se pasa de un nivel de 69.42 años a otro de 70.32, un aumento de apenas 0.9 años en un quinquenio. El nivel proyectado para México en el período 1995-2000 (70.32 años) es similar al de la población de los Estados Unidos en 1970 (70.8 años).

PROYECCIONES DE LA POBLACION DE MEXICO

La fecundidad mexicana ha variado muy poco en los últimos años. Entre 1950 y 1965 la tasa global de fecundidad se estimaba en 6.9 hijos por mujer a la edad de 50 años. En el período 1965-1970 el valor parece haber bajado a 6.7 y en la actualidad, 1970-1975, se lo estima en 6.5 hijos por mujer. Tan lenta tendencia de descenso hace pensar que tales cambios moderados habrán de continuar en el futuro. También existe importantes diferenciales de carácter urbano-rural. Por ejemplo, se ha podido establecer, mediante encuestas de fecundidad patrocinadas por el Centro Latinoamericano de Demografía, que la tasa global de fecundidad en áreas rurales (alrededor de 7) excede considerablemente la tasa del Distrito Federal (alrededor de 5).[10]

Tanto en el documento del Dr. Acuña como en la reciente Ley General de Población de México se advierte la preocupación del gobierno por el alto ritmo de crecimiento demográfico, reflejado en la decisión gubernamental de orientar a la población sobre decisiones en materia de estructura familiar. Esta medida del gobierno resulta sumamente significativa, puesto que implica sin lugar a dudas reconocimiento que el crecimiento de la población, al ritmo que se produce en la mayoría de los países latinoamericanos, constituye una causa de desequilibrio económico y cultural. Hasta hace pocos años ningún gobierno latinoamericano había reconocido este problema. Que ahora lo haga, en forma tan clara, el gobierno de un país de gran peso y prestigio en América Latina, señala, pues, un hecho realmente significativo.

Reconocer la existencia del problema constituye el primer paso en la búsqueda de posibles soluciones. En qué medida la orientación estatal, mediante políticas educativas y sanitarias, pueda tener éxito a corto plazo es difícil de anticipar. Como se ha visto anteriormente, los demógrafos mexicanos son muy prudentes en sus proyecciones. Si éstas se cumplen, el crecimiento de la población probablemente continuará su ritmo vigoroso hasta fines de siglo.

Según puede observarse en los Cuadros 3 y 4, la tasa de crecimiento varía muy poco entre los períodos 1950-1955 y 1995-2000, partiendo de 30 por 1,000, alcanzando su punto máximo en 33.62 durante el período 1980-1985 y descendiendo continuamente desde entonces hasta alcanzar en 1995-2000 un nivel aún elevado. Si se verificara los supuestos de la proyección, la estructura de la población por edad en 1995-2000 sería casi igual a la que tenía México en 1950-1955: 43 por ciento menores de 15 años, 54 por ciento en el grupo de edades 15-64 y 3 por ciento por encima de los 65 años. Se alcanzaría estas cifras después de un proceso de rejuvenecimiento reflejado en el aumento de la proporción de menores de 15 años, la cual habría alcanzado su máximo (46.64 por ciento) en 1965-1970. El índice de dependencia, que se refiere a la proporción de menores de 15 años y mayores de 65 por cada 1,000 personas con edades entre los 15 y 65 años, también resulta muy similar en 1950-1955 y 1995-2000.

Estas pocas cifras, seleccionadas entre muchas otras disponibles, ofrecen información útil para los planificadores de políticas de salud. Por ejemplo, el número de niños a que deberán atender los servicios médicos será siempre creciente hasta fines de siglo, como lo será también el número de partos. Hacia el año 2000 ocurrirán más de 4 millones de nacimientos anuales, o aproximadamente el doble de los que se producen actualmente. Tal aumento en la demanda de servicios materno-infantiles y de cuidado de niños irá acompañado de un incremento en el número de ancianos a un ritmo similar al que se anticipa para la población total.

CUADRO 1

EVOLUCION DE LA ESPERANZA DE VIDA AL NACER
EN MEXICO, 1930-1960

Año	Esperanza de Vida	Diferencia	
		por Período	por Año
1930	36.86		
		4.59	0.46
1939-1941	41.45		
		8.24	0.82
1949-1951	49.69		
		9.24	0.92
1959-1961	58.93		
		4.29	0.34
1972-1973	63.22		

Fuentes: Raúl Benítez y Gustavo Cabrera, "Tablas Abreviadas de Mortalidad de la Población de México, 1930, 1940, 1950, 1960", (México: El Colegio de México, 1967) y Gustavo Cabrera y Ricardo Alvarado, información inédita.

CUADRO 2

ESPERANZA DE VIDA AL NACER PROYECTADA EN MEXICO, 1970-2000

Período	Esperanza de Vida
1970-1975	63.22
1975-1980	65.46
1980-1985	67.02
1985-1990	68.33
1990-1995	69.42
1995-2000	70.32

Fuente: Gustavo Cabrera y Ricardo Alvarado, información inédita.

CUADRO 3

INDICADORES DEMOGRAFICOS DE MEXICO, 1950-2000

Indicador	Período									
	1950 1955	1955 1960	1960 1965	1965 1970	1970 1975	1975 1980	1980 1985	1985 1990	1990 1995	1995 2000
	(Miles)									
Población media	28,778	33,659	39,614	46,586	54,758	64,584	76,384	90,194	105,820	123,149
Nacimientos anuales	1,342	1,535	1,769	1,994	2,300	2,692	3,141	3,565	3,942	4,332
Muertes anuales	443	421	421	453	472	490	523	559	598	644
Emigrantes anuales	30	30	50	50	50	50	50	50	50	50
Crecimiento neto anual	869	1,084	1,298	1,491	1,778	2,152	2,568	2,956	3,294	3,638

Fuente: Gustavo Cabrera, Ricardo Alvarado y Raúl Benítez, información inédita.

CUADRO 4

INDICADORES DEMOGRAFICOS DE MEXICO, 1950-2000

Indicador	Período									
	1950 1955	1955 1960	1960 1965	1965 1970	1970 1975	1975 1980	1980 1985	1985 1990	1990 1995	1995 2000
Tasa de natalidad (por 1,000)	46.63	45.60	44.66	42.80	42.00	41.68	41.12	39.53	37.25	35.18
Tasa de mortalidad (por 1,000)	15.39	12.51	10.63	9.72	8.62	7.59	6.85	6.20	5.65	5.23
Tasa de emigración (por 1,000)	1.04	0.89	1.26	1.07	0.91	0.77	0.65	0.55	0.47	0.41
Tasa de crecimiento (por 1,000)	30.20	32.20	32.77	32.01	32.47	33.32	33.62	32.78	31.13	29.54
Tasa global de fecundidad (por 1,000)	6.88	6.88	6.88	6.66	6.47	6.28	6.06	5.70	5.28	4.88
Distribución por grupo de edades (porcentaje)										
0-14	43.54	44.95	46.23	46.64	46.18	45.64	45.30	45.01	44.30	43.03
15-64	53.16	51.71	50.36	49.86	50.29	50.84	51.28	51.68	52.37	53.59
65 y más	3.30	3.34	3.41	3.50	3.53	3.52	3.42	3.31	3.33	3.38
Indice de dependencia (por 1,000)	881	934	986	1,006	988	967	950	935	909	866

Fuente: Gustavo Cabrera, Ricardo Alvarado y Raúl Benítez, información inédita.

REFERENCIAS

1. Donella H. Meadows et al., The Limits to Growth (New York: Universe Books, 1972).

2. Paul Vincent, "Potential d'Accroissement d'une Population", Journal de la Societé de Statistique de Paris (Vol. 86, No. 1-2, Enero-Febrero, 1945), pp. 16-39.

3. Organización de las Naciones Unidas, "El Concepto de Población Estable. Aplicación al Estudio de la Población de Países que no Tienen Buenas Estadísticas Demográficas", (New York: ST/SOA/A/39, 1970).

4. Pedro Valdés, "América Latina: Potencial de Crecimiento Demográfico", (Santiago, Chile: Centro Latinoamericano de Demografía, Mimeografiado).

5. Jean Bourgeois-Pichat y Taleb Si-Ahmed, "Tasa de Crecimiento Nula para los Países en Vía de Desarrollo en el Año 2000", (San José, Costa Rica: Centro Latinoamericano de Demografía, Serie DS, No. 2, 1971).

6. Academia Nacional de Ciencias, "El Crecimiento de la Población Mundial. Análisis de los Problemas y Recomendaciones para la Investigación y el Adiestramiento", (México: Agencia para el Desarrollo International, 1964).

7. Ricardo Alvarado y Francisco Alba, "México: Estudio de la Mortalidad por Causas, Ambos Sexos, 1930, 1950, 1956, 1960", (México: Conferencia Regional Latinoamericana de Población, 1972).

8. Diario Oficial, "Ley General de Población", (México: Enero 7, 1974).

9. Antonio Ortega y Manuel Rincón, "Algunas Estimaciones Demográficas sobre la Mortalidad para la Formulación de las Metas del Plan de Salud de Costa Rica", (San José: Centro Latinoamericano de Demografía, 1974).

10. Johanna De Jong, "La Fecundidad Rural", (Santiago, Chile: Centro Latinoamericano de Demografía, Mimeografiado).

XI

VENEZUELA: SALUD, POBLACION Y PRODUCTIVIDAD HUMANA

J. J. Mayz Lyon
Ministro de Sanidad y Asistencia Social
Caracas, Venezuela

CRECIMIENTO DE LA POBLACION VENEZOLANA

El primer censo oficial de Venezuela fue levantado en 1873. El más reciente, el décimo, fue llevado a cabo en noviembre de 1971. Existe además estimaciones oficiales y de investigadores nacionales o viajeros ilustres que se remontan al año 1787. Las técnicas utilizadas en estas estimaciones, así como la organización y los resultados obtenidos en los primeros censos, han sido criticados a la luz de técnicas recientemente desarrolladas y por lo tanto no se da mucha fe a cifras publicadas antes de 1941. En lo que respecta a cifras censales a partir de esa fecha, se ha estimado una subenumeración de 6 por ciento en el censo de 1941, de 6 a 8 por ciento en el censo de 1950, de 6 por ciento en el censo de 1961 y de 3 por ciento en el último censo realizado.

El crecimiento promedio de la población nacional durante el período 1961-1971 fue de 3.4 por ciento, cantidad ésta inferior en 0.6 por ciento a la registrada en el período 1950-1961. Dicho descenso en la tasa de crecimiento poblacional puede atribuirse a dos causas fundamentales:

1. Un saldo de migración externa negativo en el orden de 166,176 personas durante el período 1961-1971. Durante el período anterior el saldo migratorio fue positivo.

2. Un descenso en la natalidad que, si bien no ha sido muy acentuado, ha logrado afectar en cierta forma el crecimiento del país. Mientras en 1960 se registraba una tasa de natalidad de 46 por 1,000, la misma había descendido en 1970 a 38 por 1,000. Aunque la tasa de mortalidad general también descendió de 7.5 a 6.6 por 1,000 entre 1960 y 1970, la tasa de crecimiento vegetativo registró un descenso en dicha década de 3.8 a 3.1 por ciento. Dicho fenómeno es debido parcialmente a la creciente concentración de la población en áreas urbanas, las cuales tienden a mantener una tasa de natalidad más baja que la de las zonas rurales.

Podría afirmarse que Venezuela está entrando en lo que Blacker ha llamado la tercera etapa del desarrollo de las poblaciones. Esta tercera etapa se denomina creciente tardía y se caracteriza por una natalidad alta decreciente y una mortalidad baja. Sin embargo, la actual tasa de crecimiento interanual es aún más alta que la del promedio mundial y permanece entre las más altas de América Latina.[1]

El crecimiento poblacional de Venezuela ha sido originado recientemente, ya que no aparece sino hasta las postrimerías del siglo pasado. Dos causas fundamentales explican el lento crecimiento de la población del país en las pasadas centurias:

1. Altísimas tasas de mortalidad "natural", características de un país pobre y semifeudal, con escaso saneamiento ambiental y con una medicina incipiente, incapaz de contener efectivamente contra endemias tropicales de diversas índoles.

2. La influencia de lo que Sauvy ha llamado las "tres parcas demográficas", es decir, las grandes epidemias, las grandes hambres y las guerras. Este último factor resulta de suma importancia en Venezuela, pues terminada la contienda emancipadora, el siglo XIX es escenario de revoluciones y guerras internas que se prolongan hasta muy entrado el siglo XX.

Un análisis del acelerado crecimiento demográfico de las últimas décadas requiere un análisis más profundo de las tres determinantes clásicas de dicho crecimiento: la mortalidad, la natalidad y los movimientos migratorios. La mortalidad, cuyo registro a escala nacional se hace efectivo a comienzos del siglo XX, constituye el factor de mayor impacto en el crecimiento de la población venezolana. Aunque las tasas de mortalidad registradas a principios de siglo oscilan alrededor de 25 por 1,000 habitantes, parece que, de no haber existido un subregistro tan marcado, su verdadera magnitud se habría aproximado a la de las tasas de natalidad, impidiendo por lo tanto un rápido crecimiento demográfico. Sin embargo, a partir de 1936, cuando se funda el Ministerio de Sanidad y Asistencia Social, la mortalidad comienza a descender rápidamente, gracias a la acción combinada de las políticas de salud, del mejoramiento económico de la población y de los profundos cambios sociales llevados a cabo en las últimas décadas, las actuales tasas de mortalidad sólo alcanzan 6.7 por 1,000 habitantes.

Por su parte, la natalidad presenta cambios significativos en lo que va de siglo. Durante gran parte de las décadas de 1950 y 1960 dichas tasas oscilaron entre 42 y 45 por 1,000 habitantes. Aunque el ascenso de la natalidad en relación a las cifras de principios de siglo puede atribuirse en parte a las imperfecciones del sistema de registro que existía entonces, hay razones para creer que el mejoramiento general de las condiciones de salud, y muy concretamente la desaparición de ciertas endemias tropicales, han tenido un sensible efecto en la disminución de la natalidad frustrada, determinando por ende un aumento real de la natalidad.

A partir de 1966 la tasa de natalidad ha comenzado a descender paulatinamente, alcanzando en 1972 sólo 37.8 por 1,000 habitantes.

A pesar de que esta cifra es todavía muy alta, la tendencia observada en el último quinquenio, así como recientes estudios sobre natalidad diferencial en el país, parecen demostrar que aun en ausencia de medidas específicas encaminadas a disminuir la natalidad, ésta continuará descendiendo hasta alcanzar niveles más moderados.

Por último, los movimientos migratorios no han jugado tradicionalmente un papel decisivo en el crecimiento de la población venezolana. Hasta 1950 dichos movimientos fueron insignificantes. En el lapso 1951-1960 la inmigración supera en 286,160 habitantes a la emigración. No obstante, en el período 1961-1970 tal tendencia se revierte, registrándose un saldo negativo de 166,176 habitantes. Este fenómeno halla su explicación en las leyes restrictivas implantadas en el país con miras a seleccionar el tipo de inmigración y en el mejoramiento económico registrado en los países europeos, de donde procedía la mayoría de los inmigrantes, por lo cual Venezuela ha dejado de ser un apetecido polo de atracción.

COMPOSICION DE LA POBLACION VENEZOLANA

Características Personales

La distribución por grupos de edad indica que la población venezolana se encuentra en pleno desarrollo. El grupo de menores de 15 años constituye 45.2 por ciento de la población total, mientras que el grupo de 50 años y más alcanza solamente 9.7 por ciento (ver Cuadro 1). Una elevada proporción de personas menores de 15 años implica una tasa de natalidad alta y una tasa de mortalidad baja. Como se puede apreciar en el Cuadro 1, en los dos últimos censos la distribución de la población por grupos de edad es similar. Sin embargo, la tendencia hacia el aumento del grupo joven parece haber llegado a su clímax en 1961, mientras que en 1971 se registra un mayor índice de envejecimiento.

Población Potencialmente Activa

El grupo de edad potencial y económicamente activa (15-59 años) ha descendido de 54.7 por ciento en 1941 a 50.1 por ciento en 1971, lo cual indica que en Venezuela cada adulto económicamente activo tiene bajo su cuidado, en promedio, un dependiente. Esta relación es prácticamente el doble de la observada normalmente en países europeos.

Edad y sexo. Venezuela presenta una pirámide poblacional con una ancha base que decrece paulatinamente, formando prácticamente un triángulo, lo que evidencia el pasado reciente de alta natalidad y alta mortalidad. Un análisis más detallado de dicha pirámide permite observar que la proporción de varones entre las edades de 0 y 14 años es ligeramente mayor que la de las hembras, mientras que lo contrario se observa en los grupos mayores de 60 años. Esta distribución ha variado muy poco en la última década. La poca variación de la pirámide de 1971 en relación con la de 1961 se debe a que la proporción de varones en edades adultas, la cual era superior a la de las hembras por efecto de la migración internacional, tiende a disminuir debido a la interrupción de dicha inmigración.

Nacionalidad. Venezuela es un país que durante la década de 1948 a 1957 recibió un fuerte aporte inmigratorio internacional que ha comenzado a abandonar el país en los últimos años. Dicho fenómeno se refleja claramente en el cambio en la proporción de extranjeros a través de los cuatro últimos censos. En 1941 los extranjeros representaban 1.5 por ciento del total de la población; en 1950 dicha cifra había subido a 4.2 por ciento, en 1961 alcanzó 7.4 por ciento y ha descendido a 5.6 por ciento en 1971.

Estado conyugal. Los resultados del Censo de Población de 1971 relacionados con la distribución porcentual de la población de 15 años y más, según estado conyugal y sexo, pueden analizarse en el Cuadro 2. Llama la atención la alta proporción de las uniones de hecho, la cual no ha variado sustancialmente en los últimos tres censos. Según indicaciones de varios estudios, en esta materia parece ser más confiable la declaración de las mujeres, lo que haría pensar que el número de varones unidos de hecho es más alto de lo que indican las cifras. Por esta misma razón, probablemente aparace exagerado el número de solteros y disminuido el de divorciados. Como en otros países y al igual que en censos anteriores, se advierte una notable diferencia entre viudas y viudos.

Características Económicas

Tipo de actividad. En Venezuela se entiende por población económicamente activa el conjunto de personas de 10 y más años de edad que se encuentran ocupadas con remuneración. El porcentaje de dicho conjunto con respecto a la población total en las mismas edades se denomina tasa global de actividad. Desafortunadamente, no se dispone de esta información. Puede utilizarse, sin embargo, la tasa bruta de actividad, la cual se refiere al porcentaje de personas en edad activa con respecto a la población total. La tasa bruta de actividad fue de 33.9 por ciento en 1950. Desde entonces ha descendido a 32.0 por ciento en 1961 y a 30.1 por ciento en 1971. Ello se explica por el relativo aumento de la población menor de 10 años.

Rama de actividad. Aunque no se dispone de la distribución de la población económicamente activa por rama de actividad y sexo para 1971, la distribución porcentual para ambos sexos puede observarse en el Cuadro 3. Aparentemente la proporción de personas trabajando en el sector agrícola es similar a la de países más desarrollados. No obstante, debe tenerse en cuenta que tal porcentaje se trata de una cifra global para ambos sexos. En 1961, 38 por ciento de los varones mayores de 10 años se dedicaban a este tipo de labores. Contrasta dicho porcentaje con el correspondiente a industria, construcción y electricidad, el cual se aproxima a 26 por ciento, siendo inferior al de países como Argentina, Canadá y Estados Unidos.

La absorción de mano de obra por sector económico en el país y su variación a través de las últimas décadas pueden observarse en el Cuadro 4. Según estas cifras, en 1971 una de cada dos personas obtenía sus ingresos en el sector terciario, lo cual parece exagerado.

Características Educacionales

Analfabetismo. Si bien es cierto que el nivel de analfabetismo no permite conocer a fondo los detalles del nivel educativo de la población, la organización de la enseñanza y el grado de aprovechamiento por parte de los usuarios, constituye un indicador educacional elocuente y puede dar una idea general de las condiciones educativas del país. El porcentaje de analfabetas en la población de 10 años y más fue de 48.8 en 1950. Desde entonces ha disminuido considerablemente a 34.8 por ciento en 1961 y a 22.9 por ciento en 1971.

Nivel de instrucción. Según la encuesta de hogares llevada a cabo por el Ministerio de Fomento en 1971, la distribución porcentual de la población mayor de 10 años según nivel de instrucción alcanzado en ese año se resume en el Cuadro 5. Con excepción de la rama técnica y normal, los hombres poseen una estructura educacional más elevada que las mujeres. A pesar de que el nivel de instrucción de la población en general ha ascendido en los últimos años, éste continúa siendo bajo al compararlo con los de otros países. En especial vale la pena destacar la desproporción que existe entre los que han aprobado el nivel primario y los que han terminado el nivel secundario, así como la desproporción entre éstos últimos y los que han concluido el nivel superior. Ciertamente el nivel educativo en la rama técnica es ínfimo para un país en vías de desarrollo.

SITUACION DE SALUD

Principales Indicadores

Las fuentes estadísticas más comúnmente usadas revelan que durante el quinquenio 1968-1972 la tasa de mortalidad general fue inferior a 7 por 1,000, lo cual puede explicarse por la elevada proporción de menores de 15 años y la baja proporción de mayores de 65 años. La tasa de mortalidad infantil presenta ciertas limitaciones para su cálculo, pues no se dispone del número de nacidos para todo el país. Se utiliza en su lugar la cifra de nacimientos registrados, la cual presenta oscilaciones de un año a otro difíciles de explicar. Con esta advertencia, puede decirse que la tasa de mortalidad infantil actual es inferior a las de otros países latinoamericanos. Sin embargo, en el último quinquenio esta tasa presenta una tendencia ascendente, debido mayormente a un aumento en la mortalidad post-neonatal, a causa del incremento de la gastroenteritis y del sarampión en los últimos años. La mortalidad materna se ha mantenido constante en dicho quinquenio.

Principales Problemas de Salud Pública

A pesar de sus limitaciones, las estadísticas de mortalidad y morbilidad son de gran utilidad en lo que respecta a definición de los principales problemas de salud pública. La primera causa de hospitalización en Venezuela es de naturaleza obstétrica. Comparando las 10 primeras causas de hospitalización con las 10 principales causas de muerte, se observa que los accidentes, las enteritis y otras enfermedades diarreicas, las neumonías, las enfermedades peculiares al período perinatal y las enfermedades del corazón figuran en ambos grupos

LA SALUD Y EL DESARROLLO

Quizás parezca redundante insistir sobre la benéfica influencia que la salud de la población ejerce sobre las actividades económicas de un país y sobre el efecto recíproco que éstas ejercen sobre el mantenemiento de altos niveles de salud de la población. Como lo enunciara Chadwick hace más de 150 años, "las gentes se enferman porque son pobres, se empobrecen más porque están enfermas y se enfermarán más porque la pobreza se hace más evidente".

El modo en que el crecimiento económico del país ha influenciado la salud de la población puede visualizarse al examinar comparativamente el crecimiento de los presupuestos nacionales destinados al sector salud y el presupuesto general de gastos de la nación. Hoy en día el sector público destina al cuidado de la salud algo más de 2,000 millones de bolívares, es decir, aproximadamente 200 bolívares por habitante. Aunque se carece de datos estadísticos que constaten los incrementos habidos, la magnitud de tales aumentos puede apreciarse en el Cuadro 6.

Debe destacarse en este cuadro que el descenso porcentual observado de ninguna manera traduce una baja en la prioridad asignada al sector salud, sino más bien debe interpretarse como una redistribución más justa del gasto en beneficio de ciertos sectores, como educación, a los que no se les había dado una prioridad conveniente. Al recapacitar sobre los presupuestos invertidos en el sector salud, la inversión de 200 bolívares por habitante no es exigua para un país como Venezuela, que sólo recientemente ha iniciado su despegue hacia la industrialización. Aunque lógicamente el gasto en salud continuará aumentando de acuerdo con las disponibilidades del país, no es de esperar que ocurra aumentos sustanciales en los próximos años, siendo probable que el per cápita señalado permanezca estacionario.

Conocedores de esta realidad, ha de concluirse que el mantenimiento y mejoramiento de los niveles de salud en el país descansarán, más que en un aumento de los presupuestos disponibles, en un uso más eficiente de los mismos. Dentro del sector público existe en la actualidad más de 100 instituciones dedicadas en una u otra forma al mejoramiento de la salud de la población. La falta de una adecuada coordinación de sus actividades lógicamente conduce a duplicación innecesaria de servicios, a cobertura dispendiosa de ciertos sectores de la población en detrimento de otros, a inadecuada supervisión y evaluación de las acciones que se realizan y, en general, a una ineficiente utilización de recursos. A fin de enmendar tal situación, se está tratando de crear un Servicio Nacional de Salud que centralice los recursos actualmente dispersos en un centenar de instituciones, con el propósito de utilizar más eficientemente los recursos disponibles a través de una planificación adecuada.

LOS RECURSOS HUMANOS DEL SECTOR SALUD

La capacitación del personal de salud a todos los niveles ha constituido una constante preocupación del Ministerio de Sanidad y Asistencia Social. Ejemplo estimulante digno de citar es que no obstante los vaivenes políticos que han agitado la vida del país, en el Ministerio de Sanidad y Asistencia Social la tradición ha consagrado la existencia de una verdadera carrera administrativa desde mucho antes de que fuese establecida formalmente por ley. Sin embargo, la preparación de personal no ha obedecido siempre a una planificación bien estructurada, y sólo a partir de 1972 se funda la Oficina de Recursos Humanos de dicho ministerio. La Oficina de Recursos Humanos tiene, entre otras funciones, la de estudiar las necesidades reales de personal en el campo de salud, establecer prioridades para su capacitación y servir como órgano de enlace entre el Ministerio y las instituciones encargadas de la preparación de dicho personal.

En la formación del recurso humano en el campo de salud, la participación del Ministerio de Sanidad y Asistencia Social se ha llevado a cabo en diversas formas que pueden resumirse a continuación:

1. Capacitación directa, a través de sus divisiones normativas, del personal auxiliar no universitario y a través de cursos para auxiliares de enfermería, bibliotecarias de historias médicas y otros.

2. Entrenamiento en servicio del personal citado anteriormente.

3. Fundación de la Escuela de Salud Pública para la formación de personal universitario en el campo de la administración sanitaria. Dicha escuela pasó a formar parte de la Facultad de Medicina de la Universidad Central de Venezuela en 1960.

4. Subvenciones a las diversas facultades de medicina del país y cesión de personal especializado del Ministerio para el desarrollo y fortalecimiento de los departamentos de medicina preventiva y social, los cuales están destinados a orientar la formación de profesionales médicos de acuerdo a las necesidades de la realidad nacional.

5. Subvenciones a las facultades de medicina y a otras escuelas universitarias, a fin de crear cursos que conduzcan a la formación de ciertos profesionales no existentes en el país, tales como cursos de post-grado en especialidades clínicas, iniciados a través de la Escuela de Salud Pública.

6. Programas de becas a nivel nacional y en el extranjero que estimulen la formación de profesionales en aquellos campos en los cuales su carestía ha sido tradicionalmente más acentuada.

7. Apoyo a los programas de investigación operacional en el campo de salud.

No obstante los resultados positivos de estas actividades, cabe anotar que, como consecuencia de la ya mencionada falta de planificación coherente en los programas para la preparación del personal en el campo de salud, aún subsisten fallas en la conformación del equipo de salud. Aunque muchas de estas imperfecciones pueden atribuirse a un déficit real de ciertos profesionales, otras veces, más que verdadera escasez del recurso, existe una distribución inadecuada del mismo. La situación de salud en 1971 puede analizarse en el Cuadro 7.

Sin pretender alcanzar la meta de países más desarrollados, que consideran que para la prestación de servicios eficientes en el campo de la medicina se requiere que por cada médico exista de 10 a 15 profesionales, técnicos y auxiliares que le sirvan de apoyo, podemos comparar las cifras del Cuadro 7 con un patrón más modesto y que se ha hecho popular en América Latina. De acuerdo con este patrón, por cada médico debe existir:

2.5 profesionales y técnicos universitarios,
3.5 auxiliares no universitarios y
3.0 personal administrativo y obrero.

Dicha comparación revela que, en Venezuela, por cada médico sólo hay un profesional y técnico universitario y 2.3 auxiliares no universitarios como componentes del equipo de salud. Es obvio que en tales condiciones el ejercicio profesional pierde eficacia o no alcanza a despojarse de su carácter empírico.

El Cuadro 7 sugiere un comentario adicional. Con relación a la población total del país, la cifra de médicos indica la existencia de aproximadamente un médico por cada 1,050 habitantes, relación muy próxima al patrón de un médico por cada 1,000 habitantes que se ha considerado adecuado para países en etapas de desarrollo similar a Venezuela. Sin embargo, aunque como promedio nacional dicho valor es inobjetable, debe tenerse en cuenta dos limitaciones. Primeramente, existe una gran concentración de profesionales en las grandes ciudades, a consecuencia de lo cual, mientras que en las capitales de estado y ciudades de importancia hay un médico por cada 500 habitantes, en el resto del país la proporción es de un médico por cada 1,700 habitantes, llegando en algunas zonas rurales a sólo un médico por cada 3,000 habitantes.

La segunda limitación a que se ha hecho referencia estriba en la falta de proporción que se constata entre diferentes especialistas del cuerpo médico. Mientras que en ciertas especialidades como cirugía o pediatría las cifras son casi coincidentes con niveles aceptados internacionalmente, en otros campos como anestesiología y anatomía patológica el número de profesionales es sumamente exiguo y no hay esperanzas de que la situación pueda solventarse en un futuro cercano.

RESUMEN Y CONCLUSIONES

La población de Venezuela, la cual durante muchos años se incrementó a un ritmo muy lento como consecuencia de elevadas tasas de mortalidad apenas inferiores a las de natalidad, en los últimos 50 años ha crecido a un ritmo acelerado, proporcional al descenso observado en la mortalidad. Dicho descenso en la mortalidad, aunque sustentado en la transformación económica y social del país, se explica fundamentalmente por el incremento y mejoramiento de las actividades que se han realizado para mejorar el nivel de salud.

El Ministerio de Sanidad y Asistencia Social considera que el rápido crecimiento de la población experimentado en Venezuela no ha constituido un factor limitante al mejoramiento de los índices de salud. Tal crecimiento tampoco será en el futuro un obstáculo insalvable en la prosecución de dicho objetivo. Sin embargo, se espera que la alta prioridad asignada a la educación y al desarrollo económico, así como a la creciente urbanización, contribuirá a acentuar la tendencia de descenso progresivo de los índices de natalidad y del crecimiento vegetativo de la población. En efecto, a partir de 1967 la natalidad ha comenzado a descender y las cifras provisionales para 1972 arrojan una tasa de 37.8 por 1,000 habitantes. Las tasas de fecundidad diferencial parecen indicar que dicho descenso continuará en los próximos años, aun en ausencia de programas directamente encaminados hacia tal fin.

El gasto en salud, por su parte, se ha incrementado casi paralelamente al aumento del presupuesto general de gastos del país. No obstante, en los últimos años las disponibilidades per cápita tienden a estabilizarse alrededor de la cifra de 200 bolívares por año. Se espera que la integración de las diferentes instituciones dispensadoras de servicios, bajo la égida de un Servicio Nacional de Salud, hará posible un mejor aprovechamiento de los recursos asignados al sector.

A la luz de las observaciones anteriores y ante la evidencia constatada en otros países de que el descenso de la natalidad, una vez que comienza, se manifiesta como un fenómeno irreversible, el Ministerio de Sanidad y Asistencia Social no acoge el control de la natalidad como solución demográfica para Venezuela. Al hacer este pronunciamiento, no puede dejar de compartirse la inquietud expresada por el "Haut Comité de la Population" en relación a los programas anticonceptivos en boga: "Los principios humanitarios que los inspiran no deben hacernos perder de vista las necesidades vitales, pues se corre el riesgo de hacer desaparecer a la humanidad a causa de un exceso de humanitarismo".

CUADRO 1

DISTRIBUCION PORCENTUAL DE LA POBLACION POR GRUPO
DE EDADES EN VENEZUELA, 1941-1971

Grupo de Edades	Año			
	1941	1950	1961	1971
0 - 14	40.9	41.8	45.8	45.2
15 - 39	40.8	39.8	36.6	37.3
40 - 64	15.9	15.7	15.0	14.6
65 y más	2.4	2.7	2.6	2.9

Fuente: Dirección General de Estadística y Censos Nacionales, "VII-X Censo General de Población", (Caracas).

CUADRO 2

DISTRIBUCION PORCENTUAL DE LA POBLACION DE 15 AÑOS
Y MAS POR ESTADO CONYUGAL Y SEXO EN VENEZUELA, 1971

Estado Conyugal	Sexo	
	Hombres	Mujeres
Solteros	46.5	40.8
Casados	35.2	35.4
Unidos	15.8	16.6
Viudos	1.5	5.5
Divorciados	0.5	1.2
No declarado	0.5	0.5

Fuente: Dirección General de Estadística y Censos Nacionales "X Censo General de Población, 1971", (Caracas: 1973).

CUADRO 3

DISTRIBUCION PORCENTUAL DE LA POBLACION POR RAMA
DE ACTIVIDAD EN VENEZUELA, 1971

Rama de Actividad	Porcentaje
Agricultura y cría	21.1
Hidrocarburos y minas	1.6
Industria manufacturera	18.5
Construcción	6.1
Electricidad, agua y gas	1.4
Comercio y finanzas	18.8
Transporte	6.7
Servicios públicos	25.8

Fuente: Dirección General de Estadística y Censos Nacionales, "X Censo General de Población, 1971", (Caracas: 1973).

CUADRO 4

DISTRIBUCION PORCENTUAL DE LA POBLACION ECONOMICAMENTE ACTIVA
1950-1971

Sector Económico	Año		
	1950	1961	1971
Primario	43.9	34.6	22.1
Secundario	15.8	18.8	26.8
Terciario	31.9	41.0	51.1
No especificado	8.4	5.6	0.0

Fuente: Dirección General de Estadística y Censos Nacionales, "VIII-X Censo General de Población", (Caracas).

CUADRO 5

DISTRIBUCION PORCENTUAL DE LA POBLACION MAYOR DE 10 AÑOS
DE EDAD POR NIVEL EDUCATIVO Y SEXO EN VENEZUELA, 1971

Nivel de Educación	Sexo	
	Hombres	Mujeres
Ninguna	16.9	24.7
Primaria	59.6	53.4
Secundaria	16.7	14.4
Técnica y normal	1.0	2.5
Superior	3.1	1.5
Otras	2.7	3.5

Fuente: Dirección General de Estadística y Censos Nacionales, "X Censo General de Población, 1971", (Caracas: 1973).

CUADRO 6

PRESUPUESTO NACIONAL Y DEL MINISTERIO DE SANIDAD Y ASISTENCIA
SOCIAL EN VENEZUELA, 1962-1973

Año	Presupuesto		
	Nacional	Ministerio de Sanidad y Asistencia Social	
	(Millones de Bolívares)	(Millones de Bolívares)	(Porcentaje)
1962	5,942.0	430.2	7.2
1963	6,225.0	494.5	7.9
1964	6,349.4	527.0	8.3
1965	7,260.2	625.3	8.6
1966	7,852.0	685.4	8.7
1967	8,186.0	734.0	9.0
1968	8,965.0	771.2	8.6
1969	9,280.0	802.5	8.6
1970	9,885.5	879.7	8.9
1971	10,987.5	906.6	8.3
1972	13,411.5	1,034.4	7.7
1973*	13,857.7	981.3	7.1

*Excluye el presupuesto del Consejo Venezolano del Niño, el cual pasó
al Ministerio de Educación.

Fuente: Venezuela, Gaceta Oficial.

CUADRO 7

RECURSOS HUMANOS EN EL CAMPO DE SALUD EN
VENEZUELA, 1971

Recursos Humanos	Número
Médicos	10,202
Enfermeras	5,502
Odontólogos	2,760
Veterinarios	821
Bioanalistas	790
Auxiliares de laboratorio	373
Nutricionistas-dietistas	254
Técnicos radiólogos	105
Bibliotecarias de historias médicas	326
Auxiliares de historias médicas	709

Fuente: Ministerio de Sanidad y Asistencia Social, información inédita.

REFERENCIA

1. Según estimaciones de las Naciones Unidas, el crecimiento interanual de la población mundial durante el período 1963-1970 fue de 2 por ciento.

ANALISIS

Alfredo E. Lattes
Instituto Torcuato di Tella
Buenos Aires, Argentina

La creciente demanda de servicios de salud son en buena medida función del crecimiento de la población. A su vez, los cambios en las condiciones de salud de una población tienen consecuencias directas sobre sus niveles de productividad. Por lo tanto, la problemática general consiste en relacionar las consecuencias específicas de una determinada tasa de crecimiento poblacional sobre la programación de servicios de salud y, a su vez, qué prioridades genera en ella en relación con la productividad.

Cabe formular dos preguntas básicas a este respecto: ¿Qué efectos ha tenido la tasa de crecimiento poblacional sobre la demanda de servicios de salud? y ¿qué medidas se ha adoptado dentro de la planificación de estos servicios en relación a tales efectos?

El documento del Dr. Mayz Lyon dedica algo más de su primera mitad a presentar las características más salientes del crecimiento poblacional, así como de los cambios ocurridos en la composición de la población venezolana durante las dos o tres últimas décadas. Con respecto a esta parte de su ponencia, considero que el hecho de discutir otros aspectos del cambio poblacional, además del crecimiento, constituye un paso hacia una visión más efectiva de los problemas demográficos. Resulta prácticamente imposible determinar las consecuencias de ciertos aspectos del cambio poblacional, como lo es el crecimiento, sin poseer una clara visión de toda la dinámica de la población. El crecimiento demográfico juega un papel estrechamente relacionado con otros procesos característicos de la dinámica poblacional. Por ejemplo, dicho crecimiento puede estar o no acompañado por un intenso proceso de redistribución espacial, o pueden ambos procesos--crecimiento y redistribución--compartir o no los mismos factores demográficos como sus determinantes principales. En otras palabras, las características propias que presenta la estructura demográfica participan a su vez del complejo proceso que va redimensionando los diversos aspectos de la población.

La primera parte del documento incluye otros aspectos del cambio en la composición demográfica, tales como estado civil, educación y población por sector económico de actividad. Sin embargo, el trabajo del Dr. Mayz Lyon carece de un análisis sobre el proceso de redistribución espacial, fenómeno que en Venezuela ha alcanzado en las últimas décadas características sobresalientes, sobre todo en lo que se refiere a la redistribución rural-urbana. En la actualidad, alrededor de tres cuartas partes de la población venezolana está concentrada en centros urbanos.

El segundo punto que ha de abordarse en este análisis lo constituye la función predictiva del examen demográfico. La demografía ha desarrollado un bagaje de técnicas que le permite proyectar, a fechas futuras, ciertas dimensiones y características de la población en base a supuestos específicos sobre los factores de cambio. Una importante laguna de la primera parte del documento del Dr. Mayz Lyon estriba en la ausencia de toda consideración sobre las características demográficas probables de la población de Venezuela en las próximas décadas. En el Cuadro 1 se trata de llenar parte de esta laguna, presentándose indicadores sobre características y tendencias de la población en el período 1950-1970 y su proyección al año 2000, que ha preparado el Centro Latinoamericano de Demografía (CELADE). Dichos indicadores muestran, por ejemplo, el notable descenso experimentado en el nivel de mortalidad entre los quinquenios 1950-1955 y 1960-1965, lo que constituye el factor principal del alza que se observa en el crecimiento vegetativo durante el mismo período. Entre los quinquenios 1960-1965 y 1965-1970 se acelera sensiblemente el ritmo de descenso de la natalidad que, de acuerdo con la información disponible, continúa hasta el presente.

El Centro Latinoamericano de Demografía recomienda adoptar la hipótesis de que la fecundidad en Venezuela continuará descendiendo, de tal manera que a fines del presente siglo su nivel se estima en un promedio de 3.3 hijos por mujer. En la actualidad este valor es aproximadamente de 5.0 hijos por mujer. Dos hipótesis alternativas sobre el cambio en el curso futuro del nivel de fecundidad en Venezuela han previsto un descenso más rápido (2.7 hijos por mujer) y más lento (4.0 hijos por mujer) al año 2000. Es útil también mostrar las variaciones que estas tres alternativas implican sobre los valores de ciertos indicadores demográficos proyectados hacia fines de siglo. El Cuadro 2 presenta esta información.

En los puntos siguientes, el documento del Dr. Mayz Lyon se refiere a la situación de salud en Venezuela, a los recursos humanos del sector y a otras consideraciones que bajo el título "la salud y el desarrollo" tratan aspectos presupuestarios y de organización administrativa del sector salud. Con respecto a la segunda parte del trabajo, el hecho de que los indicadores utilizados sobre la situación de salud de la población venezolana sean las tasas de mortalidad y algunas escasas referencias a las principales causas de mortalidad y morbilidad hospitalaria es indicativo de precarias condiciones en materia de datos básicos. No sólo se trata de discutir sobre las tasas de mortalidad como indicadores del nivel de salud de un pueblo, sino de la eficacia de una planificación a nivel nacional, sin datos confiables. Si no se tiene diagnósticos seguros sobre la salud de la población, ¿cómo es posible elaborar planes y programas? Este es un aspecto que no puede descuidarse y merece alta prioridad.

Las conclusiones del documento pueden resumirse en los siguientes puntos:

1. Se cree que el alto crecimiento de la población en las décadas pasadas no ha sido obstáculo al mejoramiento del nivel de salud.

2. Se supone que tal crecimiento tampoco será en el futuro un obstáculo insalvable en la prosecución de dicha tarea.

3. Se confía en que la natalidad, y por ende el crecimiento vegetativo, continuará su tendencia de descenso.

4. Si bien los gastos de salud no aumentarán en términos per cápita, los cambios que se adoptarán en el sistema administrativo harán posible que, con un mejor aprovechamiento de recursos, se continúe mejorando los servicios.

5. Se señala que un aspecto prioritario consiste en resolver la escasez de personal, en particular la de técnicos de apoyo.

Se cierra las conclusiones con una opinión--que a mi modo de ver está fuera de contexto--acerca de que no se acoge el control de la natalidad como "solución demográfica", debido a que una vez que el descenso de la natalidad comienza, el mismo es un fenómeno irreversible. Retornando a las preguntas básicas formuladas al comienzo de este análisis, estas conclusiones implican que la tasa de crecimiento de la población venezolana durante las últimas décadas no ha generado prioridad alguna en los programas de salud.

Existe cierta inconsistencia en cuanto a las conclusiones que realmente se pueden extraer del trabajo presentado y las conclusiones que aparecen al término del mismo. En primer lugar, quizás pueda aceptarse la opinión de que la alta tasa de crecimiento no ha sido y no será un obstáculo insalvable para las mejoras en el campo de salud. Pero la misma puede aceptarse sólo como una opinión--la cual se puede compartir o no--y no como una conclusión del documento, ya que el problema no se investiga en el mismo. En segundo lugar, podría interpretarse que los cambios poblacionales no han generado prioridad para la planificación de la salud solamente en cuanto se refiere a la adopción de medidas o políticas antinatalistas. Es sumamente difícil concebir cómo los profundos cambios que ha experimentado la población venezolana en las últimas décadas no han tenido un impacto significativo sobre las dimensiones, características y estructura de los servicios de salud.

Si esta interpretación es correcta, puede deducirse dos situaciones alternativas: una, que en la planificación de los programas de salud no se ha prestado atención explícita a los cambios demográficos, aunque de hecho los programas se han adecuado a la realidad demográfica cambiante, y otra, que sí se han tomado en cuenta, usando la información demográfica necesaria, aunque ello no se desprenda del trabajo. En relación a esta última alternativa, sería interesante conocer si se ha contado con el apoyo técnico necesario.

Quizás también ciertas prioridades relacionadas con el impacto de los cambios demográficos han sido adoptadas por el propio gobierno central. El hecho de que entre 1960 y 1967 el porcentaje de egresos totales del gobierno destinados a salud haya experimentado sólo un leve aumento, mientras que el destinado a educación haya aumentado en más de 50 por ciento, parece reflejar la presión que sobre este último sector han tenido las altas tasas de natalidad de la década del 50. Suponiendo que tal sea el caso, la presión de esas cohortes en el presente quinquenio se ubicará más en las áreas de trabajo y vivienda, presionando en los próximos años sobre el área de salud, ya que estas mujeres se encontrarán en las edades más fecundas del período reproductivo. Esto implica que el número de nacimientos aumentará--aun con fecundidad descendente--en forma significativa, lo cual pone de relieve aumentos concretos sobre la demanda de servicios de salud.

Por último, cabe destacar que diferentes opiniones en materia de control de la natalidad no implican necesariamente desacuerdo respecto a que los cambios de población tengan consecuencias directas sobre las condiciones de salud, educación, vivienda y trabajo. Por lo tanto, es imperativo avanzar en el conocimiento de tales consecuencias, así como estudiar la viabilidad de distintas políticas destinadas al control de las mismas.

CUADRO 1

ESTIMACION Y PROYECCION DE INDICADORES DEMOGRAFICOS DE LA POBLACION DE VENEZUELA, 1950-2000

Año y Quinquenio	Población Total (Miles)	Crecimiento			Vegetativo		Tasa Total de Fecundidad	Esperanza de Vida al Nacer (Años)	Relación de Dependencia (por 1,000)
		Total*	Migratorio*	Total	Natalidad	Mortalidad			
		(por 1,000)							
1950	5,145.3								843.9
1950-55		33.4	0.3	33.1	46.5	13.4	6,541.5	54.2	
1955	6,073.3								920.9
1955-60		46.4	11.4	35.0	46.3	11.3	6,738.5	57.2	
1960	7,635.3								948.8
1960-65		35.4	0.3	35.1	44.6	9.5	6,711.0	60.2	
1965	9,104.6								1,006.4
1965-70		30.7	-0.9	31.6	39.5	7.9	6,036.5	63.0	
1970	10,558.9								988.7
1970-75		29.1	0.0	29.1	36.1	7.0	5,283.5	64.7	
1975	12,212.9								906.1
1975-80		29.2	0.0	29.2	35.7	6.5	4,881.5	66.4	
1980	14,133.8								830.1
1980-85		28.8	0.0	28.8	34.8	6.0	4,481.0	68.0	
1985	16,325.9								796.5
1985-90		27.2	0.0	27.2	32.7	5.5	4,079.5	69.5	
1990	18,705.6								780.3
1990-95		24.5	0.0	24.5	29.6	5.1	3,677.0	70.9	
1995	21,143.2								739.5
1995-2000		21.5	0.0	21.5	26.4	4.9	3,276.0	72.3	
2000	23,551.7								675.9

*Para el período 1950-1970 las tasas fueron estimadas por el autor.

Fuente: Centro Latinoamericano de Demografía, información inédita.

CUADRO 2

INDICADORES DEMOGRAFICOS DE LA POBLACION DE VENEZUELA EN 1970
Y PROYECCION AL AÑO 2000 SEGUN TRES HIPOTESIS
ALTERNATIVAS SOBRE EL CURSO DE LA FECUNDIDAD

Año	Población Total (Miles)	Crecimiento Vegetativo	Tasa Bruta de Natali- dad*	Tasa Total de Fecun- didad*	Relación de Dependencia
			(por 1,000)		
1970	10,558.9	31.6	39.5	6,036.5	988.7
2000					
Alta	25,437.6	26.2	31.0	4,027.5	769.6
Media	23,551.7	21.5	26.4	3,276.0	675.9
Baja	22.133.8	17.7	22.6	2,712.0	603.0

*Las tasas se refieren a los quinquenios 1965-1970 y 1995-2000.

Fuente: Centro Latinoamericano de Demografía, información inédita.

Soc
HB
3530.5
P67

DATE DUE	
1996	